한글민주주의

# 한글 민주주의

최경봉 지음

cum libro
책과함께

# 우리에게 한글은 무엇인가

## 한글이 함의하는 것

세종대왕은 자신이 창제한 문자에 '훈민정음(訓民正音)'이라는 이름을 붙였다. 그러나 세종을 포함하여 당시 사람들은 훈민정음을 '한문(漢文)' 혹은 한자(漢字)에 대비하여 '언문(諺文)'이라고도 불렀다. 한문과 한자의 세상에서 신문자의 쓰임은 비주류 영역에 국한되었던 것이다.

근대화가 되면서 언문은 '국문(國文)'이 되었다. 민족과 국가의 의미가 새로워지면서 우리의 말과 문자도 새롭게 인식되었고, '속되다'를 함의할 수밖에 없었던 '언문'을 더 이상 용납할 수 없게 된 것이다. 그러나 언문을 버리고 국문이라는 말을 쓰던 시절은 아이러니하게도 국가의 존립이 위태롭던 시절이었다. 결국 국가가 일본에 병합되었고, 국문과 국어는 일문과 일본어를 뜻하는 이름이 되었다. 우리말과 글이 주류 영역을 벗어나면서 조선인들은 '국문'을 대신할 이름을 찾았고, '한글'이 탄생했다.

'한글'이라는 말은 대한제국의 글 또는 문자라는 뜻으로 사용되던 '한문

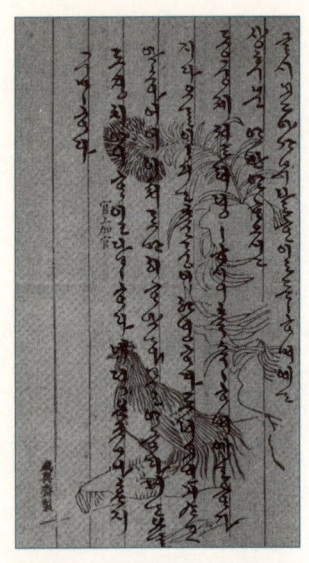

명성황후의 편지. 꽃과 수탉이 그려진 노란색 당지 편지지에 한글로 민영소의 병세를 걱정하는 내용을 적고 있다.

(韓文)'을 풀어쓴 것이었다. '국문'에 대비된 비주류 문자의 이름이었지만, 나라를 빼앗긴 사람들에게 '한글'은 독립의 의지를 일깨우는 이름이기도 했고 민족의 얼을 상징하는 이름이기도 했다. '대한제국의 문자'라는 의미는 새롭게 다가올 수밖에 없었고, 상처 입은 민족적 자존심을 치유하기 위해 '한글'에는 '큰', '위대한', 또는 '유일한'이라는 의미가 덧붙었다.

그만큼 한글은 우리 민족의 우수성을 보여주는 위대한 증거물이었다. 민족의 정체성이 위기에 처할수록 이 위대한 증거물의 의미는 더 크고 풍부해졌다. 일제강점기에 한글 반포일을 기념해 한글날을 제정한 것은 그 증거물의 의미를 확장하는 계기가 되었고, 한글날은 갈수록 희미해져가는 우리말과 우리 정신을 지킬 것을 다짐하는 날이 될 수밖에 없었다.

이런 상황에서 한글이 문자의 이름이면서 우리말의 이름이 된 것은 자연스러웠다. 한글을 지키는 것이 곧 우리말을 지키는 길이었던 상황에서 말과 글을 구분하는 것은 무의미하지 않았을까? 지금까지도 우리는 한국어를 지칭하거나 우리가 쓰는 문자를 가리킬 때 한글이라는 말을 쓴다. 언어의 용법이 언어 사용자의 역사적 경험을 반영한 것이라고 할 때, 이는 단순한 혼동은 아닐 터이다. 한글과 한국어를 혼동할 수밖에 없는 우리의 언어의식에는 한글과 한국어를 분리해 생각할 수 없었던 역사적 경험과 상처가 착종되어 있다.

이처럼 한글의 역사적 의미가 강조되고 그 의미가 확장되는 상황에서는 언어와 문자의 본질에 대한 성찰이 소홀해질 수밖에 없는 법이다. 우리 사회에서 벌어지는 언어 문제에 관한 논쟁의 저변에는 한글과 관련한 역사적 경험과 상처가 도사리고 있고, 역사적 경험과 상처의 기억은 언어의 문제를 언어의 문제가 아닌 것으로 만들곤 했다. '한자를 쓰면 안 된다', '한글만 써야 한다', '외래어는 고유어로 바꿔야 한다', '한글 표기는 이렇게 해야 한다' 등을 이야기할 때는 언제나 '정신'과 '가치관'의 문제가 두드러지기 때문이다. 이러한 분위기는 언어와 문자에 대한 대중의 관심을 환기하기도 했지만, 본질에 대한 성찰이 없는 관심은 갈등과 혼란의 도화선이 되기도 했다.

그렇다면 한글의 역사적 의미를 이야기하기 전에 우리 삶에서 언어와 문자의 역할은 무엇이고 어때야 하는지를 진지하게 묻고 답하는 성찰의 시간이 필요할 것이다. 성찰의 시간이 길어질 때, 언어와 문자의 문제를 사회적 의사소통의 문제와 관련지어 생각할 수 있는 여지가 생기기 때문이다. 언어와 문자를 정신과 가치관의 문제가 아닌 생활의 문제로 볼 수 있게 된다는 것이다. 그래야만 한글을 둘러싼 담론과 정책이 민족 문제를 끌어안으면서 민주주의 문제를 고민할 수 있지 않을까?

### 대한민국에 한글이 없다면

우리는 한글이 없는 대한민국을 어떻게 상상할 수 있을까? 상상하는 미래의 모습은 사람마다 다르겠지만, 다음과 같은 걱정이 공통적으로 들어 있을 것이다.

"한글이 없다면 우리말도 존재하기 어려울 것이다."
"한글이 없다면 우리 민족의 정체성이 없어질 수도 있다."

그러나 한글이 없던 시절 우리 조상들은 우리말 공동체를 이루며 살고 있었고, 우리가 고유문화라고 생각하는 문화적 삶을 영위하고 있었다. 그러니 한글이 창제되지 않았더라도 우리는 지금과 같은 우리말을 쓰고 있을 것이고, 문화적 관습도 지금의 것과 비슷할 가능성이 높다. 한글 없는 우리말 공동체는 지금과 많이 다르겠지만, 그 차이가 우리말 공동체의 본질을 바꿀 만한 것은 아니라는 말이다. 이러한 단정이 어떻게 가능할 수 있을까?

내몽골자치구의 문자

이 문제와 관련하여 볼 때 몽골어와 몽골 문자의 상황은 무척 흥미롭다. 현재 몽골인들의 민족공동체는 몽골공화국과 중국에 있다. 거주하는 국가는 다르지만, 몽골인들은 동일한 민족어를 공유하고 있다. 몽골어는 몽골공화국뿐만 아니라 중국 내몽골자치구의 공용어이기도 하기 때문이다. 그런데 그들이 사용하는 문자는 서로 다르다.

내몽골자치구에서는 몽골인들이 전통

몽골공화국의 문자

| Аа | Бб | Вв | Гг | Дд | Ее | Ёё | Жж | Зз | Ии | Йй | Кк |
|----|----|----|----|----|----|----|----|----|----|----|----|
| а | бэ | вэ | гэ | дэ | е | ё | жэ | зэ | и | хагас и | ка |
| a | b | w | g | d | уе/уō | yo | j | j (dz) | i | i | k |
| [ɑ] | [b/p] | [β/ɸ] | [g/k] | [d/t] | [je/jɔ] | [jɔ] | [dʒ/tʃ] | [dz/ts] | [i] | [i] | [k] |

| Лл | Мм | Нн | Оо | Өө | Пп | Рр | Сс | Тт | Уу | Үү | Фф |
|----|----|----|----|----|----|----|----|----|----|----|----|
| эл | эм | эн | о | ө | пэ | эр | эс | тэ | у | ү | эф |
| l | m | n-, -ng | o | ō | p | r | s | t | u | ū | f |
| [l] | [m] | [n/ŋ] | [ɔ] | [ө] | [p] | [ɔ/q/k/x] | [s] | [tʰ] | [u] | [ʉ] | [ɸ] |

| Хх | Цц | Чч | Шш | Щщ | Ъъ | Ыы | Ьь | Ээ | Юю | Яя |
|----|----|----|----|----|----|----|----|----|----|----|
| ха | цэ | чэ | ша | шча | хатуугийн | ы | зөөлний | э | ю | я |
| kh | c | č | š | šč | тэмдэг | ii | тэмдэг | e | yu/yū | ya |
| [x/χ] | [c] | [tʃ] | [ʃ] | [ʃtʃ] | hard sign | [i:] | soft sign | [ɛ] | [ju] | [ja] |

적으로 계승해온 고유문자(몽골 비치그)를 쓰지만, 몽골공화국에서는 러시아어에 사용되는 키릴 문자를 쓴다. 소련(현재의 러시아)의 지원으로 몽골공화국이 성립되었다는 역사적 경험이 문자를 선택하는 데 결정적으로 영향을 미친 것이다.

그런데 흥미로운 사실은 몽골 비치그를 사용하는 내몽골의 몽골어가 중국어화되고 내몽골의 문화가 중국화되는 반면, 몽골공화국의 몽골어는 대체로 전통적인 몽골어를 유지한다는 것이다. 이 때문에 내몽골자치구에서는 규범적인 몽골어의 모델을 몽골공화국의 몽골어에서 찾는다. 이곳의 몽골어가 내몽골어에 비해 순수하다고 믿기 때문이다. 이처럼 전통적인 문자 대신 외래 문자를 쓰는 몽골공화국에서 몽골어와 몽골 문화가 여전히 향유된다면, 문자와 언어가 운명공동체라는 믿음을 한번쯤 의심해봐야 하는 게 아닐까?

그러나 소련이 해체되고 냉전체제가 붕괴되는 1990년 이후 몽골공화국에서도 민족의 정체성을 강조하는 분위기가 형성되었고, 이에 따라 공용문자를 키릴 문자에서 전통문자로 환원하려는 움직임이 일기 시작했다. 이러한 움직임은 언어적 동기보다는 다분히 민족주의적인 바람에서 비롯된 것으로 보인다. 몽골인들은 키릴 문자의 사용에 이미 익숙해져 있고, 오히려 전통적인 몽골 문자를 현재 몽골어에 적용하는 것을 복잡하게 느끼기 때문이다. 몽골공화국의 문자정책이 어떤 방향으로 진행될지 현재로선 판단하기 어렵지만, 몽골의 현실은 문자는 선택할 수 있는 것이고, 민족적이고 고유한 문자를 선택하는 것이 반드시 합리적인 것은 아니라는 사실을 말해주고 있다.

그렇다면 '한글이 없다면 우리말도 존재하기 힘들 것이다' 또는 '한글이 없다면 우리 민족의 정체성이 없어질 것이다' 라는 우려를 근간으로 해서 이루어진 우리의 국어의식도 한번쯤 되돌아볼 필요가 있다. 고유한 것이 반드시 편리한 것은 아니며, 익숙한 것이 고유한 것과 일치하지 않을 수도 있다면, 우리말과 한글을 대하는 우리의 자세는 어떠해야 할까? 한글 없는 대한민국을 상상해보는 것은 '우리에게 한글은 무엇인가' 라는 질문의 답을 찾는 첫 번째 과정이 될 것이다.

## 우리가 선택한 문자, 한글

모어(母語)는 어머니로부터 물려받은 말이다. 근대 언어학자들이 모어를 통해 그 민족의 본질적인 정신을 규명할 수 있다고 믿은 것은, 모어 문화가 공동체의 역사적 문화이자 생득적 문화라고 생각했기 때문이다. 이에 비해 문자는 선택할 수 있는 것이었고, 그런 만큼 언어학적 관심의 대상이 되지 못했다.

그렇다면 문자를 선택할 수 있다는 것은 언제든 바꿀 수 있다는 말이고,

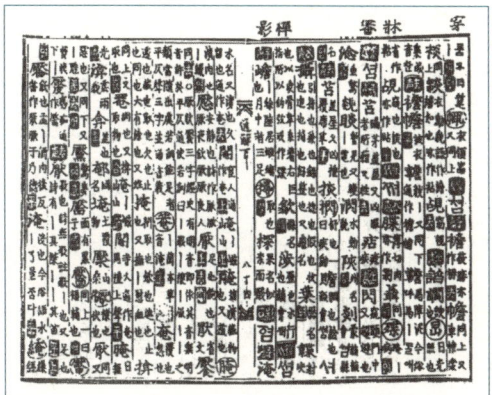

1517년 최세진이 편찬한 중국어 운서 《사성통해》. 세종 때 신숙주가 저술한 《사성통고》가 시간이 흘러 중국어 현지 발음과 불일치하는 부분이 많아지자, 이를 보완하여 편찬한 책이다.

언제든지 한글이 아닌 다른 문자를 쓸 수도 있다는 의미인가? 그러나 우리가 이 부분에서 분명히 해야 할 점은 문자는 선택할 수 있는 것이지만, 그 선택은 언제나 역사적 선택이었다는 점이다.

세종이 한글을 창제하게 된 것은 당시 조선 사회에서 소리문자가 필요했기 때문이다. 훈민정음을 창제하기 전부터 동아시아 여러 민족들이 고유의 소리문자를 만들었고, 또 한글이 창제된 뒤에 한자 발음 사전인 《운서(韻書)》의 편찬과 한문 경전의 번역이 대대적으로 이루어졌다는 사실에서, 당시 새로운 문자에 대한 역사적 요구가 팽배했음을 짐작할 수 있다. 세종은 역사적 요구에 응하여 문자를 만들었고, 조선 사회는 그 문자를 받아들여 활용하였다. 우리가 한글을 우리말을 표기하는 문자로 선택한 것은 이러한 맥락에서 이루어졌다. 이에 따라 한글은 조선시대 내내 뜻글자인 한자를 보조하는 문자로, 한문을 배울 기회를 갖지 못한 백성들이 사용하는 문자로 자리를 잡아갔다.

한글의 사용과 관련하여 획기적인 변화가 일어난 것은 19세기 말 근대적 개혁이 시작되면서부터다. 근대적 개혁이라는 시대 요구에 따라 한문의 쓰임이 축소되었고, 한글이 공용 문자로서 그 위상을 확립하는 계기가 마련되었다. 또한 민족의 자주성과 우수성을 강조하던 당시 현실에서, 한글과 우리말은 민족의 정체성을 드러내는 하나의 상징으로 그 중요성이 부각되었다. 결국 한글이 없는 우리말을 상상하기가 어려워진 것은 20세기 이후의 일이라고 봐야 할 것이다.

이러한 사실을 고려한다면, '한글이 없다면 우리말도 존재하기 어려울 것이다'라거나 '한글이 없다면 우리 민족의 정체성이 없어질 수도 있다'는 우려만으로 한글의 중요성을 강조하는 것은 문제의 본질을 호도할 위험이 있다. 더구나 이러한 사고는 '한글만 있다면 우리 민족 그리고 우리말의 정체성을 유지할 수 있다'라는 논리로 발전할 수도 있다는 점에서 문제적이다. 우상이 된 한글이 또는 근사한 박물관에 전시된 한글이 민족의 정체성을 지킬 수는 없지 않겠는가.

'한글이 없다면 우리말도 존재하기 어려울 것'이라는 걱정이 의미를 지니려면, 먼저 '한글만 있다면 우리 민족과 우리말의 정체성을 유지할 수 있다'라는 논리로 확대되지 않도록 해야 한다. 이처럼 관념적이고 수세적인 논리는 일제강점기를 견딘 힘이기도 했지만, 이러한 논리로 어떻게 우리말 문화를 발전시킬 수 있겠는가. 이제는 한글문화가 쇠퇴하는 것에 대한 우려도 적극적이고 현실적일 필요가 있다. '한글문화가 풍부해진다면 우리말 문화도 더욱 풍성해진다', '지금 한글을 쓰지 못한다면 우리의 생활이 혼란스러울 수밖에 없다' 등의 논리로 한글 없는 대한민국을 걱정해야 한다는 말이다. 이것이 '역사적 선택'과 그 선택을 수용하여 이룬 '관습'의 중요성을 생각하는 태도다.

## 문자 선택에도 민주주의가 중요하다

앞서 한글이 한국어를 표기하는 문자가 된 것은 당위적인 것이 아니라 선택적인 것이었고, 그 선택은 역사적 선택이라는 이야기를 했다. 그런데 역사적 선택은 오랜 시간에 걸쳐 하나의 공동체가 자연스럽게 합의하여 내리는 결정이다. 따라서 적어도 지금 상황에서 한글의 사용을 선택의 문제로 보는 것은, 언어와 문자에 대한 대중의 선택권을 빼앗는 일이 될 수 있다. 그동안 추진한 문자 개혁이 대부분 참담한 실패로 귀결된 것은 문자를 선택할 수 있음만 생각했지 이를 선택할 수 있는 조건과 상황을 고려하지 않았기 때문이다.

결국 문자 선택의 정당성은 대중의 수용을 통해 확인할 수밖에 없다. 따라서 문자의 선택에서 가장 중요하게 생각해야 할 점은 민주주의적 원칙이다. 이는 공용 문자뿐만 아니라 국가 공용어의 선택에서도 마찬가지일 것이다. 이 문제와 관련하여 관심 있게 살펴보아야 할 것이 일본의 근대 어문 개혁 과정이다.

일본은 근대화 과정에서 서구 문화를 받아들이는 문제를 중요하게 생각했다. 그리고 지식인들 중에는 이를 위한 방안으로 영어 공용화와 일본 문자의 로마자화를 주장한 사람들이 있었다.

근대 일본의 교육제도를 확립한 모리 아리노리(森有禮)는 《일본의 교육 *Education in Japan*》 서문에서 영어를 국어로 삼자는 주장을 폈다. 일본 고유어에 추상어가 없기 때문에 서양 문명을 일본화할 수 없다는 것이 영어 공용화론의 주된 논거였다. 일본의 근대 국어학을 체계화하고 일본 국어정책의 기틀을 마련한 우에다 가즈토시(上田万年)는 "로마자가 국자(國字)로서 한자나 가나문자나 신국자(新國字)보다 뛰어난 것은 명백"하다고 하면서, 한자를 폐지하고 가나문자를 로마자로 바꿀 것을 주장하였다.

두 가지 주장 가운데 영어를 국어로 삼자는 주장, 즉 영어 공용화론이 언어의 본질에 대한 무지에서 나온 것이라면, 로마자화 주장은 언어의 본질이 문자가 아닌 구어(口語)에 있다는 근대 언어학의 인식을 국어정책에 적용한 것이었다. 두 사람은 언어의 본질과 국어의 의미에 대한 인식이 극단적으로 달랐지만, 언어와 문자의 관습이 지니는 의미를 간과했다는 점에서는 공통적이었다.

결국 비현실적이던 영어 공용화론은 번역주의로 대치되었고, 로마자 채택이라는 극단적 움직임은 한자와 가나문자의 개량을 제안하는 것으로 대치되었다. 근대화가 시대적 요구였고 근대화를 이룩하기 위해 언어와 문자의 실용화가 절실했다 하더라도, 언어와 문자를 교체함으로써 이를 해결하려 한 것이 문제였던 것이다.

공용어와 공용 문자가 대중과 괴리되어 결정된다면, 이에 익숙하지 못한 일반 대중이 어문생활에서 소외되는 것은 피할 수 없다. 이러한 상황은 사회 구성원 간의 불평등을 심화한다는 점에서 문제다. 모리 아리노리가 영어 공용화를 주장할 때 바바 다쓰이(馬場辰猪)가 번역주의를 제창한 것은 이 때문이었다. 바바 다쓰이는 상층 계급이든 하층 계급이든 국민 모두가 한 언어를 써야 함을 강조했다. 한때 우리 사회 일각에서 제기된 영어 공용화론의 무모함은 이미 근대 초기 일본에서 충분히 입증되었던 것이다.

문자를 선택할 때 민주주의적 원칙을 지켜야 한다는 문제와 관련하여 눈여겨볼 사례가 또 있다.

1960년대 후반부터 1970년대 중반까지 중국이 좌편향적 개혁을 추진하는 과정에서 소수민족의 문자와 언어가 지방민족주의적인 잔재로 간주된 적이 있었다. 당시 어문 개혁의 핵심 사항은 바로 로마자로의 문자 개혁이었다. 이때의 개혁은

문화대혁명 포스터(1967). '낡은 세계는 깨부수고 새로운 세계를 세우자'라는 내용이 간체자로 쓰여 있다. 중국은 1964년에 복잡한 한자의 획을 줄여 만든 상용 간체자 2238자를 보급하였다.

한자를 포함한 중국의 모든 문자를 로마자로 대체해야 한다는 목표로 진행되었다는 점에서 소수자에 대한 핍박이라고만 볼 수 없다. 즉 문자 개혁의 근본 취지는 일반 대중이 쉽고 간편하게 어문생활을 할 수 있도록 돕자는 것이었다.

그러나 앞서 문자 개혁에 나선 위구르자치구에서는 1978년에 위구르 전통문자를 다시 사용한다고 선언해야만 했다. 그 뒤 모든 문자를 로마자로 대체한다는 것을 목표로 추진되던 문자정책도 전통을 존중하는 것으로 바뀌었다. 결국 20여 년 넘게 추진한 문자 개혁의 유일한 성과는 한자 간체자가 상용화된 것뿐이었다. 한자의 간체자가 성공적으로 정착한 반면, 소수민족 전통문자의 로마자화가 실패한 사실은 무엇을 말해주는가? 편리성의

기준을 정하는 것은 언어를 사용하는 대중의 몫이며, 어문정책은 대중의 요구를 반영해서 발전 방향을 정해야 한다는 것이다.

언어와 문자는 인간이 사회생활을 하는 데 필수 도구다. 인간이 사용하는 도구라는 점에서 언어와 문자는 해당 공동체 구성원이 선택할 수 있는 것이지만, 사회생활의 도구이기에 언어와 문자의 선택과 유지에는 구성원의 합의가 무엇보다도 중요하다. 국어정책과 국어 인식에서 민주주의적 관점을 강조하는 것은 이런 점 때문이다.

한글이 공용 문자로 쓰인 뒤에도 한글은 여러 번 그 모습을 바꾸었다. 모아쓴 글자(한)를 풀어쓴 적(ㅎㅏㄴ)도 있었고, 새로운 글자를 만들어 쓴 적(ㅇㅍ)도 있었고, 소리 나는 대로 쓴 적(사람이→사라미)도 있었다. 그러나 새로운 시도가 대중의 호응을 얻어 현재까지 이어진 경우는 드물다. 새로운 시도가 성공했다면 한글 표기가 간편해질 수도 있었겠지만, 관습을 고려하지 않고 진행한 개혁은 단 한 번도 성공하지 못했다. 이는 문자의 선택이 역사적 선택이어야 한다는 사실을 일깨워줄 뿐만 아니라, 관습의 힘과 중요성을 실감하게 한다. 그 중요성을 인정하는 것이 민주주의적 원칙인 것이다.

그런데 국어정책과 국어 인식에서 민주주의적 원칙은 새롭거나 낯선 것을 수용하는 과정에서만 강조되지 않는다. 예부터 내려오는 고유한 것을 내세우거나 강조하는 데에서도 민주주의적 관점과 원칙이 지켜져야 한다. 고유한 것은 소중한 것일 수 있지만, 소중한 것이 반드시 익숙한 것은 아니기 때문이다. 앞서 살펴본 몽골공화국의 사례에서, 현재의 공용 문자인 키릴 문자를 전통문자로 환원하는 일은 민족주의적 관점에서 보느냐 아니면 민주주의적 관점에서 보느냐에 따라 그 평가가 크게 달라질 것이다. 우리말도 마찬가지다.

한글과 우리말을 한데 묶어 생각하며 강화된 어문민족주의의 관점에서 볼 때, 이상적인 국어정책은 외래적 요소가 배제된 순수한 국어를 정립하는 것이다. 그러나 언어의 속성상 순수성을 유지하는 것은 불가능하다. 그러니 어문민족주의를 강조하는 국어정책에서 민주주의적 원칙을 지키기는 어려울 수밖에 없다. 어문민족주의를 강화하여 이루어낸 성과가 찬란했음에도 오늘날 이를 재고해야 하는 것은 이 때문이다.

## 차례

# 3 평화平和 :
## 한글의 평화적 공존을 위한 모색

# 1

## 민권
### 民權

# 한글과 더불어 성장한 민주주의

근대 초기부터 국어정책은 민권을 향상시키는 일과 밀접히 관련되어 진행되었다. 알아야 할 권리와 말할 권리 등이 모두 언어와 문자의 문제와 관련되었기 때문이다. 말과 글이 불일치하던 한문의 시대를 끝내고 말과 글이 일치할 수 있는 국문의 시대를 연 것은 대중의 알 권리와 말할 권리가 확대됨을 의미했다.

# '알려야할 의무'와 '알 권리'를 말하다

고대의 권력자들이 생각했던 '백성들과의 소통'은 곧 '명령과 복종'이었다. 그러나 언제부터인가 권력자들은 백성들에게 뭔가를 설명해야 할 필요를 느꼈다. '명령'만으로는 소통하기 어려울 만큼 백성의 힘이 커진 것이다. 그리고 몇 세대가 지난 뒤 권력자들은 백성들에게 뭔가를 알리고 설명해야 할 의무를 느꼈다. 또 다른 권력인 민권이 싹을 틔우고 성장하기 시작했기 때문이다. 이러한 역사적 과정에서 한글이 탄생했고, 자리를 잡아갔다. 더불어 규범이 만들어지고 정교화되었다.

《조선왕조실록》의 한글 창제 기사

## 백성에게 '알려야 할 의무'를
## 자각하다

나랏말이 중국과 달라 한자(漢字)와 서로 통하지 아니하므로, 우매한 백성들이 말하고 싶은 것이 있어도 마침내 제 뜻을 잘 표현하지 못하는 사람이 많다. 내 이를 딱하게 여기어 새로 28자(字)를 만들었으니, 사람들로 하여금 쉬 익히어 날마다 쓰는 데 편하게 할 뿐이다.

— 《세종실록》 28년(1446) 9월 29일

우선 지금 내려 보내는 유지(有旨)를 한문과 언문으로 베껴 크게 한 장을 써서 큰 길거리에 내걸고, 아울러 한 통을 베껴 해당 고을의 사류와 백성들에게 선포하여 각자 조정을 믿어 두려워하지 말고 즐겁게 생업에 종사하도록 하라.

— 《정조실록》 15년(1791) 2월 6일

제14조, 법률·칙령은 모두 국문(國文)을 기본으로 하고 한문(漢文)으로 번역을 붙이거나 혹은 국한문(國漢文)을 혼용한다.

— 《고종실록》 31년(1894) 11월 21일

세종은 어리석은 백성에게 문자를 내려준 왕이었다. 자신들의 뜻을 글로 써서 표현하지 못하는 백성의 어려움을 해결해준 것이다. 이런 점에서 한글 창제는 왕의 시혜였다. 정조는 왕실에서 베푼 문자를 정치적 필요에 따라 사용한 왕이었다. 백성에게 알려야 할 바를 알려 정치적 목적을 이루기 위해서는 백성의 문자를 활용해야 함을 알았다.

그러나 세종의 한글 창제와 정조의 한글 활용은 근대정신에 따른 것은 아니었다. 왕실의 필요에 의해서였지, 백성의 요구에 따른 것은 아니었던 것이다. 한글을 백성의 힘이 성장하면서 얻은 전리품으로 보는 견해*도 있지만, 이는 한글이 민중적 가치를 실현해온 역사적 맥락을 해석한 결과이지 당대의 창제 동기라 보기는 어렵다.

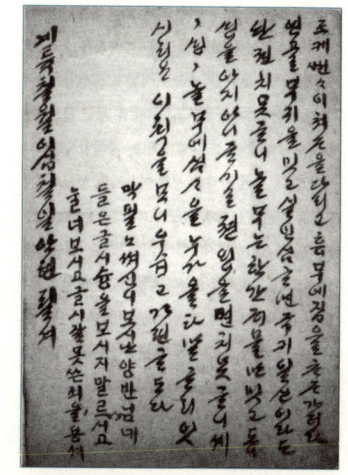

《흥부전》(서울대본). 마지막 부분에 필사자가 "막필로 썼으니 양반님네들은 글씨 흉을 보지 마라" 하고 적은 내용이 흥미롭다.

새로 창제된 한글은 《운서》를 번역하고 불경을 언해하고 유교 경전을 언해하는 등 철저하게 중세적 질서를 유지하는 데 활용되었다. 한글이 백성의 문자로 자리 잡은 것은 한글 소설이 유행하고 한글의 쓰임이 확대되는 임진왜란 이후였다. 한글이 백성의 문자로 자리 잡고 있던 상황이었기에 정조는 백성과 소통하는 문자로 한글을 채택했다.

그런데 고종의 칙령이 내려지던 시기는 상황이 달라져 있었다. 고종의 칙령은 '알려야 할 필요'를 넘어서서 '알려야 할 의무'를 조정이 자각했음을, 그리고 백성들이 '알 수 있게 된 데 대한 만족'을 넘어서서 '알아야 할 권리'를 주장하였음을 보여주고 있다.

* 강만길은 〈한글 창제의 역사적 의미〉(《분단시대의 역사인식》, 창비, 1978)에서 이러한 견해를 구체화하면서 세종의 애민정신(愛民情神)에 초점을 두는 기존의 해석을 비판한 바 있다.

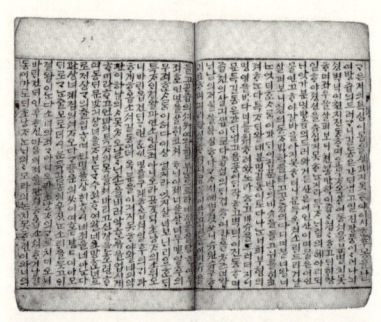

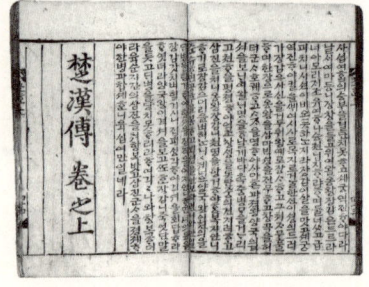

조선 중기(16세기)에 허균이 지은 최초의 한글 소설 《홍길동전》(위)과 1909년에 발간된 《초한전》(아래)의 목판본. 다양한 한글 소설이 활발하게 유통되면서 상업 출판이 번성하였다.

외부의 강요에 의해 시작된 불완전한 개혁이었지만, 갑오개혁은 봉건적 제도가 와해되고 백성의 권리와 국가의 의무를 공식적으로 거론했다는 점에서 분명 진보였다. 그리고 반동의 시기와 진보의 시기가 교차했지만, 갑오개혁 이후의 근현대사는 큰 틀에서 볼 때 민권을 확장하고 심화한 과정이라 할 수 있다. 갑오개혁을 기점으로 시작된 국어정책도 이러한 흐름을 따라 전개되었고, 때로는 이러한 흐름을 선도하는 역할을 하기도 했다.

절대군주의 칙령으로 시작된 근대 국어정책은 '알려야 할 의무'를 자각하는 것으로 시작되었다. 국문, 즉 한글로 공문서를 작성하여 본으로 하고, 필요에 따라 한문 번역본이나 국한 혼용문을 쓴다는 원칙을 천명한 것이다. 그리고 최초의 헌법이라고 할 수 있는 홍범 14조를 종묘에 서고(誓告)하면서 한글, 한문, 국한 혼용문 3종의 서고문을 발표하여, 한글 본위의 공문서 작성 원칙을 실행하였다. 이는 백성들의 문자로 신체제의 출발을 알림으로써 백성이 정치적 소통의 대상이 되었음을 분명히 한 것이었다.

고종은 최초의 헌법이라 할 수 있는 홍범 14조를 선포하여 내정 개혁과 독립의 신체제를 내외에 천명하였다. 조칙(詔勅) 서고문은 관보(개국 503년 음력 12월 12일, 1894년 1월 5일)에 발표되었는데, 한글, 한문, 국한 혼용문 세 가지 형태였다. 근대적 어문생활의 출발을 알리는 사건이었다.

물론 한글 본위 정책이 실시되는 현실 정치적 맥락은 한문으로 소통되는 중세적 질서를 폐기하는 데 있었다. 당시 동아시아에서 추진되던 근대화는 중국 중심의 질서를 깨뜨리는 것을 목표로 했는데, 문화적 개혁의 핵심 목표 또한 한문 문화권에서의 이탈이었다. 이는 곧 청나라의 퇴보와 일본의 부상을 의미했다. 이처럼 한글 본위의 정책은 국제질서의 재편에 따른 부산물이었지만, 그 파장은 새로운 시대를 열어갈 동력을 만들었다. 민족과 민권에 대한 의식이 생기게 된 것이다.

《서유견문》이 완성된 며칠 뒤에 친구에게 보이고 비평해달라고 하자, 그 친구가 이렇게 말하였다. "그대가 참으로 고생하기는 했지만, 우리글과 한자를 섞어 쓴 것이 문장가의 궤도를 벗어났으니, 안목이 있는 사람들에게 비방과 웃음을 면치 못할 것이다." 그래서 내가 이렇게 대답하였다. "우리나라의 글자는 우리 선

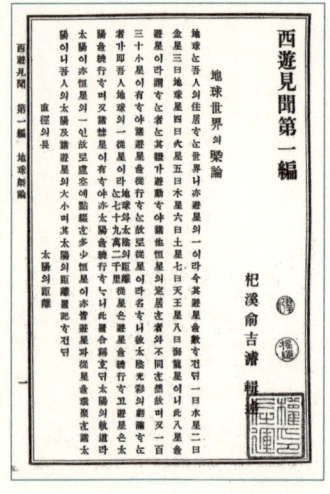

유길준의 《서유견문》. 최초의 국한문 혼용서다.

왕 세종께서 창조하신 글자요, 한자는 중국과 함께 쓰는 글자이니, 나는 오히려 우리 글자만을 순수하게 쓰지 못한 것을 불만스럽게 생각한다. 외국 사람들과 국교를 이미 맺었으니, 온 나라 사람들이 상하 귀천이나 부인과 어린이를 가릴 것이 없이 저들의 형편을 알아야 할 것이다. 그러니 서투르고도 껄끄러운 한자로 얼크러진 글을 지어서 실정을 전하는 데 어긋남이 있기보다는, 유창한 우리글과 친근한 말을 통하여 사실 그대로의 상황을 힘써 나타내는 것이 올바르다고 생각한다."

—유길준, 《서유견문》, 1895

유길준은 그의 저서인 《서유견문》을 한글로만 쓰지 못하고 국한 혼용문으로 쓰게 된 것을 안타까워하는 심정을 밝히고 있다. 그가 갑오개혁을 주도한 개화파의 대표적 인물이니 그러한 심정을 피력한 것은 당연한 일일 것이다. 그러나 유길준은 이 책을 도쿄에 있는 교순사(交詢社)라는 출판사에서 발행했으며, 이를 일반에게 판매하지 않고 고위 관리들에게 기증했다. 그 스스로 《서유견문》의 독자를 특정 계층으로 한정한 것이다. 《서유견문》이 한글로 쓰이지 않은 이유도 여기에 있을 것이다. 이는 위로부터의 개혁을 시도했던 유길준의 한계와 당시 어문 상황의 한계를 절묘하게 보여준다. 알려야 할 의무를 자각했으되, 알려야 할 대상을 확장할 수 있는 조건을 마련하지 못한 것이다.

한글 본위의 공문서 정책이 천명되었지만, 근대 지식인들의 글쓰기조차 한문과 국한 혼용문이 주를 이루었고, 공문서와 신문 등도 대부분 국한문이 혼용된 형식으로 작성되었다. '알려야 할 의무'를 인식했으되, '알려야 할 의무'를 실행하지는 못한 것이다. 그렇다면 개화파 지식인들조차 이를 실천하지 못한 이유는 무엇이었을까? 결론부터 말하면 '알려야 할 의무'의 원칙을 부정하는 것이었다기보다 현실적 필요에 따른 선택이었다고 해야 할 것이다.

자신의 글로 소통할 수 있는 현실적인 독자층은 지식인이었고 그들이 국한 혼용문을 선호한다고 할 때, 근대의식에 투철한 필자라 해도 독자의 기호를 의식할 수밖에 없었을 것이다. 더구나 말에 맞춰 글을 쓰는 언문일치적 글쓰기를 할 수 있을 만큼 국어의 규범화가 이루어지지 않은 상황에서 이두문에 가까운 국한문을 선호한 것은 현실적인 선택이었다.

## 신문의 한글 쓰기, 알려야 할 대상을 확장하다

정부에서 하시는 일을 백성에게 전할 터이요, 백성의 정세를 정부에 권할 터이니, 만일 백성이 정부의 일을 자세히 알고 정부에서 백성의 올바른 일을 자세히 아시면 피차에 유익한 일만이 있을 터이요, 불평한 마음과 의심하는 생각이 없어질 터이옴. (중략) 모두 언문으로 쓰기는 남녀 상하귀천이 모두 보게 함이요, 구절을 떼여 쓰기는 알아보기 쉽도록 함이라. (중략) 조선 국문하고 한문하고 비교하

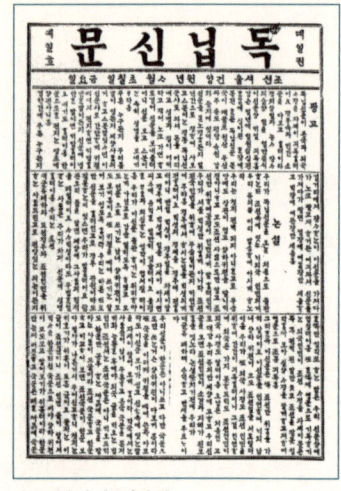

한글 전용의 《독립신문》

여 보면, 조선 국문이 한문보다 얼마가 나은 것이 무엇인고 하니, 첫째는 배우기가 쉬우니 좋은 글이요, 둘째는 이 글이 조선 글이니 조선 인민들이 알아서 한문 대신 국문으로 써야 상하귀천이 모두 보고 알아보기가 쉬울 터이라. 한문만 늘 써 버릇하고 국문은 폐한 까닭에 국문만 쓴 글을 조선 인민이 도리어 잘 알아보지 못하고 한문을 잘 알아보니 그게 어찌 한심치 아니하리요.

— 《독립신문》 창간호, 사설, 1896년 4월 7일

《독립신문》은 한글 쓰기를 실현한 최초의 신문이다. 서구 지식의 세례를 받은 개화파 지식인들은 알려야 할 의무를 자각했으되 알려야 할 대상을 확장하지 못한 조선 정부의 한계를 극복하고자 했고, 이러한 노력의 결과가 《독립신문》의 간행이었다. 이는 '알 권리'에 대한 자각이기도 했다. 《독립신문》에서는 국내외 정세를 소개하고, 정부의 소식을 관보란을 통해 제공했다.

한글 글쓰기를 통해 '알려야 할' 대상이 확장되었고, 알려야 할 대상의 언어, 즉 백성의 언어가 문자의 옷을 입게 되었다. 백성의 언어로 쓰인 신문의 논설은 한글 글쓰기를 통해 무엇을 성취하였는지를 잘 보여준다.

정치학이라 하는 학문은 문명개화한 나라에서들 여러 천 년을 두고 여러 만 명이 자기 평생에 주야로 생각하고 공부하야 만든 학문인데 정부에 관인이 되야가지고 이 학문을 배호지 안하여서는 못 쓸지라. 이 학문을 안 후에도 본래 심지가 그른 사람은 못된 일 하는 사람이 많이 있는데 하물며 이 학문도 없는 이가 정부에 있으면 몰라서 잘 못하는 이도 있고 마음이 글러서 잘 못하는 이도 있는지라.

— 《독립신문》 제4호, 논설, 1896년 4월 14일

만일 어떤 나라가 조선을 침범코저 하여도 조선 정부에서 세상에 행세만 잘하였을 것 같으면 조선을 다시 남의 속국 되게 가만둘 리가 없는지라. 그러한즉 조선서 외국과 싸움할 염려가 없는데 만일 조선이 싸움이 되도록 일을 할 것 같으면 그때는 화를 면치 못할지라. 지금 아라사와 일본이 조선에 관계가 있어 서로 좋아 못하나, 그 좋아 못하는 까닭은 다른 까닭이 아니라 조선 일인 까닭이니, 조선 일인 까닭에 일·아 양국이 좋아 못하게 된 것은 다른 사람이 만든 것이 아니라 조선 사람들이 그렇게 만든 것인즉……

— 《독립신문》 제61호, 논설, 1897년 5월 25일

위의 사설에서는 한자 개념어를 거의 사용하지 않고 당시의 상황을 쉽게 서술하고 있다. '여러 천 년', '못된 일', '마음이 글러서', '세상에 행세만 잘하였을 것 같으면', '가만둘 리가 없는지라', '싸움', '좋아 못하는 까닭' 등은 신문의 논설에 쓰인 표현이라고는 믿기지 않을 만큼 자연스럽다. 일상적 표현을 자연스럽게 논설의 표현에 적용하는 문체관은 우리말 문체사에서 주목할 점이다.

이런 점을 보면 '국한문 혼용'의 글쓰기를 우리말 글쓰기가 자리를 잡지

우리말과 글 연구에 일생을 바친 주시경(1876~1914)

못한 상황에서 어쩔 수 없이 선택했던 양식이라 했던 설명은 다시 검토할 필요가 있다. 이두문에 가까운 '국한문 혼용' 글쓰기가 언문일치의 '한글 전용' 글쓰기로 발전했다고 단정하기 어렵다는 말이다. 당시 한글 글쓰기는 국한문 혼용 글쓰기와 병존하면서 나름의 문체적 특징을 분명히 가지고 있었다. 이처럼 뚜렷한 문체적 차이를 볼 때, 두 가지의 글쓰기 양식은 소통의 대상과 범위에 따라 선택적으로 사용했던 양식이었다고 해야 할 것이다. 주시경의 글쓰기는 이 점을 명확히 보여주고 있다. 그는 거의 비슷한 내용을 두 가지 양식으로 써서 서로 다른 매체에 발표했다.

### 隨區域人種之不同 而文言亦不同

人種이 各各 天然으로 句別된 地方의 水土風氣를 稟ㅎ여 生ㅎ며 言語도 各各 其域其種의 適宜ㅎ 되로 自然發音되여 其音으로 物件과 意思를 命各ㅎ야 其同域同種內에 通用ㅎᄂ 言語가 되고 ᄯ 各各 此에 適宜ㅎ 文字를 制用ㅎ니 是以로 天然的의 各殊ㅎ 句域과 人種을 ᄯᆞᆯ아 言語와 文字도 天然的으로 不同ㅎ더라

— 《황성신문》, 제2442호, 광무 11년(1907) 4월 1일

주시경이 일요일에 조선어강습회를 열던 보성중학교 건물

　위의 글을 쓴 필자가 주시경이라는 사실에 놀라는 사람도 있을 것이다. 《독립신문》의 제작에 관여했던 주시경은 왜 이런 글을 썼을까? 더구나 주시경이 없는 한글과 주시경이 없는 우리말을 상상하기조차 힘들 만큼 주시경은 우리말과 글의 발전을 위해 일생을 바치지 않았던가? 주시경에게도 국한문 혼용의 글쓰기는 과도기적 선택이었을까? 그러나 주시경이 《독립신문》에 게재한 글을 볼 때 그는 이미 언문일치의 한글 글쓰기를 체득하고 있었고, 한글 글쓰기의 의의를 깊이 인식하고 있었다. 그런데도 그가 국한혼용의 글쓰기를 했던 것은 글의 사용 영역, 글의 독자층을 고려했기 때문일 것이다. 그는 영역에 따라 글쓰기 양식이 달라질 필요가 있다고 생각했던 것이다. 《황성신문》의 독자층을 염두에 두면서 국어의 의미를 강조하고자 했던 주시경은 이와 비슷한 내용을 3개월 전 《서우(西友)》라는 잡지에 게재하였다.

이 디구샹 륙디가 텬연으로 구획되여 그 구역 안에 사는 흔쩔기 인종이 그 풍토의 품부흔 토음에 덕당흔 말을 지어 쓰고 쏘 그 말 음의 덕당흔 글을 지어 쓰는 거시니 이럼으로 흔 나라에 특별흔 말과 글이 잇는 거슨 곳 그 나라가 이 셰샹에 텬연으로 흔목 즈쥬국 되는 표요……. [이 지구상 육지가 천연적으로 구획되어, 그 구역 안에 사는 한 떨기 인종이 그 풍토에서 선천적으로 타고난 소리에 적당한 말을 지어 쓰고, 또 그 말소리에 적당한 글을 지어 쓰는 것이니, 이렇게 함으로 한 나라에 특별한 말과 글이 있는 것은 곧 그 나라가 이 세상에 천연적으로 하나의 자주국 되는 표시요……]

— 《서우》, 광무 11년(1907) 1월 1일

그런데 이러한 이중적 글쓰기가 주시경만의 방식은 아니었다. 아름다운 우리말 시를 썼던 만해 한용운이 《조선불교유신론》을 작성할 때는 이두문에 가까운 국한 혼용문을 썼다. "푸른 산빛을 깨치고 단풍나무 숲을 향하여 난 길을 걸어서 차마 떨치고 갔습니다"라고 노래했던 만해가 "佛이 言하시되 善男子야 譬컨대 貧家에 珍寶가 有하되 寶가 能히 내가 此가 在하다 自言치 못하는지라"라는 글을 썼다는 사실을 받아들이기는 쉽지 않다. 그러나 그 또한 주시경처럼 글의 영역과 그 글을 읽는 독자를 우선시했을 것이다. 성경 또한 그랬다. 중국어 성경을 저본으로 번역한 한글 성경이 나오고 난 뒤 국한문 혼용으로 된 성경이 출판되었다. 일반 백성의 성경과 지식인층의 성경이 달랐던 것이다.

근대 초기 민권의식이 싹트면서 독자는 '알 권리'를 주장하고, 저자는 독자층을 고려하여 글쓰기 양식을 선택했다. 한문 글쓰기를 벗어나 한글 글

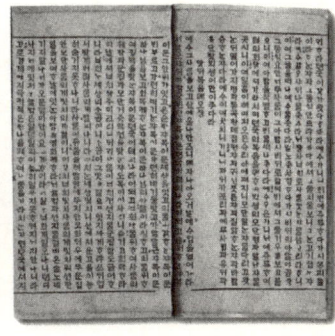

개신교 《신약성서》의 최초 한글
번역서. 만주에서 선교활동을
하던 J. 로스 목사와 이응찬, 백
홍준 등에 의해 1887년 만주 심
양에서 발행되었다.

쓰기를 시작했던 시기적 특징 때문에, 당시 글쓰기 양식을 결정한 것은 문
자의 선택이었다. 그런데 전문 서적이 아닌 일상문에서의 문자 선택은 결
국 독자층을 제한했다는 점에서 이 무렵 글쓰기 양식은 신문과 필자의 근
대의식을 반영하는 것이기도 했다. 같은 시대의 신문이었지만 서재필의
《독립신문》이 한글 글쓰기를 시도했다면 남궁억의 《황성신문》은 국한 혼용
글쓰기를 시도했다. 둘 다 민권을 추구하는 신문이었다는 점에서, 신문이
채택한 글쓰기 양식을 통해 신문 발간 주체들이 지녔던 민권의식의 차이를
가늠해볼 수도 있을 것이다.

　그러나 유길준이 한글 글쓰기를 하지 못했음을 자책하면서도 알려야 할
대상을 확장하지 못한 것에 비해, 이들은 알려야 할 대상에 따라 혹은 자
신들의 국어의식에 따라 글쓰기 양식을 선택하였다는 점에서 분명 진일보
했다.

# 어떤 말로 쓸 것인가
언어 규범의 필요성

> 우리는 첫째 편벽되지 아니하므로 무슨 당에도 상관이 없고 상하귀천
> 을 달리 대접하지 않고 모두 조선 사람으로만 알고 조선만 위하며 공평히 인민에
> 게 말할 터인데 우리가 서울 백성만 위할 게 아니라 조선 전국 인민을 위하여 무슨
> 일이든지 대신하여 말하여주려고 함.
>
> — 《독립신문》 창간호, 사설, 1896년 4월 7일

앞서 국한 혼용의 글쓰기가 한글 글쓰기로 가기 위한 과도기적 선택이라
는 규정은 재검토해야 한다고 말하며, 두 가지 글쓰기 양식이 글의 목적과
독자층에 따라 선택됨을 설명했다. 그러나 국한 혼용문이 과도기적 양식이
라는 설명이 완전히 잘못된 것은 아니다. 한문 글쓰기에 익숙했던 지식인
들에게 국한 혼용의 글쓰기는 소통의 정확성과 편리성을 동시에 도모하는
장점이 있었기 때문이다. 이는 조선어의 규범화 문제 때문이다.

위의 《독립신문》 사설에서 "서울 백성만 위할 게 아니라 조선 전국 인민
을 위하여 무슨 일이든지 대신하여 말하여주려고 함"이라는 대목은 《독립
신문》이 전 조선인과의 소통을 목표로 한 신문이었음을 말해준다. 이러한
목표가 있었다면 《독립신문》을 만든 지식인들은 조선의 언어 문제에 대해
고민해야만 했다.

어떤 조선어를 써서 독자들과 소통할 것인가? 서울말을 쓴다면 지방에
사는 사람들과 소통하기 힘들 것이고, 특정한 지방말을 쓴다면 그 지방을

제외한 사람들과의 소통이 어려울 것이다. 지역 차이를 떠나 개념어를 표준화하지 않은 상태에서 한글 글쓰기는 소통의 정확성을 떨어뜨릴 수밖에 없다.

이때 지식인들에게 대안으로 떠올랐던 것이 국한 혼용의 글쓰기였다. 국한 혼용으로 쓸 경우 개념어를 모두 한자로 쓰면 되기 때문에 언어의 소통 문제를 고민할 필요가 없다. 이 점에서 보면 당시 국한 혼용의 글쓰기는 규범이 확립되지 않은 현실을 고려한 선택일 수 있다. 이처럼 공공의 글쓰기가 일반인들의 '알 권리'를 충족하려면 우리말 규범을 확립할 필요가 있었다. 규범, 그중에서도 표준어의 필요성은 이러한 배경에서 제기되었다.

말의 문제와 더불어 같은 한글이라도 어떻게 표기해야 하는지도 심각한 문제였다. 공인된 철자법이 존재하지 않는 상황에서 지식인들은 한글 글쓰기를 위해 자신만의 표기 원칙을 만들어야만 했다. 이는 한글 글쓰기를 어렵게 하는 가장 큰 장애 요인이었다. 공공성을 띠는 신문으로서는 이러한 상황이 더욱 난감할 수밖에 없었다. 신문은 무엇을 기준으로 표기해야 했을까? 관습적인 표기 방식이 있었지만 쓰는 사람에 따라 혹은 글의 양식에 따라 표기가 들쭉날쭉하였다. 《독립신문》을 교열했던 주시경은 이러한 문제를 해결하기 위해 '국문동식회(國文同式會)'를 만들어 표기법을 연구하였고, 주시경식 철자안을 만들어 이를 보급하려고 했다.

이처럼 규범은 전 사회적인 소통이 필요한 상황에서 만들어졌다. 알 권리를 충족시키기 위한 언문일치 글쓰기는 시대적 목표였고, 이를 실현하기 위해 표기의 규범화와 언어의 규범화가 필요했던 것이다. 표준어와 표기법의 통일 문제에 대한 고민은 사전 출판이라는 계획으로 이어졌다. 말과 쓰기의 규범을 모두 모아놓은 사전이 있다면 혼란 없는 의사소통이 가능할 것이라 생각했기 때문이다. 이제 어떠한 규범이 만들어지게 될 것인가?

# 표준어 정하기

근대 민족국가는 국가공동체 내부에서의 일사불란한 의사소통을 중시했다. 근대 민족국가가 성립되면 모든 국가들이 통일된 행정과 법률체계를 갖춰 국가를 통치하고, 통일된 교육체계에서 국가의 통치 이념을 교육하고자 했기 때문이다. 이를 위해서는 통일된 의사소통의 수단, 곧 표준어가 필요했다. 상황이 이러했기에 표준어의 확립은 그 국가의 문화적 수준을 가늠하는 척도로 간주되었다.

그러나 표준어가 전적으로 국가의 필요에 의해 확립되었다고 보기는 어렵다. 표준어는 다양한 사람들이 서로 소통하고 교육받는 등의 일을 수월하게 해주는 수단이었다. 따라서 국가에 표준어의 확립을 요구하는 것은 대중의 권리이기도 했다. 그런 점에서 보면 일제강점기에 우리가 스스로 표준어를 확립하고자 했던 것은 식민지 피지배 민족으로서 최소한의 권리를 확보하기 위한 투쟁이 아니었을까?

# 표준어를 생각하다

나로서는 그때 압록강 항로(航路)에서 얻은 느낌이 중대한 것을 이제 다시 인식하게 되는 것이 있다. 그것은 그때의 느낌이 내가 조선어 연구에 관심하게 된 첫 출발점이요, 또 조선어 정리로 한글 맞춤법 통일안과 외래어 표기법 통일안과 표준어 사정과 조선어대사전 편찬 등의 일에 전력(全力)을 바치게 된 동기이다. 이 항행(航行) 중에 하루는 일행이 평북 창성 땅인 압록강변 한 농촌에 들어가서 아침밥을 사서 먹는데 조선 사람의 밥상에는 떠날 수 없는 고추장이 밥상에 없었다. 일행 중의 한 사람이 고추장을 청하였으나 고추장이란 말을 몰라서 그것을 가지고 오지 못한다. 그래서 우리는 여러 가지로 형용을 하였더니 마지막에는 "옳소, 댕가지장 말씀이오" 하더니 고추장을 가지고 나온다. "사투리로 말미암아 일상생활에 많이 쓰이는 고추라는 말을 서로 통하지 못하니 얼마나 답답한 일일까." 표준어 사정은 이십오 년 후에 와서 문제를 삼아 해결하게 되었으니, 우리는 국어에 대한 관심이 일반으로 부족한 것을 아니 느낄 수 없다.

— 이극로, 《고투사십년(苦鬪四十年)》, 1947

참으로 답답한 노릇이었다. 표준어가 없다는 것은. 참으로 부끄러운 일이었다. 표준어를 모아놓은 사전이 없었다는 것은. 그런데 이 부끄러운 감정은 어디에서 비롯된 것이었을까?

표준어를 제정하는 것은 한 국가의 공통어, 즉 국어를 확립하는 일이었다. 국가 공통어 확립 사업은 의사소통의 편리성이라는 실용적인 목적 외

에 국가 정체성의 확립과 국민정신의 형성이
라는 정치적 필요성 때문에 근대 민족국가의
주요 사업이 되었다.

우리의 경우는 어떠했던가? 국어에 대한
인식이 분명치 않은 터라 표준어에 대한 논의
는 1907년에 설립된 최초의 어문 연구기관인
국문연구소에서도 진행된 바가 없었다. 국가
의 어문문제를 논의한다고는 했지만 국문연
구소의 주요 논의는 문자의 표기 문제로 제한
되었다.

《고투사십년(苦鬪四十年)》에는 이극
로가 만주와 중국, 러시아 등지를 오
가며 민족의식을 깨우치고 독일 유학
후 귀국해서 한글 연구에 투신하는
과정이 소개되어 있다.

문자의 표기 문제가 대두되었음에도 표준
어 확립과 관련하여 적극적인 논의가 진행되지 않은 것은 무슨 이유였을
까? 이는 우리 문화의 특수성 때문일 것이다. 조선은 일본이나 유럽 국가들
과 달리 중세 이래로 서울 중심의 중앙집권적인 문화가 정착되어 있었다.
따라서 근대적 교육, 언론, 출판 문화가 꽃피기 시작했을 때에는 이미 국가
공통어가 서울말이라는 인식이 굳어졌을 가능성이 높다. 반면 한글이 한자
를 대신하여 국가의 공용 문자가 된 것은 얼마 되지 않은 일이었기 때문에,
한글 표기를 체계화하고 통일하는 문제가 더 절박하였을 것이다. 대한제국
시기 어문정책의 주요 대상이 국어(國語)보다는 국문(國文)이었던 것은 이
때문이었다.

이렇게 문자의 문제에 매달리는 사이 표준어 제정과 사전 편찬이라는 실
질적인 규범화 사업은 제대로 진행되지 못했다. 그리고 사전 편찬의 필요성

이 대두되면서 말 규범화 사업을 고민하기 시작할 즈음 대한제국은 일본의 식민지로 전락하고 말았다. 국어정책의 주체와 대상이 사라진 것이다.

이런 상황에서 표준어가 없는 현실의 답답함과 그 표준어를 담은 사전이 없다는 부끄러움은 나라 잃은 설움에 대한 또 다른 표현이었을 것이다. 일제강점기에 진행되었던 표준어 제정과 사전 편찬 사업은 그 자체로 근대화 운동이면서 독립운동이 될 수밖에 없었다. 이런 점에서 조선어학회를 중심으로 진행된 어문 규범화 사업이, 대한제국 시기에 있었던 어문 규범화 사업의 정신과 내용을 계승했다는 점은 의미심장한 것이었다.

## 두루 쓰이는 서울말이 표준어가 되다

今에 此 大韓文法은 現時言語나 文章에 普通體勢를 依ᄒ여 法例를 定ᄒ 거시니라. [지금 이 대한문법은 현재의 말이나 문장의 일반적인 쓰임에 따라 법례를 정한 것이다.]

— 김규식, 《대한문법(大韓文法)》, 1908

本書는 現今에 通行ᄒᄂ 바 朝鮮語의 語音及語法에 基ᄒ야 編輯ᄒ 者. [이 책은 현재 통용되는 조선어의 말소리와 어법에 기초하여 편집한 것임.]

— 김희상, 《조선어전(朝鮮語典)》, 1911

근대 초기 국어사전과 문법서는 언어 사용의 규범화를 목적으로 편찬되

었기 때문에, 사전 편찬자와 문법가
들은 자신들이 기술할 언어의 범위
를 머리말에 명시하곤 했다.

위에 인용한 바와 같이 김규식과
김희상 또한 자신들이 기술한 말의
성격을 밝히면서 표준어에 대한 생
각을 피력했다. '지금 사용하는 말
이나 문장의 일반적인 쓰임에 따라
법례를 정한 것'이나 '현재 통용되
는 조선어의 말소리와 어법' 등과
같은 언급은 '현재 일반적으로 사
용되는 말'을 강조한다는 점에서

김규식(1881~1950)은 미국 유학 후 1906년부터 《대한
문법》을 집필하기 시작하여 1908년에 마쳤다.

공통적이다. 양반의 말이 아닌 '일반적으로 사용되는 말'이 표준이 되었다
는 데에서 시대의 변화를 가늠할 수 있다.

그런데 김규식과 김희상의 말은 '대체로 현재 중류 사회에서 쓰는 서울
말로 한다'(《한글 마춤법 통일안》, 1933)라는 조선어학회의 표준어 규정을 연
상시킨다. 비록 '서울말(혹은 경성어)'이라는 표현을 쓰지는 않았지만, 김규
식과 김희상이 생각했던 '일반적으로 쓰이는 말'은 결국 '두루 쓰이는 서울
말'을 뜻한다고 봐야 하기 때문이다. 앞서 말했듯이 500년 넘게 서울 중심
의 중앙집권 국가를 유지했던 조선이었기에 당시 사람들이 공통어로 여긴
것은 '두루 쓰이는 서울말'일 수밖에 없었다. 이런 점을 보면 조선어학회의
표준어 규정이 공통어의 범위를 새롭게 확정지었다고 보기는 어렵다.

여기에서 짚고 넘어가야 할 것은 조선어학회의 표준어 규정이 경성어(京城語)를 표준으로 한다는 조선총독부의 표준어 규정◆을 참조했고, 조선총독부의 표준어 규정은 '동경어(東京語)를 표준으로 한다' 라는 일본의 표준어 규정을 원용한 것이었다는 사실이다. 이런 사실만 보면 일본의 표준어 정책과 조선어 표준어 정책을 같은 차원에 놓고 이해할 수도 있을 것이다. 그러나 조선의 표준어 정책이 일본처럼 공통어의 범위를 새롭게 확정짓는 것을 목표로 진행된 것은 아니었다.

동경어를 표준으로 삼은 표준어 정책은 지방분권적 봉건국가였던 일본의 역사에서 중요한 의미를 띠는 것이었다. 천황을 정점으로 하는 국민국가를 이루고자 했던 근대 일본의 열망이 표준어 정책에 투영되면서 표준어 정책은 국민정신의 함양을 목적으로 강력하게 진행되었고, 이는 곧 새로운 국어를 정립하기 위한 투쟁이기도 했다. 이에 비해 조선의 표준어 정립 과정은 이미 유일하게 존재하는 공통어를 공식화하는 일에 가까웠다. 따라서 서울말을 표준어로 공식화하는 일은 설득과 투쟁의 문제라기보다는 교육과 보급의 문제였다.

오히려 조선의 표준어 정립 과정에서 문제가 된 것은 서울말이냐 아니냐보다는 '대체로 쓰이는 말' 과 '중류 사회의 말' 이라는 규정의 정당성이었다. 일반적으로 쓰이는 표현은 그 대상이 분명할 것 같지만, 당시 상황을 보면 전형적인 말을 규정하는 것은 막연한 일일 수밖에 없었다. 언어의 사용례가 충분히 축적되어 있지 않았던 1930년대에 '대체로' 의 범위는 어떻게

---

◆ 1912년에 만들어진 '보통학교용 언문철자법' 에 나온 원칙.

정할 것인가. 중류 계층이 분명하게 형성되어 있지 않은 상황에서 중류 사회의 말은 어떻게 규정할 것인가.

이처럼 표준을 정하는 일이 막연한 상황에서 '대체로 쓰이는 말'과 '중류 사회의 말'이라는 기준은 '규칙에 맞는 표현' 혹은 '바른 본'이 대신하게 되었다. 언어의 표준화 사업이 바람직한 말을 찾아 중류 계층에게 걸맞은 말을 건설한다는 방향으로 전개되었던 것이다. 그러나 바람직한 말을 익힌다는 것은 표준어를 권리로 인식하기보다는 의무로 인식하게 하는 부작용을 가져오기도 했다.

## 표현의 다양성보다 의사소통의 통일성을 우선시하다

서양 각국에서는 라텐 말로 된 학어를 자긔네 말로 옴기면 돌이혀 어렵음을 끼칠 만큼 자리가 잡혀 그리하거니와 우리는 아직 말모이(사뎐)도 하나 되지 못하여(한불자뎐이나 한영자뎐이나 조선어사뎐 따위는 표준 잡을 만한 말모이로 볼 수 없음) 표준말 한 마디도 잡히지 못한 이때에 어느 곧에서 채쪽 맞고 뛰는 셈으로 서양말을 한문으로 옴겨온 그것을 생판 서투르게 우리 사람에게는 냄새도 맞지 않게 그대로 음만 따서 표준말을 뎡하는 것이야 어찌될 일이리오.

— 김두봉, 《깁더조선말본》, 1922(밑줄은 필자가 첨가한 것)

김두봉은 1920년 조선총독부 주관으로 편찬된 《조선어사전》을 표준으로 삼을 만한 가치가 없다고 혹평하면서 이를 서양 선교사들이 편찬한 바 있

광문회의 사전 편찬사업을 주도하던 시기의 김두봉(1889~1960)

는 《한불자전》이나 《한영자전》과 같은 차원으로 보았다. 김두봉은 왜 《조선어사전》을 비판하면서 표준어 문제를 언급하였을까?

조선총독부에서 간행한 《조선어사전》을 보면 '다리(脚, 橋)'가 '대리'와 동등한 자격으로 수록되어 있고, 칩다(치워, 치운), 츱다(츠워, 츠운), 추웁다(추워, 추운), 춥다(추워, 추운), 치웁다(치워, 치운) 등과 같은 다섯 개의 이형태들이 동등한 자격을 가진 표제어로 등재되어 있을 뿐만 아니라 활용형까지 함께 제시되어 있다.

그렇다면 당시 서울에서는 이러한 말들이 두루 사용되었고, 《조선어사전》 편찬자는 서울에서 통용되는 말을 모두 사전의 표제어로 수용한다는 원칙을 세웠다고 볼 수' 있다. 이는 바른 언어로서의 표준어를 정립하려는 입장에서는 받아들일 수 없는 것이었다. 이들이 존경하는 스승 주시경이 편찬했던 사전 《말모이》에는 바른 언어를 제시하는 최소한의 원칙이 있었다.

뜻 같은 말의 몸이 여럿 될 때에는 다 그 소리대로 딴 자리를 두되 그 가온대에 가장 흖이 쓰이고 소리 좋은 말 밑에 풀이를 적음. [뜻이 같은 말의 형태가 여럿일 경우에는 다 그 소리대로 다른 자리를 두되, 그 가운데에 가장 흔히 쓰이고 소리 좋은 말의 밑에 풀이를 적음.]

— 《말모이》, 1913

조선총독부가 편찬한 《조선어사전》의 내용 일부. 표제어만 한글로 제시하고, 일본어로 뜻풀이를 하였다.

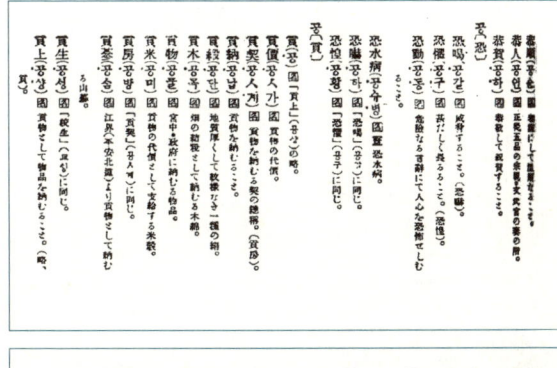

　이러한 사전 기술 원칙이 어떻게 표준어 규정과 관련되는지 의아할 것이다. 그러나 사전의 기술 방식에 대해 알고 있는 사람이라면 위의 기술 원칙이 표준어 규정과 다름없음을 이해할 수 있을 것이다. 국어사전에서는 뜻이 같은 여러 형태의 단어를 싣되, 표준어만 뜻풀이를 하는 것이 일반적이기 때문이다.

　그런 의미에서 보면 주시경과 김두봉이 주도한 최초의 국어사전 《말모이》에서는 사전 뜻풀이의 원칙으로 표준어를 규정했다고 볼 수 있다. '가장 흔히 쓰이고 소리 좋은 말'이 표준어였던 것이다. 이는 조선총독부 《조선어사전》의 기술 원칙과 대비되는 것이었다. 가장 흔히 쓰이고 소리 좋은 말이

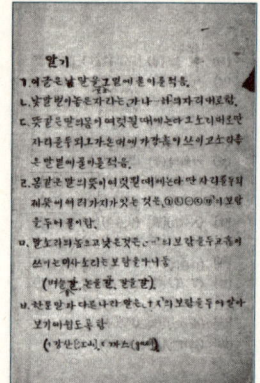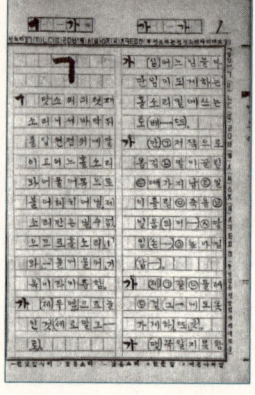

광문회에서 편찬을 시도했으나 출간되지 못한 《말모이》의 원고. 《말모이》는 주시경과 그의 제자들인 김두봉, 이규영, 권덕규 등이 편찬을 주도했다. 우리말을 우리말로 풀이한 최초의 시도였다는 점에서 역사적 의의가 자못 크다. 현재 남아 있는 원고는 240자 단면 원고지 231장인데, 이는 범례인 '알기'(2쪽), 본문 'ㄱ—걀죽'(153쪽), 색인인 '찾기'(50쪽), 한자어 자획 색인인 '자획(字畫)찾기'(26쪽)로 구성되어 있다.

무엇인지를 결정하는 일은 '바른 본'을 확립하는 일이었고, 이는 결국 단일한 표준어를 확립하는 일이었기 때문이다. 김두봉이 《말모이》 사업을 끝내지 못하고 상하이로 망명한 후 간행된 《깁더조선말본》에서 《조선어사전》을 비판한 대목은 '바른 본'이 될 수 있는 단일한 표준어를 확립해야 한다는 그의 신념을 피력한 것이라고 볼 수 있겠다.

이러한 생각은 1929년부터 조선어사전(훗날의 《조선말큰사전》) 편찬 사업을 조직하고 이끌었던 이극로의 글에도 나타난다.

음운(音韻)과 어감(語感)을 위하여 복표준어(複標準語)의 필요를 생각할 수도 있다. 그러나 그것은 의논과 실제가 다 맞지 아니한다. 만일 음운과 어감을 위하여 복표준어를 둔다면, 그 목적을 위하여는 이개(二個) 이상 얼마든지 둘 수가 있을 것이니, 필경에는 표준어가 없다는 말밖에 남을 것이 없다.

— 이극로, 〈표준어와 사전〉, 1937

　　김두봉과 이극로의 글은 조선어학회가 언어 표현의 엄격한 규범화를 목표로 표준어 사정에 임했음을 말해준다. 단일 표준어를 목표로 하는 표준화 방향은 정제된 표준어를 지향하고 있었고, 표준어를 사정하고 이의 결과를 목록화하여 발표한 것은 이러한 지향 때문이었다. 이러한 선택은 표현의 다양성보다 의사소통의 통일성을 우선시했다는 점에서 특징적이다. 당시 표기의 문란함에 대한 문제의식 그리고 다양한 언어 형태가 철자의 통일에 방해가 된다는 생각은 의사소통의 통일이 필요하다는 공감대를 형성하는 데 결정적인 역할을 했다. 그리고 조선어학회의 조선어사전은 이에 근거하여 편찬 방향이 결정되었다.

　　그런데 단일 표준어를 원칙으로 하면서, 표준어와 방언은 상호배타적인 관계가 될 수밖에 없었고, '표준어는 바른말'이고 '바른말은 하나'라는 인식이 굳어지게 되었다. 이러한 인식은 언어의 인위적 가공을 통해 이상적인 표준어를 정립하고자 했던 언어 규범관과 연결되어 있다.


　　　　이 글은 이제에 두로 쓰이는 조선말 가온대에 그 바른 본을 말한 것이니라.

　　　　이 글은 서울말을 마루로 잡았노라. 그러나 이 도본에 맞지 아니한 것은 좋지 아니하엿노니 이를터면 '더우니'를 아니 좇고 '덥으니'를 좇은 따위니라.

— 김두봉, 《조선말본》, 1916

김두봉이 '바른 본'을 강조하면서 도본에 맞지 아니한 것은 좋지 않았다고 한 것은 그의 독특한 언어 규범관을 보여준다. 이는 규칙화를 위한 인위적인 언어 가공을 표준화의 한 목적으로 보고 있다는 점에서 문제적이다. 특히 '더우니'보다 '덥으니'를 좋는다고 한 것은 불규칙활용을 인정하지 않겠다는 의미인데, 이를 통해 김두봉이 얼마나 극단적인 표준화를 지향했는지를 알 수 있다.

그런데 언어의 '바른 본'을 강조한 김두봉의 견해가 표준어에 대한 인식과 관련하여 중요한 의미를 띠는 것은, 이 견해가 표준어 사정안을 작성할 당시의 관점과 상통하는 면이 있기 때문이다. 물론 조선어학회 표준어 사정안이 언어의 인위적 가공에 초점을 두지 않았다는 점에서 김두봉의 견해는 조선어학회의 표준어 사정 원칙과 일치하지는 않는다. 그러나 학리에 맞고 규모가 있는 말로 표준을 삼는다는 조선어학회의 표준어 사정 원칙은 '바른 본'을 중시한 언어 규범관에서 비롯된 것이었다.

이러한 태도는 1930년대 서울말에서 일반적으로 진행된 모음동화 현상을 인정하지 않은 데에서도 확인할 수 있는데, 표준화를 주도한 이들은 일반화되어 있던 '곰팽이', '지팽이', '애끼다'를 인정하지 않고, '곰팡이', '지팡이', '아끼다'를 표준 어휘로 인정하였다. 원형을 파악하는 문제를 중시했기 때문이었을 것이다. 또한 의미는 같지만 형태는 다른 '가르치다(敎, 指)'와 '가리키다(敎, 指)'를 '가르치다(敎)'와 '가리키다(指)'라는 별개의 단어로 구분한 것이나, 일반적으로 '다르다(異)'와 혼용되었던 '틀리다(誤, 異)'의 의미를 굳이 '틀리다(誤)'로 제한한 것에서도 '바른 본'을 중시하는 표준어 의식을 확인할 수 있다. 표준어로 확정되지는 않았지만, '쓰다(用)',

조선어사전 편찬회 결성을 보도한 1929년 11월 2일자 《동아일보》 기사. '사회 각계 유지 망라. 조선어사전 편찬회 결성. 한글 창제 483년 기념일에 뜻 깊은 우리말사전 편찬회 창립. 한글 통일운동에 매진'이라고 적고 있다.

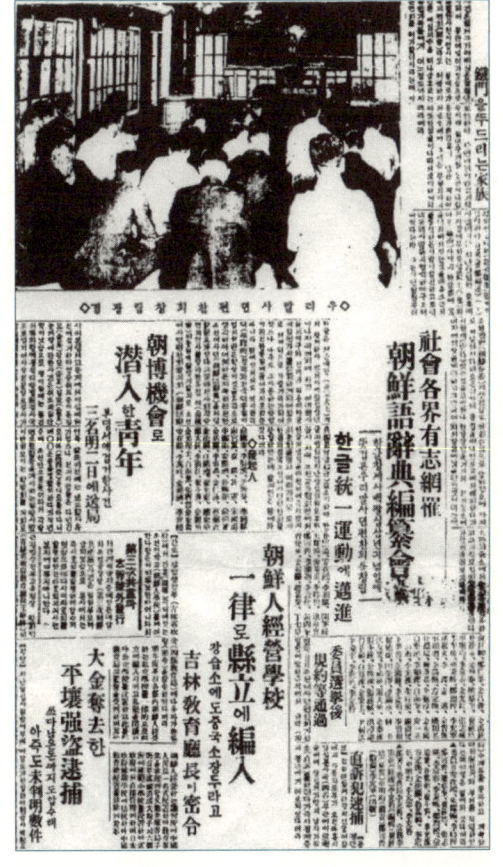

'쓰다[書]'를 '쓰다[用]', '씨다[書]'로 구분하려 한 적도 있었다. 이를 보면, 바른 본을 세우려는 시도가 언어를 인위적으로 가공하는 것으로 연결될 수 있음을 알 수 있다.

그렇다면 표준어는, 서울에서 두루 쓰이는 말이라는 기준과 규칙적인 말이어야 한다는 기준을 동시에 적용하여 만들어진 것이라 할 수 있다. 그러나 단일 표준어 원칙과 표현의 규칙성이 강조되면서 표준어는 공통어라기보다 바른말로, 표준어가 아닌 것은 언어의 변이형이라기보다 잘못된 말로 인식되었다. 이러한 인식은 표준어가 원활한 의사소통을 돕는 언어라는 공감대를 형성하는 데 가장 큰 장애 요인이 되었다고 할 수 있다.

그러나 단일 표준어 원칙을 고수했던 이들의 활동은 일제강점기 우리말 운동사에서 중요한 의미를 띤다. 하나의 의미가 여러 단어로 표현될 수 있는 것이 언어라는 점을 생각하면 이들의 선택은 극단적이었지만, 이들의 활동에 힘입어 조선어 정리의 주도권을 민족어 운동 세력이 차지하게 된 것이다. 단일 표준어를 정립하기 위해서는 언어의 가공이 필수적이었는데, 언어학적 규칙의 이해를 전제로 하는 언어 가공 작업은 '어문 정리가 조선 총독부가 아니라 조선어의 법칙에 능통한 조선어학자의 주도로 이루어져야 한다'라는 논리가 되었기 때문이다. 언어의 규범화 작업을 학술적 논쟁의 대상으로 몰고 간 부정적 영향에도 불구하고 이 논리의 역사적 의의를 인정해야 하는 이유가 여기에 있다.

## 표준어 정책과 우리말의 미래

조선의 언어는 상술한 것처럼 어음·어법의 각 방면으로 표준이 없고 통일이 없으므로 하여, 동일한 사람으로도 조석이 상이하고 동일한 사실로도 경향이 불일할 뿐 아니라, 또는 어의의 미상한 바가 있어도 이를 질정할 만한 준거가 없기 때문에, 의사와 감정은 원만히 소통되고 충분히 이해될 길이 바이 없다. 이로 말미암아 문화의 향상과 보급은 막대한 손실을 면할 수 없게 되는 것이다. 금일 세계적으로 낙오된 조선 민족의 갱생할 첩로는 문화의 향상과 보급을 급무로 하지 않을 수 없는 것이요, 문화를 촉성하는 방편으로는 문화의 기초가 되는 언어의 정리와 통일을 급속히 꾀하지 않을 수 없는 것이다.

— 〈조선어사전 편찬회 취지서〉, 1929

조선어사전 편찬회가 결성되던 1929년 민족문화 운동을 벌이던 사람들에게 조선어의 표준을 정하는 것은 조선 문화의 사활을 결정하는 심각한 문제였다. 위의 취지서처럼 조선의 문화가 향상되지 못한 것이 모두 언어의 표준을 마련하지 못한 데에서 비롯되었다는 생각은 그들에게 조선어의 표준화가 얼마나 절박한 일이었는지를 말해준다. 엄혹했던 일제강점기에 발표된 표준어 사정안은 민족어사전을 완성하기 위한 노력의 한 면을 보여준다.

일본어가 유일한 국어였던 상황에서 조선어학회는 독자적으로 조선어의 표준을 제시하였을 뿐만 아니라, 이를 대중 집회를 통해 전 민족에게 공포하였다. 조선어사전 편찬회를 결성하고, 표준어 사정안을 제시한 것은 조선어학회 대중노선의 빛나는 승리였다. 피지배 민족의 역량을 결집한 조선어사전 편찬회를 결성하고 표준어를 규정한 것은 조선어를 명실상부한 공용어로 만들겠다는 의지를 천명한 것이었기 때문이다.

그러나 1936년 10월 28일 표준어 사정안을 발표한 시점을 계기로 조선어학회의 대중 집회가 금지되었고, 조선총독부의 국어 상용화 정책이 더욱 강압적으로 진행되었다. 이는 표준어 제정의 역사적 의미를 역설적으로 보여준다. 공용어로서의 표준어를 정립하고자 한 노력은 더 큰 억압을 불러왔지만, 억압 속에서 강화된 절박감은 우리말 사전을 완성하는 힘이 되었다. 그리고 이렇게 편찬된 사전은 해방 후 우리의 국어생활을 이끄는 기준이 되었다. 현재의 국어생활이 당시의 저항적 우리말 운동에 힘입었다고할 수밖에 없는 이유가 여기에 있다. 그렇다면 우리말의 미래를 상상하는일은 언어의 본질과 역할 그리고 우리말 정립을 위한 그간의 노력을 이해하는 것에서부터 시작해야 한다.

그러나 과거를 이해하려는 노력이 현재를 과거에 가둬버리는 결과로 이어질 수 있음을 경계해야 한다. 일제강점기 조선에서 '바른말' 로서의 표준어를 정립하고자 했던 것과 21세기 대한민국에서 '바른말' 로서의 표준어를정립하고자 하는 것은 그 시대적 의미가 다를 수밖에 없기 때문이다. 이는두 가지 경향의 문제를 지적하는 말이다.

첫째, 과거의 성과를 근거로 지금까지 대중을 계도하는 국어정책을 유지하는 것의 문제를 생각해야 한다. 일제강점기 한글운동가에 대한 평가를기준으로 오늘날의 표준어 정책을 평가하는 것은 국어정책의 본질을 호도할 수 있기 때문이다. 일제강점기 표준어 제정이 우리말 문화를 지키기 위한 노력의 일환이었음을 근거로, 표준어 교육을 강화하는 것이 우리말 교육을 강화하고 우리말 문화를 발전시키는 유일한 길이라 할 수는 없지 않겠는가.

둘째, 현재의 상황 인식에 따라 일제강점기 한글운동가의 활동을 평가하는 것의 문제를 생각해야 한다. 표준어와 국어로 상징되는 언어 획일화 정책에서 벗어나 언어 표현의 다양성을 보장해야 한다는 주장은 일견 타당하지만, 이를 근거로 일제강점기에 단일 표준어를 고수했던 한글운동가의 활동을 폄하할 수는 없다. 우리말을 상실할 수 있었던 일제강점기의 특수한 상황을 염두에 두지 않고 당시의 민족어 문제와 한글운동에 대해 이야기할 수는 없지 않겠는가.

이 두 경향은 정반대의 관점을 보여주지만, 시대적 조건과 언어의 본질에 대한 진지한 성찰이 결여되었다는 점에서는 공통적이다. 의사소통의 민주화가 국어정책의 목표가 되어야 할 시대에 표준어의 획일화는 어울리지 않는다. 그러나 국가가 가장 강력한 제도적, 현실적 공통체임을 생각한다면 국가적 소통을 위한 표준어 정책은 현재적 의미가 크다. 그렇다면 표준어 정책은 어떤 길을 가야 할까.

# 말의 표준화, 소통의 민주화

말을 표준화한다는 것은 곧 말을 획일화한다는 것이다. 따라서 소수자의 언어적 권리를 침해할 가능성이 있고, 역사가 이를 여실히 보여준다. 표준어 문제가 본격적으로 논의되던 일제강점기에도 바로 이런 문제가 지적되었다. 그러나 국가적 소통이라는 측면에서 표준어가 필요하다면 이를 극복할 길을 찾아봐야 한다. 정책적으로 표준어의 공공성과 공익성을 높일 수 있는 길을 모색해야 한다는 말이다. 일제강점기에 표준어 문제를 천착한 안확과 홍기문의 주장을 통해 표준어의 공공성과 공익성 문제를 생각해보자.

## 표준어가 정립돼야 우리말이 발전한다?
### 안확과 홍기문

방언 발달함의 무성(茂盛)함이 잇스니 만일 차(此) 방언 발달을 자유에 방임(放任)하면 일민족(一民族)의 어(語)가 결렬(決裂)하야 사상 교통(思想交通)이 불능(不能)할지라 고(故)로 표준어를 입(立)하고 방언을 축(逐)하나니, 이는 언어를 부자유케 함이 안이라 일국내(一國內) 언어를 통일하야 사상을 단합하야써 국어를 보전하는 목적이니라.

—안확, 《조선어원론》, 1922

안확(1886~1946). 일제강점기에 국학을 비롯하여 정치사, 문학사, 국어학, 미술 등 여러 분야에 관한 글을 발표했다.

안확은 1922년에 방언을 축출하고 표준어를 정립해야 함을 강력히 주장했다. 그에게 표준어의 정립은 곧 우리말의 존립과 직결되는 문제였다.

근대국가의 성립기에 소통의 필요에 의해 제정했던 표준어가 국가주의를 강화하기 위한 정책에 활용되면서 표준어 문제는 언어 문제의 범위를 벗어났다. 일본의 경우 메이지 유신 이후 천황을 중심으로 한 근대국가를 확립하기 위해 동경어를 표준어로 정하고 이를 보급하는 정책을 추진하게 되었다. 이로 인해 표준어는 국민정신을 검증하는 수단이 되기도 했다. 이러한 상황에서 방언은 국민정신의 통합을 해치는 주범으로 매도될 수밖에 없었다.

식민지 시대였지만 표준어를 정립하기 위해 노력하는 과정에서 대부분의 민족주의자들은 이러한 국가주의적 언어관을 수용하였다. 그리고 표준어를 확립하여 새로운 언어 모델을 만드는 데 총력을 기울였다. 당연히 방언은 배제해야 할 대상이었고, 언어 정리의 궁극적 목표는 일사불란한 통

홍기문(1903~1992)은 표준어 제정이 우리말
의 다양성을 해칠 수 있음을 지적하였다.

일이었다. 반발이 없을 수 없었다.

조선어는 어디서 어디까지 현대
조선인이 일상으로 사용하는 꼭 그 말이다.
추상적 이상적 조선어는 한두 개인의 두뇌
속[裏]에서는 성립될지언정 실용상 일분(一
分)의 가치가 없는 것이다. 물론 조선어라는
한 말에도 지방, 계급 또는 직업을 따라서 죄
다 같다는 것은 아니나 병렬적으로 살아 있
는 그 말들은 병렬적으로 생존의 권리를 가
진다. 추상적 이상적 한 말의 국한은 언어의 완전화가 아니라 한갓 그의 파괴화다.
말이 여기 미치고 보니 자연 표준어에 관계된다마는 표준어란 요컨대 경제상 정치
상 문화상 세력 있는 언어란 말이니 그 세력의 변동을 따라 그것도 결국 변동할 뿐
이 아니라 그러타고 각 방언의 말살을 의미치 않는다. 더구나 언어의 세력을 무시하
고 일개의 방언으로써 표준어를 삼으려는 것은 향토애의 따뜻한 맛이 있을지 모르
되 수포(水泡)의 도로(徒勞)가 아까운 일이다. 지금 표준어는 그들의 언어 개조의 유
일한 차면(遮面)이나 그들은 실상 표준어가 무엇인 것을 잘 해석지 못한다. 표준어
라고 결코 그들이 소유한 추상적 이상적 언어와 같은 것은 아니다.

—홍기문, 〈표준어 제정에 대하야〉, 《조선일보》, 1935년 1월 15일

조선어학회의 표준어 사정이 마무리되던 1935년, 홍기문은 표준어 제정
이 가져올 문제점을 지적한다. 우리말은 우리 삶의 모습만큼 다양해야 한

다고 믿는 그에게 언어 개조를 통한 표준어의 정립은 우리말의 퇴보를 의미했다.

그로부터 수십 년의 세월이 지난 후, 우리의 국어의식하에서 표준어의 정립은 곧 우리말의 발전을 의미하게 되었다. 그리고 표준화의 열망을 실현시키며 진행된 우리말의 표준화 작업은 어느 정도 정착 단계에 접어들었다. '지금 우리에게 표준어는 무엇인가?'라는 질문을 '표준어는 과연 필요한가?'라는 질문으로 확대 해석하는 게 생뚱맞을 수밖에 없는 현실이 된 것이다.

그럼에도 '다양한 방언의 말살을 의미할 수도 있는 표준어 정립이 곧 우리말의 발전일 수 있을까?'라는 홍기문의 문제 제기는 여전히 새로운 울림으로 다가온다. 이는 근대적 가치관이 도전받는 현실에서 언어의 표준화라는 근대적 논리의 유효성을 의심하는 분위기가 형성되었음을 보여준다. 이는 또한 표준화된 한국어를 열망하며 단일한 말로 소통해야 한다는 생각에서 한시도 자유롭지 못했던, 더 넓게는 국가주의에 매몰되었던 우리 자신에 대한 반성적 성찰이기도 하다. 한국어는 지역에 따라, 나이에 따라, 계층에 따라 심지어는 성별에 따라 다양한 모습으로 존재한다는 당연한 사실을 새삼 깨달은 것이다.

그렇다면 우리말의 미래를 새로운 시각에서 사고한다고 했을 때 근대적 사고의 틀, 즉 단일한 말로 소통해야 한다는 강박을 부정하는 것이 중요해진다. 그러나 국어 규범화가 전 국가적 의사소통이 필요한 상황에서 시작되었다는 점에서 규범화에 대한 비판은 좀 더 정교해져야 한다. 다른 사람과의 소통을 염두에 두지 않은 다양성과 자유는 혼란과 방임을 의미할 뿐이기 때문이다. 따라서 근대적 표준어를 넘어서려는 이 순간, 우리에게는 표준어의 역사적 의의와 한계 그리고 미래에 대해 묻고 대답하는 시간이 필요하다.

## 사전에 나오는 말과
## 실생활에서 쓰는 말이 다르다면

근대 초기 표준어는 '보통 쓰이는 서울말'이었다. 이러한 정의는 '교양 있는 사람이 쓰는 서울말'이라는 현재의 표준어 정의에 대응시킬 수 있다. 그런데 포괄적인 정의는 유사할지라도 우리의 표준어 인식과 당시의 표준어 인식에는 다른 점이 있다. 당시의 표준어 정의에는 개별 단어를 대상으로 하여 표준어와 비표준어를 가르는 기준이 포함되어 있지 않았다.

조선어사전 편찬 이전에 표준어 사정안을 대중에게 공포함으로써 우리말 어휘를 써야 할 어휘와 쓰지 말아야 할 어휘로 나눈 것은 언어를 기획할 수 있다는 근대적 인식의 극단을 보여주는 것이었다. 더구나 조선어사전의 출간이 지연되면서 사전 편찬을 위한 내부 지침이었던 〈표준어 규범집〉이 사전을 대신하여 우리말 사용의 지침이 된 것은 규범의 경직화를 초래한 일차적인 원인이라 할 수 있다.

특히 〈표준어 규범집〉에 제시된 6000여 개의 표준어는 우리말의 사용 지침이 되기에는 역부족이었고, 사람들이 규범집에 제시된 어형보다 규범의 원칙을 익혀 이 문제를 해결하려 한 것은 표준어를 원칙과 원리의 문제로 인식하는 계기가 되었다. 표준어 원칙을 제시한 항목을 통해 올바른 언어

생활을 하려는 노력이 지속되면서 법리 논쟁을 방불케 하는 논쟁이 발생하기도 했던 것이다. 그리하여 표준어인지 아닌지를 결정하는 것은 생활의 문제가 아닌 학문의 문제가 되어버린다.

더구나 단일 표준어를 고수하려는 태도가 강조되면서 규범 원칙을 적용하는 일은 더욱 어려워지고 경직화되었다. 규범은 보수적이고 현실 언어는 역동적이기 때문에, 현실 언어와 규범 사이에 괴리가 생길 수밖에 없다. 그렇다면 표준어 정책은 이러한 괴리를 해결하면서 언어 사용의 통일성을 도모하는 것이라 하겠다. 규범과 현실의 괴리가 너무 커서 규범을 준수하려는 의지를 꺾을 정도의 상황이라면 단일 표준어를 고수하는 것이 무슨 의미가 있겠는가.

이런 점에서 2011년 8월 31일은 표준어 정책사에서 의미 있는 날이었다. 이날 국립국어원에서는 국민 실생활에서 자주 사용되지만 표준어 대접을 받지 못한 39개의 단어를 표준어의 반열에 올려놓았다.

'간질이다', '만날', '허섭스레기' 등과 같은 표준어와 의미가 같다는 이유로 '간지럽히다', '맨날', '허접쓰레기' 등과 같이 자주 쓰이는 말이 잘못된 말로 취급되었다. '나래', '눈꼬리', '두루뭉실하다', '-길래' 등은 '날개', '눈초리', '두루뭉술하다', '-기에' 등과 어감과 쓰임이 달랐음에도 비표준어의 굴레를 벗어나지 못했었다. '짜장면'은 생소한 '자장면'에 표준어 자리를 양보해야만 했었다. 단일한 표준어에 대한 집착이 규범과 실제의 괴리를 키웠던 것이다.

이날의 조치는 규범과 실제의 괴리 문제를 해결할 수 있는 현실적 대안은 복수 표준어를 인정하는 현행 규범에서 찾을 수밖에 없음을 웅변하고 있

## 새로 추가된 표준어 목록(2011년 8월 31일 국립국어원 발표)

**현재의 표준어와 같은 뜻으로 추가로 표준어로 인정한 것(11개)**

| 추가된 표준어 | 현재 표준어 |
|---|---|
| 간지럽히다 | 간질이다 |
| 남사스럽다 | 남우세스럽다 |
| 등물 | 목물 |
| 맨날 | 만날 |
| 묫자리 | 묏자리 |
| 복숭아뼈 | 복사뼈 |
| 세간살이 | 세간 |
| 쌉싸름하다 | 쌉싸래하다 |
| 토란대 | 고운대 |
| 허접쓰레기 | 허섭스레기 |
| 흙담 | 토담 |

**두 가지 표기를 모두 표준어로 인정한 것(3개)**

| 추가된 표준어 | 현재 표준어 |
|---|---|
| 택견 | 태견 |
| 품새 | 품세 |
| 짜장면 | 자장면 |

**현재의 표준어와 별도의 표준어로 추가로 인정한 것(25개)**

| 추가된 표준어 | 현재 표준어 |
|---|---|
| -길래 | -기에 |
| 개발새발 | 괴발개발 |
| 나래 | 날개 |
| 내음 | 냄새 |
| 눈꼬리 | 눈초리 |
| 떨구다 | 떨어뜨리다 |
| 뜨락 | 뜰 |
| 먹거리 | 먹을거리 |
| 메꾸다 | 메우다 |
| 손주 | 손자 |
| 어리숙하다 | 어수룩하다 |
| 연신 | 연방 |
| 휭하니 | 힁허케 |
| 걸리적거리다 | 거치적거리다 |
| 끄적거리다 | 끼적거리다 |
| 두루뭉실하다 | 두루뭉술하다 |
| 맨숭맨숭/ 맹숭맹숭 | 맨송맨송 |
| 바둥바둥 | 바동바동 |
| 새초롬하다 | 새치름하다 |
| 아옹다옹 | 아웅다웅 |
| 야멸차다 | 야멸치다 |
| 오순도순 | 오손도손 |
| 찌뿌둥하다 | 찌뿌듯하다 |
| 추근거리다 | 치근거리다 |

다. 현행 규범에서 부분적으로 복수 표준어를 인정하고 있는 것은 단일 표준어를 원칙으로 하는 데에서 오는 문제를 보완하기 위해서다. 그러나 언어 실태를 고려할 때 복수 표준어라는 예외 조항은 적극적으로 활용할 필요가 있다. 언어 실태

한글학회가 편찬한 《큰사전》. 46배판, 전 6책으로, 1957년에 간행되었다. 16만 4125개의 어휘가 수록되어 있다.

조사의 결과를 규범에 반영하는 일은 표준어를 바꾸는 방향이 아니라 현실과 기존 원칙을 동시에 인정하여 혼란을 최소화하는 방향으로 진행되어야 하기 때문이다.

《큰사전》에 표준어로 등록되었던 '미싯가루'와 '상치'는 현재 규범에 비춰볼 때 '미숫가루'와 '상추'로 써야 하지만, 아직까지도 과거 규범의 잔상이 남아 '미싯가루'와 '상치'라고 쓰는 사람이 많다. 그렇다면 대등한 사용 빈도를 보이는 어휘 중 어느 하나를 표준으로 삼아 오류 표현을 양산하는 것보다는 둘을 모두 표준어로 인정하는 것이 합리적인 선택이다. 그동안 표준어 정책이 인위적인 오류 표현을 양산하였다면, 복수 표준어의 확대는 혼란보다는 안정적 글쓰기를 돕는 계기가 될 것이기 때문이다.

그런데 복수 표준어를 확대하려는 입장에서 볼 때, 39개의 단어가 얻은 표준어의 지위를 다음과 같은 단어가 얻지 못할 이유는 없다. '결판지다',

'꺼림직하다', '어줍잖다', '으시대다'가 비표준어이고 '거방지다', '꺼림칙하다', '어쭙잖다', '으스대다'만이 표준어라는 사실을 어떻게 받아들여야 할까?

언어 현실을 반영해 복수 표준어를 확대하는 것은 남북 언어의 통일 문제와 연관시켜 볼 때도 필요한 일이다. 흥미로운 사실은 새롭게 표준어의 지위를 얻은 말들 중 상당수가, 그리고 위에서 언급한 단어들이 이미 북한의 문화어로 쓰이고 있다는 점이다. 그렇다면 통일 지향적인 어문정책을 위해서라도 남한의 언어 실태와 남북한 언어 규범의 차이를 분석하면서 복수 표준어를 적극적으로 확대할 필요가 있다.

복수 표준어의 확대는 결국 표준어에 대한 인식과 그것의 규정 방식을 혁신하는 계기가 될 것이다. 복수 표준어가 많아진다면 표준어 사정 원칙과 관련한 조항이 거의 무의미하게 될 것이고, 표준어를 규정하는 역할은 결국 사전이 담당할 것이기 때문이다. 언어 현실의 변화를 사전이 수용하고, 사전의 기술 내용은 언어 현실을 통일하는 규범의 역할을 하게 되는 것이다.

이런 점에서 표준어 개념을 어휘의 규범이 아닌 공통어의 개념으로 파악할 필요가 있다는 문제 제기가 설득력을 얻는다. 국가가 모든 어휘의 형태를 결정하여 표준어를 제시할 수 없을 뿐만 아니라, 인위적으로 설계한 표준어가 실제 언어생활에서 제 역할을 하기도 어렵다. 더구나 지금은 언어의 사용례가 충분히 축적되어 '두루 쓰는 말'의 의미가 이전보다 분명해졌다. 그렇다면 공통어로서의 표준어를 구축하는 것은 소통의 민주화를 위한 가장 현실성 있는 방안이 될 수 있다.

그런데 공통어로서의 표준어를 확립하는 차원에서 표준어 정책을 추진한다고 했을 때 공통어의 범위 문제, 즉 두루 쓰이는 서울말을 공통어로 할 것인지에 대한 문제를 재검토할 필요가 있다. 지역 공간과 지역 언어가 분명하게 연결되던 시대와 달리 현대는 지역 공간과 지역 언어의 연결 고리가 분명하지 않은 시대이기 때문이다.

현재의 언어 현실을 보면 공통어가 생성되고 활용되는 공간적 범위를 서울로 한정할 수 없다. 서울말이 전국적으로 사용되면서 공통어의 변화를 이끄는 요인이 전국적 범위에서 발생하기 때문이다. 이는 방언의 생성과 활용이 지역적으로 고립되는 것과 대조되는 현상이다.

현대 국어사전에서 신어를 수록하는 양상을 생각해보자. 국어사전 편찬자는 새롭게 쓰이는 어휘형을 관찰하고 이것을 사전에 등재할지 말지를 판단한다. 그 판단은 그 어휘가 일반적인 쓰임을 보이느냐 그렇지 않느냐에 대한 객관적 평가 작업을 통해서 이루어진다. 최근에 간행된 사전의 신어 목록 중 일부를 보자.

검은띠/ 호빵/ 딩동댕/ 맨얼굴/ 시끌벅적하다/ 신통찮다/ 아싸/ 어물쩡대다/ 얼어죽다/ 얼음땡/ 여리여리하다/ 오물조물/ 왜냐면/ 용케/ 올그락불그락/ 짜맞추다/ 빈집털이/ 신김치/ 손글씨/ 아름다움/ 주눅들다/ 기러기아빠/ 덮어쓰기/ 얼짱/ 속쓰림/ 새터/ 가시오가피/ 서리태/ 빡세다/ 알짤없다/ 삥뜯다/ 삑사리/ 통굽/ 콩쥐/ 팥쥐/ 빵야/ 속닥하다/ 손뼘/ 애엄마/ 안마/ 탱자탱자/ 털복숭이/ 패대기/ 간판급/ 군필자/ 금고털이/ 놀토

— 《고려대 한국어사전》에 수록된 신어 일부

사전 편찬자는 어떤 기준으로 사전에 수록할 신어를 결정했을까? 자세한 내막은 사전 편찬자만 알 수 있겠지만, 분명한 것은 해당 어휘가 어느 지역에서 쓰이느냐가 아니라 얼마나 자주 쓰이느냐를 기준으로 했다는 점이다. 즉 모든 언어 자료를 대상으로 사용 빈도를 조사하여 수록 여부를 결정한 것이다. 해당 어휘가 서울말인지 아니면 지역 방언인지를 판별하고 지역 방언이라면 서울말에 없는 특별한 의미를 지닌 것인지 아닌지를 판별해야 했던 조선어학회 사전 편찬자들에 비한다면, 오늘날 사전 편찬자의 어휘 선정 기준은 비교적 간단하다고 해야 할까?

현재 사전에서 규범적 어휘와 비규범적 어휘를 구분하여 보여주는 것은 현재 표준어 규정에서 표준어와 비표준어로 갈랐던 특정한 형태에 한정될 뿐이다. 그러니 성문화된 규범이 사라지거나 복수 표준어가 확대된다면 사전은 자체의 편찬 기준으로 어휘를 선정할 것이고, 이를 통해 공통어의 전모를 보일 것이다. 이렇게 되면 편찬 중인 사전이 참조해야 할 규범은 이전에 출간한 사전이 될 것이고, 새로운 사전이 편찬되는 순간 그 사전은 그것 자체로 하나의 규범이 될 것이다.

## 공공성과 자율성을 어떻게 조화할 것인가

복수 표준어를 확대하면서 공통어로서의 표준어를 확립하는 표준어 정책을 추진할 경우에 국어정책의 중심은 공통어의 변화 추이를 조사하고 기술하는 데 있을 것이다. 그렇다면 언어의 현실을 있는 그대로 수용하는 국어정책이 과연 바람직한가 하는 문제가 제기될 수 있다. 언어의 다양화뿐만 아니라 언어를 간단히 하는 것도 언어 발전에서 중요한 요소가 되기 때문이다. 특히 공적인 언어는 간단하고 명확할수록 좋은데, 언어를 간단하고 명확하게 하는 데에는 목적의식적인 정책이 뒷받침되어야만 한다.

공적 언어의 간명화 문제를 국가공동체의 원활하고 민주적인 의사소통을 보장하는 차원에서 본다면, 사용할 어휘를 정하고 이를 체계적으로 교육하는 문제를 생각하지 않을 수 없다. 즉 공적 영역의 공공성을 극대화할 수 있는 언어 통제의 방법론을 고민할 필요가 있을 것이다. 현재의 표준어 규정은 언어 통제가 필요한 영역과 그렇지 않은 영역을 구분하지 않아 표준어 규정이 전체 언어의 통제로 확대될 여지가 있기 때문이다.

그렇다면 언어의 간명화는 어떤 방식으로 진행될 수 있을 것인가? 현재 '마추다'와 '맞추다'를 '맞추다'로 통합시켜 표준어로 삼은 것은 간명화의 좋은 예가 될 수 있다. '마추다'와 '맞추다'를 구분한 것이 의미의 정교화를 위한 것이었다면, 이의 통합은 언어 사용자의 수월성을 고려한 것이기 때문이다. 그렇다면 '윗도리'와 '웃어른'으로 구분하여 쓰는 '윗-'과 '웃-'도 하나로 통합하여 쓸 수 있을 것이다. '대장장이'나 '개구쟁이'에서 '-장이'와 '-쟁이'도 마찬가지다. '세 마리', '석 돈', '서 말' 등으로 구분해온 수의 표현이 복잡하기만 할 뿐 현실적인 의미가 별로 없다는 점에서 '세'로 통합하는 것 또한 간명화의 좋은 예가 될 것이다.

그런데 이 과정에서 염두에 둬야 할 것은 인위적 규범이라 할지라도 현실 언어를 바탕으로 만들어져야 하고, 현실 언어와 공존할 때 간명화한 규범의 실용성을 높일 수 있다는 점이다. 그렇다면 언어의 간명화와 언어의 다양화라는 서로 다른 가치는 어떻게 조화를 이룰 수 있는가? 언어정책이 고민해야 할 지점이 바로 이 부분이다. 현재 생각할 수 있는 방안의 하나는 간명화한 형태와 현재의 표준어를 복수 표준어로 삼는 것이다. 그렇게 되면 복수 표준어 중에서 간명화된 언어형은 교육, 행정, 법률 분야 등 공적 영역에 우선적으로 사용하게 될 것이다.

그런데 간명화는 새로운 언어 형태를 만드는 것이 아니라, 실용 어휘 목록을 구축하는 방식으로 진행될 수도 있다. 단일 표준어 원칙은 표준어의 경직화를 초래하였지만, 단일 표준어 원칙의 중요한 정신은 하나의 의미에 하나의 표준어를 대응시켜 의사소통을 편리하게 하자는 것이다. 따라서 단일 표준어 원칙의 적용 영역을 제한한다면 언어의 공공성을 확대하는 계기가 될 수 있을 것이다. 특히 교육, 행정, 법률 영역에서 특정 전문어를 제외하고 언어의 사용 범위를 제한하는 정책을 추진한다면 행정과 법률 영역의 문서가 간단해지고 더불어 국민의 문식력(文識力)이 높아질 것이다. 이러한 표준어 정책의 기본 정신은 다른 언어권의 정책에서도 살펴볼 수 있다.

20여 개국에서 서로 다른 규범을 가진 상태에서 공용어로 사용되고 있는 스페인어의 교육 문제는 시사적이다. 스페인어권 화자와 의사소통하는 데 도움이 되는 스페인어 교육을 위해서는 광범위하게 사용되는 언어 형식을 가르칠 필요가 있는데, 이 경우 효율적인 교육을 위해서 여러 변이형 중 구조적으로 간결한 것을 가르치거나 다양한 규범 중에서 문화적으로 발전된 곳의 스페인어를 택하는 방법을 취한다. 그러나 스페인어권 국가들을 선도하는 중심 국가가 없는 한, 이러한 교육 방식은 구조적으로 간결한 변이형을 중심으로 한 스페인어 규범을 만드는 것으로 귀결될 가능성이 높다.

현재 일본은 2010년 4월 18일에 기존의 상용
한자에서 다섯 글자를 빼고 196자를 추가하여
발표한 새로운 상용한자 2136자를 사용하고
있다.

언어의 예는 아니지만, 문자를 간명화한 예들은 간단하고 명확한 기호의
장점을 잘 보여주고 있다. 중국 정부는 간체자를 보급하면서 한자에 대한 부
담을 줄이려는 노력을 기울였다. 또한 일본은 1981년에 일상생활에서 사용
하는 한자의 기준으로 1945자의 상용한자를 제시하였다. 이처럼 소리와 뜻
이 유사한 한자를 통합하여 추려낸 상용한자는 국한 혼용의 현실화에 결정
적으로 기여했다. 문자의 간명화를 위한 정책적 노력이 언어 및 문자의 습득

을 간편하게 하는 데 기여했다는 점은 주목할 필요가 있다.

　이러한 점을 고려할 때, 현실 언어를 바탕으로 간명화를 진행한다면, 표준어는 복잡하고 까다롭다는 평가로부터 자유로워지면서 공적 의사소통을 쉽고 편안하게 하는 데 기여할 것이다. 이처럼 표준어의 간명화는 쉽게 말하고 쉽게 쓸 수 있는 길을 모색한다는 점에서 표준어 정책의 지향을 잘 보여준다. 특히 한국 사회가 다문화사회로 진입하면서 언어의 소통 문제가 복지의 중요한 부분이 되는 현실을 고려할 때, 공적 영역에 쓰이는 언어를 간명화하는 일은 점점 더 중요해질 것이다.

# 표기법과 대중, 규범의 유통기한

절대적으로 좋은 규범이란 없다. 그러니 규범을 놓고 옳고 그른 것을 따질 수도, 그럴 필요도 없다. 그러나 우리는 한때 규범에 규칙과 원리의 잣대를 들이대면서 좋고 나쁨을 가른 적이 있었고, 권력자의 가치 판단에 따라 규범이 바뀐 적도 있었다. 그러나 그들이 놓친 것은 언제나 그 규범을 사용해야 할 대중이었다. 대중을 중심에 놓고 규범을 생각할 때, 새로운 표기 혹은 관습적 표기의 의의도 제대로 찾을 수 있지 않을까? 초대 대통령 이승만의 에피소드는 규범과 대중의 관계를 가장 극적으로 보여주고 있다.

## 한글운동가 이승만의 아이러니

우리 국문을 쓰는 데 한글*이라는 방식으로 순편(順便)한 말을 불편케

예복을 입은 청년 이승만. 형태주의 표기법이 아닌 표음주의 표기법을 지지했으나, 그의 뜻은 관철되지 못했다.

하든지 속기(速記)할 수 있는 것을 더디게 만들어서 획과 음을 중첩하게 만드는 것은 아무리 한글 초대의 원칙이라 할지라도 이 글은 시대에 맞지 않는 것이니 이 점에 깊이 재고를 요하여 여러 가지로 교정을 하여서 우리글을 쉽게 사용할 수 있도록 하기를 부탁하는 바이다.

― 이승만, 〈한글날을 맞이하여〉, 1948년 10월 9일 대국민담화

청년 이승만은 한글 표기를 고민한 지식인이었다. 《매일신문》,《제국신문》,《협성회회보》 등의 서기, 주필로 활동했던 그는 표기의 혼란을 절감했고, 이러한 혼란을 극복하기 위해서는 한글 성경에서 사용했던 관습 표기를 표준으로 삼아야 한다고 생각했다. 그가 기독교 신자였다는 사실을 떠나 기독교계가 근대 초기부터 한글 표기를 선도했음을 고려할 때 그의 판단은 적절했던 것으로 보인다.

그런데 국어 규범 문제가 국가적 논의 대상이 되면서 상황이 변화했다. 국문연구소에서는 이 문제를 연구해온 사람들을 모아 논의를 진행했고, 이곳에서 성경식 표기법은 연구위원들의 지지를 받지 못했다. 대다수 연구위원들은 주시경이라는 젊은 학자가 내세운 형태주의 표기법을 지지했다.

이승만은 국문연구소의 논의가 시작되기 전에 이미 미국으로 망명한 상태였기 때문에 그가 이 문제에 어떤 의견을 제시한 것은 아니지만, 그의 평

◆ 1950년대까지 '한글'은 문자를 가리키는 이름이면서 동시에 한글학회의 철자법을 특별히 가리키는 이름으로 쓰였다.

소 생각에 비춰볼 때 주시경의 형태주의 표기법을 받아들이기는 힘들었을 것이다. 그가 보기에 주시경의 표기법은 당시 대중들의 정서와 동떨어진 채 이상만을 추구한 표기법이었을 것이기 때문이다.

사실 형태주의 표기법은 현대 표기법의 원리가 되어 우리에게 익숙하지만, 국어 표기가 자리를 잡아가는 시기에는 낯선 면이 많았을 것이다. 받침 표기에 받침소리와 관련 없는 'ㄷ, ㅌ, ㅈ, ㅊ, ㅎ, ㄲ, ㄺ, ㄼ, ㄿ, ㄻ, ㅀ, ㄶ, ㅄ, ㅆ, ㄾ, ㄳ' 등을 포함한 것에 대해 당시 대중들은 곤혹스럽게 느꼈을 것이다. 발음되지 않는 철자를 기억하고 표기해야 하는 것은 얼마나 어려운 일인가. 이러한 한계에도 불구하고 주시경은 철저한 논거를 바탕으로 국문연구소 위원들을 설득했으며, 결과적으로 국문연구소의 최종 결론은 주시경의 안과 다르지 않았다.

국문연구소에서 이루어진 논의 내용을 보면, 주시경의 형태주의 표기법 안에 대해 어윤적, 권보상, 윤돈구 등은 찬성 의견을, 이능화, 송기용, 이민응 등은 비고 의견을, 지석영은 반대 의견을 제출하였다. 비고 의견은 형태주의 표기법 안을 참고 안으로 두고 지속적으로 검토하자는 것이었는데, 이들은 형태주의 표기법의 문제를 인식하면서도 수용 가능성을 열어놓았다고 볼 수 있다. 연구위원의 절대 다수가 형태주의 표기법을 인정한 것이다.

그러나 한일병합 직후인 1912년 조선총독부에 의해 '보통학교용 언문철자법'이 공포되고, 1920년 조선총독부의 《조선어사전》이 발행되면서 조선어 표기법은 새로운 전환점을 맞게 된다. 조선총독부는 발음 위주의 표기, 즉 표음주의 표기법을 지향하였는데, 받침 표기를 10개(ㄱ, ㄴ, ㄹ, ㅁ, ㅂ, ㅅ, ㅇ, ㄺ, ㄼ, ㄻ)만 인정했다. 이는 근대 초기 성경의 표기와 동일한 원칙이었지만, 형태주의 원칙에 근거한 국문연구소의 표기법 안은 부정하는 것이었다.

당시 국가기관이나 다름없던 조선총독부의 결정이 있었음에도, 주시경의 제자들이 중심이 되어 만든 조선어학회는 형태주의 표기법을 관철시키기 위해 조선총독부의 조선어 정책에 적극적으로 개입하였다. 때론 대립하고 때론 타협하면서 조선어학회는 형태주의 표기법을 조선총독부의 공식 표기법으로 만드는 데 성공하였다. 표기법 제정에 국한된 것이었지만, 식민지 상황에서 조선어학회가 조선어 정책의 주도권을 잡은 것은 특별한 사건이자, 일제강점기 문화운동의 중요한 성취였다. 이러한 과정을 거쳐 확립된 형태주의 표기법은 대중에겐 어려운 표기법이었지만 그 자체로 역사적 정당성을 얻게 되었다. 해방 후 국어 표기법이 형태주의 표기법으로 귀착된 것은 이러한 역사적 맥락에서 이루어졌다.

정부 수립과 함께 대통령이 된 이승만은 미군정기에 확정된 한글 표기법을 재검토할 것을 지시했다. 그리고 소리대로 표기하는 표음주의 표기법을 원칙으로 해야 함을 역설하였다. 이는 그가 젊은 시절부터 주장한 바이기도 했다. 1954년 6월 26일에 새로운 표기법이 '한글 간소화 방안'이라는 이름으로 발표되었다는 사실에서 표기법 개정을 지시한 이승만의 의도를 가늠할 수 있을 것이다.

**한글 간소화 3원칙**

1. 받침은 끝소리에 발음되는 'ㄱ, ㄴ, ㄹ, ㅁ, ㅂ, ㅅ, ㅇ, ㄺ, ㄻ, ㄼ' 10개만을 허용한다.

2. 명사나 어간이 다른 말과 어울려서 딴 독립된 말이 되거나 뜻이 변할 때에 그

어원을 밝히어 적지 아니한다.

3. 종래 인정되어 쓰이던 표준말 가운데 이미 쓰이지 않거나 또는 말이 바뀌어진 것은 그 변천된 대로 적는다.

그러나 이승만이 형태주의 표기법이 역사적인 선택이었다는 사실을 파악하지 못한 것은 결정적인 실책이었다. 그는 20세기 초의 상황 인식을 벗어나지 못한 상태에서, 해방 이후 정립된 한 국가의 표기법을 개혁하고자 했던 것이다. 이승만은 관습을 존중하고 대중들에게 편리한 표기법을 만들기 위해 개혁을 추진했겠지만, 이승만이 주도한 철자 개혁이 실패한 것은 아이러니하게도 대중의 국어의식을 제대로 파악하지 못한 결과였다. 그렇다면 이승만이 파악하지 못한 대중의 국어의식은 무엇이었을까? 이를 알기 위해서는 형태주의 표기법을 정착시킨 조선어학회의 활동 역사를 먼저 알 필요가 있다.

## 어려운 형태주의 표기법이 지지를 얻은 이유

1929년 조선어사전 편찬 사업이 시작되면서 조선어학회는 표기법을 확립하는 데에 주력했다. 표기법의 확립은 사전 편찬의 가장 기본적인 과제였기 때문이다. 그런데 조선어학회는 1920년에 편찬된 조선총독부의 《조선어사전》이 채택한 표기법을 인정하지 않았고, 이 때문에 표기법을 확립하고 사전 표제어의 형태를 결정하는 별도의 절차가 필요했다. 조선어학회는 조선총독부의 조선어 표기법을 인정하지 않았던 것이다. 그렇다면 그들이 채택하고자 했던 표기법은 무엇이었을까? 그것은 조선어학회의 정신적 지주인 주시경이 주장했던 것이자 대한제국 국문연구소의 최종안, 즉 형태주의를 원칙으로 한 표기법이었다.

조선어학회는 1921년에 창립된 이후 지속적으로 표기법 개정을 요구하였고, 결국 1930년에 조선총독부는 그때까지 유지되던 표음주의 표기법을 철회하고 조선어 표기법을 개정하였다. 이 과정에서 보여준 조선어학회의 집요함과 끈기는 놀라운 것이었다.

1921년에 조선총독부는 《조선어사전》 출판에 맞춰 일부 표기법을 개정하는데, 이때 철자법 개정을 담당한 철자법조사회에 조선어학회 회원인 최두선, 권덕규 등이 참여하여 형태주의 표기법으로 개정할 것을 요구하지만 받아들여지지 않는다. 하지만 조선어학회가 1928년에 총독부 학무국에서 열린 '제3차 교과서 철자법 제정을 위한 철자법 개량 조사위원회'에 참여하면서 상황이 반전되었다. 조선어학회는 철자법의 근본적인 개정을 요구하는 건의서를 제출하면서 이 위원회에 대거 참여할 수 있게 되었는데, 건의서*의 요지는 철자의 혼란한 상황을 극복하기 위해서는 엄격한 문법 원리에 입각한 형태주의 표기법으로 개정할 필요가 있다는 것이었다. 이들의 건의서가 채택되면서 1930년 개정안 심의회에 장지영, 권덕규, 정렬모, 최현배, 신명균, 심의린 등 조선어학회 회원들이 심의위원으로 대거 참여할 수 있었다.

1930년의 개정안은 기존의 받침 10개에 'ㄷ, ㅌ, ㅈ, ㅊ, ㅍ, ㄲ, ㄳ, ㄵ,

---

* 이 건의서는 신명균, 정렬모, 이병기 등이 함께 작성하였다.

ㄹㅌ, ㄹㅍ, ㅂㅅ' 등을 추가한 것이었는데, 받침에서 소리가 변동되는 'ㅌ, ㅈ, ㅊ, ㅍ, ㄲ, ㄳ, ㄵ, ㄺ, ㄿ, ㅄ'를 추가한 것에서 형태주의로의 지향을 확인할 수 있다. 조선총독부가 채택한 표기법을 폐기시킨 조선어학회의 힘은 1930년의 개정안을 스스로 수정하여 1933년에 〈한글 마춤법 통일안〉을 발표하는 데에서 정점을 이룬다. 1933년의 표기법이 총독부의 인준을 받지 않았음에도 이는 당시 확산되었던 문맹퇴치 운동을 통해 자연스럽게 공식 표기법으로 교육되었다.

1933년의 맞춤법 통일안에는 'ㅋ, ㅎ, ㅆ, ㄵ, ㄽ, ㅀ, ㄻ' 등의 받침이 새로 추가되었는데, '닭'과 같은 새로운 표기를 추가한 것은 전적으로 형태주의 표기법을 강화하기 위한 조치였다. 여기에서 주목할 것은 조선어학회의 표기법이 한일병합 이전에 국가적으로 합의된 표기 원칙을 적용해 완성되었다는 사실이다. 이는 조선총독부가 가지고 있던 조선어 규범화의 주도권을 조선어학회가 쟁취했음을 의미하는 것이기도 하다. 그렇다면 왜 조선총독부는 조선어학회에 조선어 규범화의 주도권을 내주었을까?

가장 큰 이유는 조선총독부가 1937년 이전까지는 조선어 문화 활동을 제재하지 않는 정책을 폈기 때문이다. 조선어학회는 그 틈을 비집고 들어가, 조선총독부 학무국의 권위에 기대에 표기법을 전환하는 전술을 택한 것이다. 일본어 상용화가 학무국의 궁극적 목표였지만, 조선어를 필수 과목으로 두고 있는 이상 대다수 조선어 교사들의 표기법 개정 요구를 묵살할 근거가 없었다. 이미 조선어 교사들은 조선어학회 표기법으로 전환할 것을 강력하게 요구하고 있었던 것이다. 조선어 교사들이 이러한 요구를 할 수 있었던 것은 이들의 뿌리가 조선어학회였기 때문이다. 조선어학회는 조선어 교사들을 주축으로 출발하였으며, 조선어 교사들에게 절대적인 영향을 미쳤다. 조선어 교육 방법론에 대한 토론이 대부분 조선어학회 기관지를 통해 이루어졌음은 이를 잘 보여준다.

그런데 표음주의에서 형태주의 표기법으로의 전환에 대해 모든 조선어 학자들이 동의했던 것은 아니다. 국문연구소에서부터 활동해온 지석영이 반대를 천명했고, 그가 후원하고 박승빈이 주도한 조선어학연구회는 조직적으로 형태주의 표기법을 반대했다. 그들은 형태주의 표기법이 표기 관습을 따르지 않기 때문에 일반 대중에게 어려울 수밖에 없다고 주장했다. 신남철, 홍기문 등 일부 마르크스주의자들이 조선어학회의 표기법이 민중 노선을 따르지 않았다고 비판한 것도 이와 같은 맥락이었다.

그런데 여기에서 우리가 주목해야 할 것은 조선어 문화운동을 추진할 주도 세력을 조선의 문학인들과 민족운동 세력이 직접 선택하였다는 사실이다. 조선어학회는, 조선어학연구회 같은 단체와의 치열한 대립이나 민중들의 글쓰기를 어렵게 한다는 마르크스주의 지식인들의 비판을 민족운동 세력과 조선 문학인들의 지지를 등에 업고 돌파했다. 조선어학회를 부르주아 어문운동 단체로 규정한 카프* 계열 문학인들조차 조선어학회의 표기법을 지지했던 사실에서 조선어학회에 대한 대중적 신뢰를 확인할 수 있다.

조선어학회는 오랜 기간 한글운동을 전개한 단체로서 그 전문성을 인정받았으며, 이는 조선어학회의 언어 정리 방안이 대중적 지지를 획득할 수

---

◆ 일제강점기에 활동한 마르크스주의 문학 예술가들의 조직. 카프(KAPF)는 '조선프롤레타리아예술가동맹'을 뜻하는 에 스페란토어 'Korea Artista Proleta Federatio(영문 Korea Proletarian Artist Federation)'의 머리글자를 딴 약칭이다.

1929년 9월 7일 김해 김수로왕릉 앞에서 《동아일보》 김해지국이 주최한 한글 강좌를 기념하는 사진. 이처럼 조선어 신문사들은 조선어연구회가 펼친 조선어 문화운동에 관심을 가졌다.

있는 힘이 되었다. 이러한 힘을 바탕으로 조선어학회는 표기법을 개정하였고, 이를 통해 조선어 문화운동을 활성화하는 전기를 마련했다. 이 점이 현재 우리가 형태주의 표기법을 채택하게 된 결정적 이유였고, 이 표기법을 지켜낸 힘이었던 것이다. 해방 이후 규범 정립 과정에서 어려운 형태주의 표기법이 지지를 얻은 이유가 여기 있다.

소리대로 적는 표음주의 표기법으로의 전환은 어찌 보면 편리한 점도 있었지만, 당시 대중들에게는 일제강점기 우리말과 우리글을 지켰던 자존심이 중요했다. 이승만이 우리말을 잘하지 못해서 쉬운 표기법으로 바꾸려 했다는 비난성 루머가 나돌았던 것은 당시 대중들의 이중적 심리를 잘 나타낸다. 즉 표음주의 표기법에 비해 형태주의 표기법이 어려운 것은 사실이었지만, 이 어려운 표기법을 배우고 지키는 것은 자존심의 문제였던 것이다.

이러한 역사적 사실에서 다시금 확인할 수 있는 것은 국어정책의 방향과 내용이 한 개인이나 단체에 의해 결정될 수 없으며, 시대적 요청과 사회적 합의를 전제로 한다는 점이다. 조선어학회는 일제강점기 내내 형태주의 표기법을 관철시키기 위해 노력하였고, 이는 우리말 연구를 표기법 논의에 매몰시킨 원인이 되었다. 소모적인 논쟁이 거듭되면서 우리말 사전의 출판이 늦춰지고 더 높은 차원에서 우리말 정리가 이루어지지 못한 것은 반성할 부분이다. 그러나 당시의 표기법 논쟁은 효율성을 추구하기 이전에 정통성 확립의 문제였으며, 우리말을 지키기 위한 조선어학회의 헌신적 노력은 그 자체로 역사적 정당성을 확보했다. 이승만이 놓친 것은 이 부분이었다.

## 한글학자들의 철자 개혁이 실패할 수밖에 없는 이유

형태주의가 어려운 표기였음에도 일제강점기를 거치면서 한글 표기법으로 확립되었음을 살펴보았다. 이러한 표기법이 정권의 압력에도 불구하고 유지될 수 있었던 것은 관습이 형성되고 그 관습이 역사적 정통성을 확보한 이상 존중되어야 한다는 대중적 인식이 있었기 때문이다.

그러나 여기까지였다. 조선어학회가 한국어를 사용하는 대중으로부터 위임받은 것은 여기까지였다. 사실 조선어학회는 풀어쓰기로의 전환을 염두에 두고 엄밀한 형태주의 표기법을 추구하였다. 풀어쓰기는 영문 알파벳의 표기 방식으로 국문연구소 시절부터 주시경이 이상적 표기법으로 주장했던 것이다. 당시 국문연구소 연구위원들은 풀어쓰기가 전통과의 단절을 심화한다는 이유로 이를 받아들이지 않았다.

원칙주의자였던 주시경은 표기법을 비롯한 모든 문제를 원리적인 차원에서 접근했다. 음소문자로 창제된 한글을 음절 단위로 모아쓰는 것은 한글 운용 원리와 어긋난다고 생각했다. 창제 원리에 비추어볼 때 한글은 영어처럼 풀어써야 할 문자였던 것이다.

조선어학회의 핵심 구성원들 또한 스승의 주장을 그대로 이어받았다. 김두봉과 최현배는 이를 실현하고자 노력한 제자들이었고, 이들은 해방 이후

최현배(1894~1970)는 해방 이후 국어 정립기에 국어정책을 기획하고 주도했다.

남과 북에서 이러한 정책을 추진할 만한 위치에 올랐다. 김두봉은 북한 정권의 주축 세력 중 하나인 연안파를 이끌었으며 해방 이후 북한의 국어정책을 주도했다. 최현배는 미군정기 문교부 편수국장을 역임했으며 교과서 정책의 책임자였다. 그 또한 국어정책을 추진하는 핵심이었고, 당시 조선어학회는 최현배를 정점으로 일사불란하게 움직이며 국어정책을 좌지우지했다.

이들은 풀어쓰기로의 개혁을 궁극적인 목표로 삼고 철자 개혁을 주장하였고, 이는 정책적으로 뒷받침되었다. 그러나 남북 양쪽에서 풀어쓰기로의 개혁은 완벽하게 실패했다. 국어정책 기관을 장악하고 이를 기반으로 개혁을 추진하려 했지만, 현실에 뿌리를 내리지 못한 정책이 성공할 수는 없었다. 풀어쓰기를 실험한 몇 가지 안만 있었지, 여러 인쇄 매체들을 새로운 표

기법으로 어떻게 전환시켜나갈 것인지 그리고 풀어쓰기 이전의 인쇄물과 풀어쓰기 이후의 인쇄물을 어떻게 관리해나갈 것인지에 대한 계획은 막연하기만 했다.

형태주의 표기법의 역사적 정통성을 내세워 이승만과의 대결에서 승리한 한글학자들은 자신들이 쌓아온 역사적 정통성을 과신한 나머지 대중을 고려하지 않은 국어정책을 추진하려 했던 것이다. 그러나 풀어쓰기로의 개혁은 일부 한글학자들의 관심 사항이었을 뿐이다. 대중들이 이에 역사적 정당성을 부여하지 않은 것은 당연한 일이었다.

## 맞춤법, 조정과 타협의 산물

'老人'에서는 '노인'으로 표기하나 '父老'는 '부로'로 표기한다. 즉 그 리유는 '父老'에서는 '부로'라고 본음대로 발음되나 '老人'에서는 '노인'이라고 발음된다고 보기 때문일 것이다. (중략) 이 표음주의를 표방하면서도 이를 두음에서만 적용하고 제2음절 이하에서는 적용하지 않는 리유는 어디에 있는가? 표음주의를 표방하려면 끝까지 표음적으로 나갈 것이요, 반대로 체계적으로 나가려면 끝까지 체계적으로 나가야 할 것이다. 우리의 립장으로서 볼 때 이미 말한 바와 같이 완전한 표음주의는 성립될 수 없으므로 체계적인 점에 더 중점을 두어야 할 것이다.

— 김수경, 〈조선어학회 '한글 마춤법 통일안' 中에서 改政할 몇 가지 其一漢字言表記에 있어서 頭音 ㄴ及ㄹ에 대하여〉,
〈로동신문〉, 1947년 6월 6일~8일(《겨레말큰사전》 북남공동편찬위원회 제7차 회의 자료에서 재인용)

김수경은 어두음에 'ㄹ'을 쓸 수 있다는 점을 주장하며, 표기의 체계성을 강조한다. 이렇게 이루어진 'ㄹ표기론'은 21세기 통일국어사전을 만들기 위한 토론회에서 북측의 핵심적 주장으로 제기되었다. '노동/근로'라 쓰지 않고 '로동/근로'라 쓰는 북한 맞춤법의 정당성을 주장한 근거가 된 것이다. 김수경의 논의를 따라가다 보면 맞춤법은 원리와 원칙의 문제로 보인다. 또 다른 논문에서 김수경은 합성어에 '사이시옷'을 받쳐 적지 않는 게 체계적 원칙이라 했다. 남쪽 맞춤법에서는 사이시옷을 받쳐 적는 기준이 복잡한 걸 보면 사이시옷을 받쳐 적지 않는다는 원칙은 합리적인 면이 있다.

그런데 남북의 표기법이 서로 다르고 그에 따라 원리와 원칙의 적용이 그때마다 달라지는 걸 보면, 북쪽의 표기가 언제나 원리와 원칙을 고수하는 것은 아니다. '기어가다'는 [기여가다]로 발음되지만 남쪽에서는 형태적 체계성을 염두에 두고 '기어가다'로 쓴다. 그런데 북쪽은 어떤가? 굳이 발음에 맞춰 '기여가다'로 쓴다. 이러한 사실은 표기 전체에서 체계성을 유지하는 것이 불가능함을 말해준다. 체계성으로 포괄할 수 없는 관습은 언제든 나타날 수밖에 없고, 이때 체계성만을 강조해서는 원활한 표기를 할 수 없기 때문이다. 그래서 예외를 명시한 규정을 만들게 되고, 이에 따라 규정은 더 복잡해진다.

이렇게 규정이 복잡해지면, 규정을 아무리 제시해도 대중에게 수용되지 않는 표기가 생기게 마련이다. '동태국'과 '북어국'이라는 단어를 쓴다고 생각해보자. 익숙한 형태인 것 같지만 컴퓨터 모니터엔 빨간 밑줄이 그어지며 오류를 경고한다. 맞춤법 규정에 어긋난 표기이기 때문이다.

'순 우리말이 포함된 합성어에서 뒷말의 첫소리 앞에서 소리가 덧나는 경우 사이시옷을 받치어 적는다'(한글 맞춤법 4장 4절 30항)라는 규정에 따르면, 이들 단어는 〔동태꾹/동탣꾹〕, 〔북어꾹/북얻꾹〕으로 소리 나므로 '동탯국'이나 '북엇국'처럼 사이시옷을 받쳐 적어야 한다. 그런데 규정이 여기서 끝나는 건 아니다. 사이시옷 규정은 순 우리말이 포함된 합성어에만 적용된다고 하여 '세방살이'라 썼는데, 규정은 '셋방살이'의 손을 들어준다. 한자어 중 '곳간', '셋방', '숫자', '찻간', '툇간', '횟수' 여섯 단어를 예외로 규정했기 때문이다. 그래서 규정을 염두에 두고 '전셋방'이라 썼더니 이는 '전세방'으로 써야 한단다. '전세방'은 '전세+방'의 구조를 갖고 있으며 위 규정에 열거된 여섯 단어에 포함되지 않기 때문이다.

그렇다면 이렇게 예상하기 어려운 표기를 위해 현재의 규정을 고수해야만 할까? 현재의 규정이 예외를 인정하는 과정에서 복잡해졌으니 예외를 하나쯤 더 늘리는 건 큰 문제가 아닐 수 있다. 그러나 '동탯국', '북엇국'이 예상하기 어려운 표기라 하여 '동태국', '북어국'을 허용하듯이, 어떤 표기가 익숙한지 그렇지 않은지를 따져 예외를 계속 허용하다 보면 규정 자체가 무의미해질 것이다. 반대로 현재의 규정을 고수한다면, 새로운 단어가 늘어날수록 규정에 맞는 낯선 표현과 규정에 어긋나는 익숙한 표현은 늘어날 수밖에 없다. 규범의 딜레마이다.

이쯤 되면 근본적인 회의가 들 수밖에 없다. 맞춤법 규정이 있어 언어생활이 편리해진 것인가, 맞춤법 규정이 없어야 언어생활이 편리해질 것인가. 이러한 회의가 들면서 맞춤법의 근본 취지를 생각하게 된다. 어떻든 절박한 필요가 있었으니 규정이 만들어진 게 아니겠는가.

큰 목적은 사전 편찬에 있었어요. 사전 편찬의 기초 작업으로 철자법 제정위원 18명을 선정했지요. 다소 변동은 있었지만……. 이 18명이 각각 연구를 하면서 매달 모이는 정기 연구 발표회 이외에 일주일에도 한두 차례로 자주 모였죠. (중략) 토의할 때는 육박전으로 서로 잡아 두드릴 듯 극성을 피우다가도 다 결정을 해놓고는 서로 허허 웃고 했어요. (중략) 그 결과를 가지고 서울에 와서 소위원회를 만들어 죽 정리를 해서 어느 정도 체계를 세웠어요. 거기에도 미결된 문제가 많으니까 약 1년 후에 제2독회를 인천에서 열기로 했지요.

— 이희승, 〈학술대담 국어학 반세기〉, 《한국학보》 1976년 10월

맞춤법을 만든 시기의 전후 맥락을 보면 맞춤법 제정에는 대체로 두 가지 목적이 있었다. 첫째는 무분별하게 쓰이던 한글을 통일성 있게 쓰기 위해 통일의 원칙을 제시하는 것이었다. 둘째는 우리말 쓰기의 전범이 될 수 있는 국어사전을 만들기 위한 사전 작업으로 사전에 수록할 말의 표기 원칙을 정하자는 것이다. 그러니까 맞춤법은 표기의 통일 원칙이었고, 이러한 통일 원칙을 만든 목적은 사전을 만들기 위한 것이었다는 말이다.

그런데 한글 표기의 통일 원칙은 독특한 과정을 거쳐 수립되었다. 상식적으로 보면 단어의 표기는 관습적 표기를 기준으로 규범화하는 게 바람직하다. 일관성을 찾기 힘든 영어 표기가 정착될 수 있었던 것은 가장 관습적인 형태를 표준형으로 하여 사전에 올리고 이를 규범으로 삼았기 때문이다. 그런데 한글 맞춤법을 제정한 이들은 새로운 원리원칙을 수립하고 이 원칙에 의거하여 표기를 결정하는 방식을 취하였다. 맞춤법, 철자법, 표기법 등 표기 원칙을 지칭하는 말에 모두 '법'이라는 말이 붙어 있지 않은가.

이희승(1896~1989)은 맞춤법과 표준어 제정위원
이었고,《조선어 사전》의 편찬위원이었다.

그러나 맞춤법의 원칙을 절대화하다
보면 사전 편찬자는 새로운 단어를 사
전에 올릴 때마다 갈등하게 된다. 관습
적으로 쓰이는 표기를 사전에 올릴 것
인가, 아니면 맞춤법에 따라 낯선 표기
라도 사전에 올릴 것인가. 만약 사전이
모든 것의 기준이 되고 맞춤법 규정이
별도로 공식화되어 있지 않은 상황이
라면, 편찬자는 표기 규칙을 염두에 두
고 표기를 결정하되 관습화된 예외 표
기를 받아들일 수도 있을 것이다. "명색이 저도 학교를 다닐 만큼 다녔고
배울 만큼 배웠는데 '동탯국'이란 표기는 생각도 못해봤습니다"라는 경험
담이 공감을 얻는 상황이라면 사전 편찬자는 '동태국'을 표제어로 삼는 문
제를 심각하게 고려해야 한다는 말이다.

원칙을 고수하며 예외 규정을 지속적으로 허용해야 한다면, 표기법 제정
의 핵심 문제는 원칙과 원리의 문제가 아니라 조정과 타협의 문제가 될 것
이다. 조정과 타협을 통해 정해진 규범이라면, 조항을 근거로 규범의 원칙
을 설명하는 것은 무의미할 수 있다. 사전에 제시된 표제어가 곧 표기법의
근거이기 때문이다.

# 영어 시대,
# 우리말로 말할 권리와 의무

　국제통용어로서 위치를 확고히 한 영어는 이제 권력어가 되었다. 그러니 영어를 열심히 배워 지식을 확장하고 그 지식을 바탕으로 세계 시장에 선보일 만한 지식을 생산해야 한다는 논리가 힘을 얻는 것은 당연한 일이다. 문제는 그러한 논리가 영어로 말해야만 하는 논리로 확대된다는 점이다. 실제 한국의 모든 대학은 영어 강의를 확대하는 데 목을 매고 있지 않은가. 그러나 우리말만 할 수 있는 사람이 대다수인 사회라면, 우리말로 학문하고 그 결과를 우리말로 설명하는 것은 이 땅에서 밥 벌어먹고 사는 지식인의 의무이자 권리다. 그런 점에서 영어의 위상을 결정하는 문제는 민주주의의 문제다.

### 거부할 수 없는 언어, 영어

영어는 거부할 수 없는 언어다. 국제사회에서 미국의 위상이 흔들리는 징조가 곳곳에서 감지되고 있지만, 영어의 위세는 좀처럼 꺾일 기미가 보이지 않는다. 미국의 힘이 강해지든 약해지든 이미 영어는 정치, 경제, 문화 등 모든 분야의 지식이 국제적으로 유통되는 데에서 거의 유일한 통용어이기 때문이다.

　언어의 평등한 공존을 중시하는 유럽연합이 공용어의 수를 늘리고 있지만, 공용어가 늘수록 아이러니하게도 통용어로서 영어의 사용 빈도는

영어유치원의 수업 모습

높아진다. 프랑스와 독일이 이끌어가는 유럽연합이지만, 프랑스어와 독일어는 영어를 뛰어넘는 통용어가 될 수 없다. 이유는 단 하나, 이미 국제 통용어로 자리를 굳힌 영어가 있기 때문이다. "불어 할 줄 아세요?"라는 질문이 18세기 유럽 사교계에서 그 사람의 수준을 가늠하는 데 애용되었다는 사실은 이제 추억으로만 언급될 뿐이다.

더구나 영어로 생산되는 지식의 양은 가늠조차 하기 어렵다. 영어 텍스트를 옮긴 번역서는 세계 번역서의 60~70퍼센트를 차지하는 데 비해, 다른 언어 텍스트를 영어로 옮긴 번역서는 2~3퍼센트 정도라고 한다. 영어로 생산되는 지식이 세계적 지식의 흐름을 선도한다고 할 만하다. 이 정도면 영어를 배워 직접 지식 세계에 접근해야 한다는 절박감이 생길 수밖에 없다. 한국에서의 영어 열풍을 광풍(狂風)으로 표현하며 불편해하는 사람이 많지만, 그건 감정적 불편함일 뿐, 그들 또한 광풍을 감수할 수밖에 없는 현실을 부정하지 못할 것이다.

여기까지 보면 결론은 분명하다. "영어를 열심히 배워 지식을 확장하고, 그 지식을 바탕으로 세계 시장에 선보일 만한 지식을 생산해야 한다. 물론 영어로." 세상에서 낙오되지 않고 살 수 있는 길이다.

**그러나 영어만으로는 세상을 움직일 수 없다**

대개 어른들의 충고는 고리타분하기 일쑤이지만, 나이 먹을수록 더욱 공감하게 되는 충고가 있다. "세상은 네가 생각하는 것처럼 단순하지 않아." 언어의 세계 또한 그렇다. 제아무리 기세등등한 영어라도 언어의 세계에서 유아독존할 수는 없다.

지식 세계에 직접 접근하기 위해 영어를 배우는 사람이 늘어나고 있지만, 영어가 아닌 언어로 지식 세계를 구축하려는 움직임은 이전과 비교할수 없이 활발하다. 영어로 생산되는 지식을 선별하여 다른 언어로 바꾸는 번역이 끊임없이 이루어지고 있다. 세계를 하나로 묶는 인터넷 공간에서 여러 언어들이 네티즌을 이어주고 지식을 유통하는 데에 사용되고있다. 인터넷 공간에 아랍어가 등장하지 않았다면 재스민 혁명이 일어날수 있었을까?

영어로 생산하는 지식의 양은 거대하지만 영어가 세상을 움직인다고단언할 수는 없는 것이다. 영어로 생산된 지식이 세상을 변화시키려면다른 언어의 도움을 받아야 하고, 다른 언어공동체에서 공감을 얻어야 한다. 다른 한편으로 다양한 언어공동체에서 다른 언어로 번역되지 않는새로운 지식이 끊임없이 생산되고 축적되어 언어공동체를 변화시킨다.

인터넷이 등장할 때만 해도 인터넷이 보편화되면 최소한 네티즌의 언어는 영어가 될 거라 예상했다. 한국 사회에서 영어 공용화론을 주장한이들도 인터넷으로 결속된 지식 세계를 거론하며 열린 민족주의를 주창하고 영어가 공용어가 되는 사회의 필연성을 강조하지 않았던가. 그러나인터넷 세계가 확장되면 될수록 인터넷 세계의 언어는 다양해지고 있다.미국에 본사를 둔 거대 포털사이트 회사들이 성능 좋은 자동번역기를 탑재하기 위해 경쟁을 벌이는 것은 무엇을 말해주는가? 영어로 세상을 움직일 수 없다는 사실이다.

## 영어 권력의 취약성

역사적으로 보면 국제통용어는 대부분 권력어와 동의어로 쓰였다. 영어는 어떤가? 많은 한국인들이 영어 학습에 막대한 돈과 시간을 쏟아붓는 걸 보면 영어가 권력어임은 틀림없는 사실이다. 사회의 상층부일수록 영어에 대한 집착이 강한 것은 영어가 권력어이기 때문이다. 상류층일수록, 일류대학의 구성원일수록 영어가 삶에서 차지하는 비중은 커진다. 결국 최고가 되기 위해서는 영어의 세계에 몸을 담가야 하는 것. 그런 점에서 영어의 위세는 식민지를 점령한 제국어의 위세와 닮았다.

일본 통감부는 대한제국의 초등학교용 교과서 편찬에 관여하면서, 모든 교과서의 언어를 일본어로 한다는 방침을 세웠다. 그러나 일본어로 교과서를 편찬하는 데 대한 반대 여론이 들끓자, 통감부는 여론을 무마하기 위해 일어 독본과 이과(理科) 교과서만 일본어로 발간하고, 나머지 교과서는 국한문 혼용으로 발행한다는 결정을 내렸다. 이는 과학과 실용의 영역에서 조선어를 배제하는 논리가 되었다. "한국 유년에게 일문 교과서를 익히게 하는 것은 어린아이의 뇌수를 뚫고 저 소위 일본 혼이라 하는 것을 주사하고자 함이라"(《대한매일신보》, 1906년 6월 6일)라고 외쳤던 저항도 결국 실용이라는 논리 앞에서는 무릎을 꿇었다.

조선총독부는 일본어 상용화를 전제로 한 교육을 본격화하였다. 조선어를 제외한 모든 과목의 교과서가 일본어로 발행되었을 뿐만 아니라, 행정과 법률 관련 문서는 일본어로 된 문서를 표준으로 삼게 되었다. 당연히 진학과 취업에 관련된 모든 시험은 일본어로 치러야 했다. 권력의 그늘 아래 안주하기 위해서는 일본어를 새로운 모어(母語)로 삼아야 했던 것이다. 조선인의 일본어 해득률이 10퍼센트 남짓이던 시절, 식민지 상류층 엘리트들의 생활어는 일본어였다.

물론 오늘날의 영어는 일제강점기의 일본어와 다르다. 일본어 상용화

한일병합 이후 일본은 일본어 상용화를 목표로 조선교육령을 발표하였다. 그리하여 학교에서 학부모들에게 직접 일본어를 가르쳤다.

는 일제의 기획 아래 진행되었지만, 영어의 확대 과정에 미국이 개입하지는 않았다. 점령군과 함께 들어온 일본어가 통용어가 되는 과정에는 일제의 폭력이 개입했지만, 영어의 확대 과정은 폭력적이지 않다. 그러나 바로 그러한 점 때문에 영어가 교육과 학문의 세계에서 권력어로 기능하는 현실은 불안한 면이 있다.

우리가 미국의 식민지가 아닌 이상, 영어를 교육 언어로 삼는 것은 일제강점기에 일본어를 교육 언어로 삼는 것과 차원이 다르다. 일본이 직접 기획한 식민지 교육정책에 따라 교사를 파견하거나 조선인 교사를 양성하여 진행하는 식민지 교육은 차라리 체계적이었다. 그러나 영어권으로부터의 구심력이 약한 상태에서 영어를 교육 언어로 삼는다면 교육이 정상성을 유지하기 어렵다는 문제가 있다. 일정한 수준을 갖춘 교수자의 수급이 원활하지 않은 상태에서 이루어지는 강의는 지식 전달도 원활하지 않을 것이기 때문이다. 더 큰 문제는 습득한 지식을 적용하고 이를 기반으로 지식을 재생산하는 일이 어려워진다는 점이다. 이런 점에서 식민 지배를 경험한 다언어 사회의 언어 상황은 시사하는 바가 크다.

식민 지배를 경험한 다민족 다언어 사회 가운데 영어를 공용어로 채택한 나라에서도 개별 민족어는 여전히 쓰이고 있다. 그런데 주목할 점은 그 사회가 발전할수록 개별 민족어의 사용 영역이 확장된다는 것이다.

영어는 민족 간 통용어로 여전히 기능하지만, 민족어는 기초적인 생활어에서 행정 언어로, 행정 언어에서 학술 언어로 영역을 확장해간다. 영어가 국제통용어로 확고히 자리 잡은 상황에서 이러한 일이 일어나는 이유는 무엇일까?

싱가포르, 필리핀, 말레이시아 등 영어가 공용어이거나 그에 준하는 위상을 가진 국가에서 새로운 아시아 영어가 만들어지는 것은, 영어가 순전히 통용어로 기능한다는 증거다. 본토로부터의 구심력이 약해진 통용어는 결국 피진(pidgin)*의 길을 걸을 수밖에 없고, 피진이 된 통용어의 역할은 제한적일 수밖에 없다. 그렇다면 피진으로 운용할 수 없는 영역에서의 소통은 어떻게 이루어지겠는가? 본토 영어로의 일신(一新)? 그러나 영어의 토대가 약화된 상태라면 민족어가 기초 생활의 언어에서 사유의 언어, 문화의 언어, 경우에 따라서는 학문의 언어로 성장할 가능성이 높다.

중국어의 구심력이 강력한 중국 사회에서조차 민족어가 정립된 소수민족들의 학문 활동이 일정 부분 소수민족어로 이루어지는 현실은 무엇을 말하는가? 심도 있는 사유를 가능하게 하는 언어로 교육과 학문 활동이 이루어져야만 교육과 학문 활동의 사회적 의의를 확보할 수 있다는 사실이다.

### 영어의 위상 문제는 곧 민주주의의 문제

개항 이후 일본어를 통해 근대를 기획한 우리 현실에서 일본어를 배우는 것은 지식의 세계에 직접 접근할 수 있는 유일한 통로였다. 그러나 우리

---

* 문법 등을 간소화한 혼성어. 다른 언어와 혼합되어 간략화한 영어를 '피진 잉글리시' 라고 부른다.

말의 사용 영역을 스스로 결정할 수 없었던 식민지 현실에서 우리말로 이룬 지식의 체계는 불완전했다. 상층 엘리트는 제국의 언어인 일본어로 지식을 받아들였고, 이를 통해 자신의 지식 체계를 완성하고자 했다. 따라서 일본어 해득률이 낮은 수준에 머물던 시절, 상층 엘리트가 산출한 지식은 식민지 조선의 지적 자산으로 축적될 수가 없었다. 식민지 엘리트들은 본국에서 생산된 지식을 받아들이는 데 열중하였을 뿐, 그 지식을 조선인과 공유하거나 조선인 공동체를 위한 지식을 생산하는 데에는 무관심했다. 이는 제국이 그들에게 부여한 임무가 아니었기 때문이다.

식민지에서 벗어나더라도 민주주의가 성숙하지 않는 한 제국의 언어는 상류층 엘리트들의 지적 소통 언어로 기능한다. 권위주의 시대에 싱가포르, 필리핀, 말레이시아 등에서 상류층 엘리트들은 영어로 말했고, 이로 인해 상류층의 언어와 일반 국민의 언어에는 큰 괴리가 있었다. 이런 사회에서 민족어의 사용 영역이 확대되는 현상이 민주주의의 발전과 비례한다는 사실은 주목할 필요가 있다.

민주주의가 실현되고 있다면, 한 언어공동체에서 생산한 지식은 그 언어공동체에서 검증받고 통용될 필요가 있다. 학문 세계의 언어가 해당 언어공동체의 언어로 소통되지 않는다면 지식의 민주적 공유는 기대하기 어렵고, 그러한 학문이 공동체의 문제의식을 담아내기도 어렵다. 전 국민의 언어가 영어로 교체되지 않는 한 말이다.

그렇다면 한국 사회에서 지식 생산의 요람인 대학과 지식인 사회의 상황은 어떤가? 대학에서 영어 강의를 확대하는 정책은 한국 대학의 상황을 상징적으로 보여준다. 영어 강의는 지식에 접근하는 통로를 다양화한다는 점에서 의미가 있다. 그런데 영어 강의의 비율이 높아질수록 학문의 국제화가 이루어진다고 생각하고 이를 대학 평가의 근거로 삼는 것은 문제가 있다. 영어를 한국 대학의 통용어로 삼으려는 시도는 영어의 역할을 이해하지 못했거나 식민지 엘리트들의 사고틀을 벗어나지 못한 데

영어 강의를 해야 하는 대학 교수들을
위해 개최된 영어 강의 교수법 워크숍

따른 것으로 보이기 때문이다.

　대학이 영어 강의를 확대할 때는 실용의 논리를 앞세우지만, 영어 강의
가 우리말 강의보다 효율적일 수는 없다. 더구나 전공 강의를 외국어 교
육의 차원에서 접근하는 수준이라면 이를 통해 학문의 발전을 기대할 수
도 없다. 그런데 이처럼 현실성 없는 정책이 관철되는 데에는 비합리적
인 권력의 논리가 엄존하는 법이다. 영어 강의의 확대에 비례하여 영미
유학파가 대학에 진입하는 비율이 늘었다는 사실은 눈여겨볼 일이다. 지
식의 다양성과 주체성이 동시에 위협받는다는 것은 곧 지성의 위기를 의
미하기 때문이다.

　지식의 습득과, 지식의 생산과, 생산된 지식의 국제적 유통과, 생산된
지식을 공동체의 자산으로 만드는 일을 동시에 고려하는 것이 지성의 역
할이다. 지성의 역할을 진지하게 고민한다면 영어의 역할이 좀 더 분명
해지지 않을까?

---

◈ 이 글은 《르몽드 디플로마티크》(한국판) 42호에 '강한 영어, 그러나 허술해진 학문' 이라는 제목으로 발표
　된 바 있다.

# 2
## 지주
## 自主

## 한글로 지켜야 할 주체성의 한계

'순수한 우리말 찾기'를 목적으로 외래 요소를 정리하는 일은 '소통의 질서'라는 문제를 소홀히 하기 쉽다는 점에서 문제가 있다. 낯선 고유어는 낯선 외래어만큼이나 소통을 방해할 수도 있다는 점을 간과하기 때문이다. 언어정책과 언어 교육이 진정 필요한 이유는 우리 사회의 의사소통을 원활하게 하기 위해서다. 우리말의 소통 문제는 사회적 의사소통의 민주화 문제와도 밀접하게 관련된다.

언어 문제에 민족정신을 필요 이상으로 강조하는 것은 옳지 않다. 민족정신이 필요 이상으로 강조되는 사회는 국수주의적 파시스트가 기생하기 쉬운 조건을 제공하며, 이는 언어 문제에 있어서도 예외는 아닐 것이다. 민족정신이 가치 있을 때는 그 민족정신이 민주사회를 만드는 원동력이 될 때뿐이다.

# 국어 순화의 이데올로기

국어 순화라는 말은 국어를 순수한 말과 불순한 말로 분리해 보는 데에서 나온 말이다. 그러나 이미 우리가 사용하는 대부분의 말들이 여러 가지 요소가 뒤섞인 불순한 상태에 있다. 그렇다면 이를 순수한 것과 불순한 것으로 나누는 것 자체가 현실적이지 못하다. 그래서 따져보았다. 순수한 우리말이라는 것의 정체가 무엇인지, 그리고 불순하다고 매도되는 말의 정체는 무엇인지. 이를 통해 순수와 불순을 판단하는 근거가 투명하지 않음을, 그리고 순수함에 대한 강박이 순수한 말과 불순한 말을 양산했음을 확인할 수 있었다.

## 국어 순화에 담긴 정치성

외래어 문제를 논의할 때 빠지지 않고 등장하는

표현이 '우리말의 순수성' 유지다. 이는 외래어 통제가 언어순혈주의에서 비롯된 것임을 단적으로 드러낸다. 그런데 역사적으로 언어순혈주의는 언어의 본질에 대한 진지한 성찰보다는 정치적인 목적을 염두에 두고 형성된 것이라는 점에서 국어 순화와 관련한 관점을 한 번쯤은 점검할 필요가 있다.

대부분의 근대 민족국가는 순수한 모국어를 국어로 정립하는 것을 목표로 했기 때문에 언어 정화 운동을 국가사업으로 진행하였다. 방언을 제약하면서 표준어를 확립하였고, 이와 함께 철자와 문법을 정비하면서 이상적인 언어 모델을 만들었다. 이 과정에서 규범에 어긋나는 표현은 국어의 순수성을 해치는 옳지 못한 표현이라는 생각이 확고하게 자리 잡게 되었다. 이때 순수한 국어를 지향하는 것은 언어 규범의 통일성을 중시하는 것을 의미했지만, 다른 한편으로는 국가와 민족의 우월함을 강조하는 풍조와 맞물려 외래어를 배척하는 것을 의미하기도 했다.

이처럼 외래어를 배척하는 언어 정화 운동이 시작되고 국가주의 교육이 등장하면서, 언어는 교섭과 변화를 통해 발전해가는 것이고 의사소통의 수단이라는 기본적인 사실이 소홀히 인식되었다. 그리고 언어의 순수성을 유지하는 것을 국가 정체성 유지와 관련지으면서 외래어 문제는 언어 규범의 문제라기보다 도덕과 이념의 문제가 되었다. 독일의 언어 정화 운동은 이러한 점을 명확하게 보여준다.

독일의 언어 정화 운동이 제도화되고 범국민적 관심사가 된 것은 19세기 말에서 20세기 초였다. 이때에도 정화 대상으로 삼아야 할 외래어와 필수불가결한 외래어를 구분하고 있었지만, 결국 언어 정화 운동은 극단적 민족주의와 결합하게 되었고 이는 히틀러 집권기에 절정에 이르렀다. "이 시대 언어 정화 운동의 관심사는 언어의 정화 그 자체에 관한 것이 아니라 오히려 민족의 명예, 자립, 자존이었으며, 손상된 언어감정이 아니라 오히려 상처 입은 민족감정이었다"◆는 말처럼 언어의 순수성을 추구하는 운동은 지극히 정치적이었다.

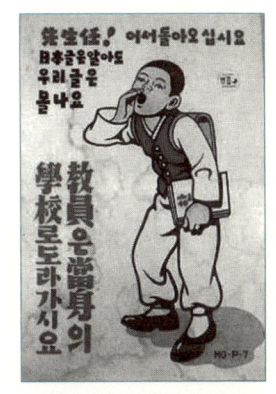

미군정 시절 발행한 우리말 도로 찾기 운동포스터

　우리의 경우에도 외래어 정화 운동은 민족주의와 국가주의를 강화하는 데 이용되었음을 부정할 수 없다. 해방 이후 일제 잔재 청산의 일환으로 시작된 국어 정화 운동은 대중의 호응을 얻었고, 독립국가 건설이 목표이던 당시 사회구성원의 민족의식과 국가의식을 고양하는 데 기여했다. 외래어, 특히 일본식 표현에 대한 정화가 국어정책과 교육의 가장 큰 목표가 된 것도 이 때문이었다.

　억눌려왔던 우리말의 독자적 발전을 모색하기 위한 이념적 기반이 필요했다는 점에서 어문민족주의에 기반한 국어 정화 운동은 나름대로 긍정적인 역할을 했다. 그러나 이는 의사소통의 불편함을 해소하는 차원이 아니라, 민족적 순수성과 자존심을 지켜야 한다는 사명감을 앞세워 진행되었다. 이러한 상황에서는 합리적이지 못한 국어정책이 나타날 수밖에 없었다. 즉 언어에 민족과 국가의 의미를 과도하게 부여하고 보수적인 어문민

---

◆ 폴렌츠(P. von Polenz)의 평가를 인용한 것이다.

족주의를 국어정책과 교육의 기본 이념으로 삼으면서, 국어의 효율성을 제
고하는 문제를 등한시하는 경향을 띠게 된 것이다.

## 외래어,
## 써야 하나 말아야 하나

　　　　우리나라 말에는 중국계 외래어가 백에 예순은 차지하고 있다. 이 사실
은 아무리 변명하고 싶어도 우리 겨레가 중국 민족에 그만큼 동화가 되었다는 사
실을 지울 수가 없다. 그러므로 파리대학 언어학 교수였던 방드리에스 교수는 그것
은 언어상으로 패배·정복당한 것이라고 하였다. 우리 고구려 후손인 만주 겨레가
중국을 정복하였건만 제 말을 버리고 중국말을 즐겨 썼기 때문에, 마침내 나라말을
쓰지 않고 버리면 땅위에서 영원히 사라지는 결과가 되지 안하였던가. 소름 끼치는
사실이다. 어찌 우리 앞에 일어난 역사적 사실을 쉽게 보랴. 일어나는 나라말은 힘
차게 뻗어나가고, 시드는 나라말은 졸아드는 것이다. '뫼'란 말은 숨이 넘어갈 듯이
쓰이지 않게 되었다. 모두 '산'이란 중국말을 쓴다.

　　　　　　　　　　　─ 김선기, 〈민족문화의 자각〉, 《경향신문》, 1973년 11월 17일

　　외래어 배척 운동이 가장 극심했던 시기가 유신체제와 맞물려 있었다는
사실은 시사하는 바가 크다. 1976년에 박정희는 국어 순화를 지시하였고,
그해 4월 25일 국어국문학회, 국어학회, 백산학회, 진단학회, 한국사학회,
한국어문학회 등 9개 학회 대표들은 국어 순화 운동을 지지한다는 성명서
를 냈다. 대학과 어문 관련 학회를 중심으로 외래어 순화와 관련한 크고 작

은 행사가 잇따라 열렸다.

외래어 배척이 국어정책의 핵심 사항이 되면서 극단적인 어문민족주의는 국어 순화의 주요 논리로 자리 잡게 되었다. 그러나 극단적인 어문민족주의의 관점에서 외래어 문제를 보게 되면 외래어 문제는 언어가 아닌 정치의 문제가 되고, 국어정책은 대중의 정서와 관습보다 민족적 자존심과 국가 이데올로기를 지키는 일이 될 수밖에 없다. '포스터'를 '광

1978년에 출간된 《국어 순화의 길》. 각국의 언어 순화 운동에 관하여 국어순화추진회가 엮은 책이다. 필자로 주요한, 이강로, 허웅 등이 참여하였다.

고용 도화'로, '마네킹'을 '매무새 인형'으로 바꾸었으나 거의 쓰이지 않는다는 현실은 대중의 정서와 관습에서 유리된 이념적 언어의 궤멸을 상징적으로 보여준다.

이념화된 언어 정화 운동은 언어가 계획과 통제에 의해 조절될 수 있다는 믿음에서 비롯된 것이었다. 국어사전에서 쓰지 말아야 할 단어와 표준어를 별도의 설명을 붙여 제시하거나 쓰지 말아야 한다고 판단한 단어를 사전에서 빼는 것과 같은 방식은, 언어를 통제하려는 통제사전의 전형적인 기술 방식이다. 실제 이러한 조치는 대중들의 언어 사용 양상을 바꾸는 계기가되기도 했으며, 이를 통해 규범적인 근대 국어가 정립될 수 있었다.

그러나 목적의식적인 언어 개혁이 애초의 의도대로 완전히 성공을 거둔 적은 없었다. 1964년부터 시작된 북한의 말다듬기 운동은 어느 정도 성과가 있었지만 1986년 그 결과물의 반 이상이 공식적으로 폐기되었고, 《조선

말대사전》(1992)에는 고유어로 다듬어졌던 외래어가 다시 등재되었다. '아이스크림'을 '얼음보숭이'로 다듬었다가 다시 '아이스크림'으로 환원한 것이나, '네트오버'를 '그물넘기'로 바꾸었다가 이 둘을 모두 수용하게 된 것이 그 예다. 그러나 언어 현실의 변화가 국어 순화 운동의 이데올로기를 일순간에 변화시킬 수는 없었다.

한국적 어문민족주의는 식민지 경험을 바탕으로 형성되었다. 이러한 역사성 때문에 어문민족주의는 해방 이후 국어정책과 교육에 지대한 영향을 미쳤다. 외래어가 폭넓게 쓰이는 현실과 별도로 우리의 외래어관이 서구나 일본에 비해 더 폐쇄적인 것은 이 때문일 것이다. 이와 같은 외래어 의식의 특이성은 외래어에 대한 저항의식에서 나타난다.

가장 특이한 점은 외래어의 기원에 따라 이를 대하는 의식이 다르다는 것이다. 현재 일본어 표현과 일본 한자어는 사용하는 이의 무지를 질타하거나 고루함을 비판하는 예시로 사용되곤 하지만, 서구 외래어는 현학적인 또는 과시적인 표현 태도를 비판하는 예시로 자주 사용된다는 것은 흥미로운 사실이다. 외래어의 기원에 따라 이에 대한 저항의 양상이 다름을 알 수 있다. 언어순혈주의가 극단으로 치달을 경우 국어 속 한자어를 외래어로 보고, 한자어의 존재를 중국 문화에 대한 종속으로 판단하기도 한다.

이러한 저항성의 차이는 의사소통의 불편함보다는 감정적 불편함의 정도에서 나타나며, 이 점은 국어 순화에 임하는 태도를 결정짓기도 한다. 즉 서구 외래어에 비해 일본식 한자어나 일본어에서 온 외래어에 과도한 거부감을 갖는 것이 그러한 예다.

# 일본식 한자어의 정체

현대 조선의 유수한 학자이며 작가인 홍명희 씨가 소설 《林巨正傳》에서 '취소(取消)'란 말을 써야 할 터인데, 그때는 지금과 상거가 먼 때라. 그대로 쓸 수는 없고, 그렇다고 '취소'란 뜻의 말은 꼭 써야겠는데, 그에 적당한 조선말(재래어)이 없어서 꼽박 이틀이나 생각한 끝에 '뭉때려버렸다'고 썼다 한다. 그러나 현대 조선 사람 중에 그 두 가지 말 중에서 어떤 것을 더 잘 아는지 氏에게 반문하고저 한다. 洪氏가 현대 소설에서 그런 경우를 당하였다면 서슴지 않고 '취소'를 썼을 것이다.

— 김태종, 〈신어 외래어에 대하야(2)〉, 《한글》 35, 1936

일본식 한자어를 쓰지 말아야 한다는 것은 바른 국어생활을 강조하는 교육에서 철칙처럼 강조하는 것이다. 그렇지만 현실은 어떤가? 관점(觀點), 수속(手續), 입구(入口), 입장(立場), 적자(赤子), 취소(取消), 하숙(下宿) 등은 일본식 한자어이지만, 이를 쓰지 않고 생활하기는 쉽지 않다. 이들을 대체할 다른 말을 찾을 수는 있지만, 우리 생활 속에 완전히 정착한 표현을 다른 말로 바꾸어 쓰려면 어색하기 짝이 없다.

'그는 자신의 입장을 밝히기를 꺼렸다'를 '그는 자신의 처지를 밝히기를 꺼렸다'로 바꿔 썼을 때, 바꿔 쓴 '처지'가 '입장'의 뜻을 제대로 담아냈다고 할 수 있을까? 그 상황에 딱 맞는 표현을 찾아 쓰는 것이 언어생활을 풍요롭게 하는 것이라면 위에서 인용한 어문학자의 지적을 다시 한 번 음미

1948년 우리말에 침투한 일본말의 잔재를 없애고 우리말을 정화하기 위하여 문교부가 발행한 국민 교육용 도서

할 필요가 있다.

그는 '취소(取消)'라는 일본 한자어가 일반화되기 이전, 소설가 홍명희가 그 개념을 표현하기 위해 적당한 말을 찾다가 '뭉때려버렸다'로 썼다는 일화를 소개하면서, 만약 당시 '취소'라는 한자어가 일반화된 상황이었다면 홍명희는 '뭉때려버렸다' 대신 '취소했다'를 썼을 것이라 했다. 최고의 작가라면 딱 맞는 표현을 선택할 것이고, 이때 그것이 고유어인지 외래어인지는 중요하지 않다는 말이다.

외래어라도 이미 관습화된 표현은 그 자체로 독자적인 의미 영역을 가지며, 경우에 따라 외래 표현이 화자의 의도를 더 정확히 나타낼 수도 있다. 그런데 관습적인 쓰임을 거스르면서까지 '입장(立場)'을 '처지(處地)'로 바꿔 쓰도록 한 이유는 무엇일까? 여러 이유가 있겠지만《우리말 도로 찾기》로 상징되는 1948년 당시의 국어정책이 가장 큰 영향을 미쳤다고 하겠다.

《우리말 도로 찾기》는 해방 후 국어 순화 운동을 추진하는 데 전범(典範)이 되었다. 1946년 6월에 문교부 편수국에서는 일본어를 우리말로, 일어식 한자어를 우리식 한자어로 정화한다는 방침을 세우고, 938개의 일본어를 일소하기 위한 정화안을 마련하였다. 그리고 국어정화위원회에서 편수국

안을 심의하고 1948년 1월 12일에 확정하여 46판 36면의 팸플릿으로 전국에 배포하였는데, 이 책자가 《우리말 도로 찾기》다.

독립국가 수립을 선포한 1948년에는 어색한 표현에 대한 거리낌보다는 정체성이 불분명한 것에 대한 저항이 클 수밖에 없었고, 이때의 경험이 현재까지 이어지고 있는 것이다. 현대 국어사전의 풀이는 이런 현실을 잘 보여준다.

**수속(手續)** | 어떤 일을 수행하거나 처리하기 전에 거쳐야 할 과정이나 단계. '순서', '절차²'로 순화.

**입구(入口)** | 들어가는 통로. '들목', '들어오는 곳', '어귀¹'로 순화.

**적자(赤子)** | 지출이 수입보다 많아서 생기는 결손액. 장부에 기록할 때 붉은 글자로 기입한 데서 유래한다. '결손'으로 순화.

**취소(取消)** | 발표한 의사를 거두어들이거나 예정된 일을 없애버림. '무름'으로 순화.

**회람(回覽)** | 글 따위를 여러 사람이 차례로 돌려 봄. 또는 그 글. '돌려 보기'로 순화.

그런데 문제는 《우리말 도로 찾기》에서 보여준 국어 정화 방안이 언어에 대한 신중한 고찰을 근거로 만들어진 것이 아니라는 점이다. 단적인 예로 일본식 한자어라고 지적한 한자어 중 상당수가 중국 한자어(結婚, 曖昧 등)이거나 중국 한자어로 수용된 일본 한자어(立場, 手續 등)였다. 결과적으로 한자어가 정화의 대상인지 일본식 한자어가 정화의 대상인지 정화의 목표가 불명료해졌다. 나중에 결혼(結婚), 애매(曖昧), 관점(觀點), 하숙(下宿)

등이 순화 대상에서 제외된 것은 이러한 불명료함을 없애기 위한 조치였다.

이 같은 조치는 한자어 문제를 새롭게 바라보게 하는 계기가 되었다. 즉 중국 한자어였거나, 일본에서 기원한 한자어라도 중국 한자어에서 수용하였고 우리도 관습적으로 사용하는 한자어라면 굳이 순화할 필요가 없다는 태도가 나타난 것이다. 이러한 태도에 따른다면 입장(立場), 수속(手續), 입구(入口), 취소(取消) 등과 같이 중국 한자어에 수용된 일본 한자어나, 적자(赤字), 회람(回覽) 등과 같이 근대화 과정에서 만들어진 일본 한자어는 반드시 없애야 할 대상은 아닐 것이다.

그러나 규범 사전에서 일부 어휘(수속, 입구, 적자, 취소, 회람 등)를 다루는 태도는 완고하다. 문제는 그러한 태도에서는 관습에 대한 존중도, 기원이나 사용 양상을 염두에 둔 일관된 기술도 발견할 수 없다는 점이다. 이처럼 일본 한자어에 대한 거부감이 강하면서도 이의 기원이나 사용 양상에 대한 인식이 얕은 것은 우려스러운 부분이다. 거부감만 강하고 이에 대한 이해가 부족할 경우 옥석을 가리는 데 혼란이 올 수 있기 때문이다. 다음 예를 통해 이러한 문제를 좀 더 분명하게 인식할 수 있을 것이다.

**굴삭기(掘削機)** | [같은 말] 굴착기(①땅이나 암석 따위를 파거나, 파낸 것을 처리하는 기계를 통틀어 이르는 말). '굴착기'로 순화.

**고양(高揚)** | ①높이 쳐들어 올림. ②정신이나 기분 따위를 북돋워서 높임.

**사체(死體)** | 사람 또는 동물 따위의 죽은 몸뚱이.

위의 단어들은 일본식 한자어로 대용자(代用字)를 사용한 한자어라는 점에서 앞서 살펴본 한자어와는 다른 차원에서 만들어진 것들이다. 그럼 대용자(代用字)를 사용한 한자어란 무엇일까?

일본에서는 1981년 10월부터 1945자의 상용한자를 제정하였는데, 이는 1948년 2월부터 사용한 '당용한자(當用漢字)'에 95자를 추가하여 제정한 것이다. 그리고 상용한자에 들지 않는 한자를 포함하는 한자어는 일부 고쳐 사용하고 있는데, 그 원칙은 음이 같고 의미상 관련된다면 상용한자로 바꾸어 사용한다는 것이다.

이런 유형의 일본식 한자어로 우리에게 익숙한 단어가 굴삭(掘削), 고양(高揚), 시체(死體) 등이다. 이들 한자어가 전통적인 한자어인 굴착(掘鑿), 앙양(昂揚), 시체(屍體) 등을 대체하거나 함께 쓰이고 있기 때문이다. 그런데 일본에서 이러한 한자어들이 쓰이게 된 것은, 掘削·掘鑿(くっさく), 高揚·昂揚(こうよう), 死體·屍體(したい) 등에서 보는 바와 같이 일본어로 동일하게 발음되고 의미까지 유사하기 때문이다. 상용한자 1945자에 포함된 한자(削, 高, 死)로 상용한자가 아닌 한자(鑿, 昂, 屍)를 대체한 것이다. 1945자라는 제한된 한자만을 알아도 국한 혼용을 할 수 있도록 하기 위한 일본인들의 노력이 엿보이는 대목이다.

그런데 우리 한자음과는 전혀 다른 음을 가진 이러한 단어를 사용하는 것은 새로운 단어를 추가하여 쓰겠다는 의미다. 일본에서는 편리한 선택이었지만, 우리가 수용하는 것은 편리하지도 않을뿐더러 비경제적이고 주체적이지 못한 선택일 가능성이 높다. 그럼에도 일본 어문생활의 편리를 위해 만들어진 한자어를 수용하는 문제와 한·중·일 삼국에서 관습화되어 쓰이는 한자어를 수용하는 문제를 동일한 잣대로 평가하는 것은 곤란하다.

## 한자 폐지와 국어 정화 운동,
## 어떻게 봐야 할까

올겨울 스키장에 '타운 플러스 스키 앤드 보드' 스타일의 옷차림이 유난히 눈에 띈다. 일상 아웃도어복과 스키복의 '크로스오버'에다 스키복과 스노보드복의 결합이 덧붙었다. 말 그대로 어디에서도 입을 수 있는 멀티플레이어룩이 올 설원 패션의 특징이다. 게다가 첨단소재를 사용해 기능성이 훨씬 강화됐다. 다운보드웨어는 겨울옷의 무거운 느낌이 없고 스포티하고 경쾌한 느낌을 줘 활동적인 젊은 층에게 인기가 높다.

— 《한겨레신문》, 2006년 12월 6일

패션 동향을 설명하는 문화면 기사이기 때문에 어쩔 수 없는 면이 있다 하더라도, 이 기사문에서 사용된 외래어는 일상적인 소통을 어렵게 할 정도다. 이러한 글이 일반 신문에 실릴 정도로 우리의 언어 사용 양상이 영어 지향적인가? 그렇다면 이 현상의 원인은 무엇일까? 국어정책의 측면에서 원인을 찾자면 이는 국어 순화의 목표 및 대상을 설정하는 문제와 관련되어 있다.

국어 순화 운동은 서구 외래어만이 아니라 한자어도 그 대상으로 삼고 있다.

김기림(1908~?)은 점진적인 한자 폐지론자였지만, 해방 이후 급격하게 진행된 한자 폐지 정책에 반대했다.

따라서 국어 순화의 논리상 한자어 역시 서구 외래어와 동등하게 취급될 수밖에 없다. 물론 서구 외래어보다는 한자어를, 한자어보다는 고유어를 선택하자는 것이 국어 순화 운동의 원칙이었지만 극단적인 어문민족주의가 기승을 부릴 때, 이 둘은 궁극적으로 대체되어야 할 어휘였던 것이다. 이는 한자 폐지론으로도 나타났다.

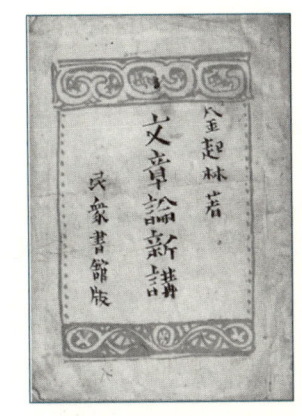

김기림의 《문장론신강》

그때 군정문교부 편수국 수뇌부에 한자 폐지론의 총대장격인 최현배 씨가 진을 치고서, 학교 교과서에서부터 한자를 없앨 계획을 세우고 마구 우겨서 실천에 옮기고 있어서, 그적에 벌서 당연히 활발한 논의가 있어야 할 것이었음에도 불구하고, 아마 현란한 정국의 격동에 휩쓸려, 또 한편에는 최현배 씨가 걸머진 군정과 조선어학회라는 두 겹의 후광에 압도되었던가, 이런 문제의 전문가인 어학자 편에서도 더 이상 문제를 전개시키지 않고 말았고 문학자 또한 별로 거들떠보지 않았었다.

— 김기림, 《문장론신강》, 1950

김기림은 당시 최현배 문교부 편수국장이 주도한 한자 폐지와 국어 정화 운동이 독단적으로 진행되었음을 비판하고 있다. 김기림은 《문장론신강》에서 한자 폐지 문제와 한자어 폐지 문제를 함께 거론하며 한자 및 한자어 폐지 운동이 지니는 문제점을 지적하였다. 그러나 최현배 편수국장이 주도한

어문 개혁이 일사천리로 진행되면서 한자와 한자어는 우리말의 발전을 위해 없어져야 할 대상으로 굳어지게 되었다.

그러나 한자어를 고유어로 대체하는 것이 현실적으로 성공하지 못한 상황에서, 이러한 인식의 확산은 어휘체계의 빈칸을 서구 외래어가 대체하는 계기가 되었다고 볼 수 있다.

조선어학회의《큰사전》은 근대기 국문 운동의 결실이라고 할 수 있는데, 여기에 실린 서구 외래어들을 보면 당시 국어 순화 운동의 특징을 알 수 있다. 다음의 표는《큰사전》(1957)에 수록된 외래어가《조선어사전》(1938)과 《표준국어대사전》(1999)에는 어떻게 수록되었는지를 비교한 것이다.

| 《큰사전》(1957) | 《조선어사전》(1938) | 《표준국어대사전》(1999) |
| --- | --- | --- |
| 그랜드스텐드(grandstand) | | 그랜드스탠드 |
| 보이(boy) | 메쎈저뽀이(messanger boy) | 보이('소년'이라는 의미 배제) |
| 오버슈스(over-shoes) | 오버슈 | 오버슈즈 |
| 위클리(weekly) | | |
| 트롤리(trolley) | | 트롤리 |
| 캐비지(cabbage) | 캡베지 | |
| 캐빈(cabin) | 카삔 | |
| 캐치(catch) | 캣쳐(catcher) | |
| 트레이드(trade) | 트레드 | 트레이드 (스포츠 전문용어로 뜻풀이 변화) |
| 파티(party) | | 파티('정당'이라는 의미 배제) |
| 페어리(fairy) | | |
| 페이퍼(paper) | 페퍼 | |

표에서 1950년대 발행된 《큰사전》보다 《표준국어대사전》(1999)에서 외래어의 수와 그 의미가 정제된 것은 주목할 점이다. 그렇다면 해방 직후 국어 순화 운동을 벌인 사람들은 왜 유독 한자어 문화에 강한 거부감을 가졌던 것일까? 이는 국어 순화 운동이 기본적으로 한자문화권에서 벗어나 우리의 것을 되찾자는 근대기 국문 운동의 연장선상에 있다는 역사적 사실과 관련된 것으로 보인다.

우리의 근대의식 형성 과정에서 중요한 특징 중 하나는 '탈중화(脫中華)'를 모토로 했다는 점이다. 이는 다른 동아시아 국가도 마찬가지였는데, 동아시아 중세 질서가 중화주의를 근간으로 했기 때문이다. 근대주의자들이 정치적으로는 중국으로부터의 독립, 문화적으로는 한자 문화로부터의 독립을 내세우게 된 것은 이러한 맥락에서 볼 필요가 있다.

정치·문화적 독립에 대한 열망은 민족의 정체성을 찾고자 하는 문화운동으로 연결되었다. 문화운동은 다른 어떤 문화로부터도 영향을 받지 않은 우리 고유의 것을 찾고자 하는 방향으로 전개되는가 하면, 다른 한편으로는 서양의 신문물을 받아들여 새롭게 우리 문화를 건설하려는 방향으로 전개되었다. 근대 국어 운동도 마찬가지였는데, 이러한 흐름에서는 서구 외래어보다 한자에 적대적인 태도를 취하는 경향이 강화될 수밖에 없었다.

외래어에 대한 인식의 차이는 국어 순화의 결과를 왜곡시키기도 한다. 한자어를 쓰는 비율이 줄어들면서 이를 대신해 서구 외래어나 우리말의 조어법에서 벗어난 신조어들이 많아지기 때문이다. 국어 순화 운동이 오히려 서구 외래어를 확산시켰다는 지적은 국어 순화 운동의 문제와 관련하여 주목할 필요가 있다.

그렇지만 외래어의 번역어로 한자어가 사용되어온 역사 그리고 한자어가 활용되어온 역사를 볼 때 서구 외래어와 한자어는 동등하게 취급될 수 없음은 분명하다. 새로 들어온 말이 한자어로 번역되었을 때 어휘에 대한 이해가 쉬워지고 그것의 사용 영역이 체계화될 수 있는 것은 한자어의 장점을 보여준다. 디지털 시대에 새로운 통신기기들이 들어왔을 때, 이들을 이동통신, 이동전화, 휴대전화, 무선전화 등과 같은 한자어로 표현함으로써 통신기기의 특성과 관계를 쉽게 나타낼 수 있지 않았던가. 한자어와 고유어는 어근을 통해 의미를 유추할 수 있다는 점에서 새로운 어휘라도 이해할 수 있는 가능성이 높지만, 서구 외래어는 해당 외국어에 대한 이해가 없는 한 이러한 가능성이 차단되기 때문이다.

아무리 익숙한 영어 접사라도 국어사전의 표제어가 될 수 없다는 사실을 생각해보라. 외국어를 외래어로 받아들이더라도 해당 외국어의 형태 분석 의식까지는 수용하지 않는 것이다. 외래어를 체계적으로 활용하여 국어생활을 하는 것이 근본적으로 어려울 수밖에 없는 이유다.

이때 번역어의 체계성을 살릴 수 있는 방안의 하나로 제기되는 것이 한자를 이용한 번역어의 생산이다. 한자어의 경우는 조어력이 뛰어날 뿐만 아니라, 서구 외래어에 비해 우리말 사용자의 개념 체계에 부합할 가능성이 월등히 높다. 우리에게 익숙한 고유어가 좋지만, 고유어를 찾는 게 불가능할 경우 한자어를 활용하여 번역하는 것은 이런 점에서 의미가 있다. 한자어와 고유어 그리고 외래어에 대한 균형 잡힌 시각이 필요한 이유다.

# 일본식 문체,
# 우리말 문체가 따로 있는 것일까

어렵고 난감한 질문은 이것이 일본식 표현이냐 영어식 표현이냐라는 질문이다. "'~의'라는 말은 쓰면 안 되는 거예요?"부터 시작해서 "'~는 것이다'가 일본식 표현인가요?", "'~에 있어서'가 일본말인가요?", "'~ 적(的)'이나 '~ 성(性)'과 같은 일본식 표현은 쓰지 말아야 하는 것 아닌가요?" 등이 일본어 표현과 관련한 의문이라면, "'그'나 '그녀'라는 말은 영어를 번역하면서 생긴 말인가요?", "피동 표현은 영어에서 온 표현인가요?" "~ 중의 하나이다(one of ~), (최근 논의는) ~을 보여준다(show ~) 등은 모두 영어 번역투이기 때문에 쓰면 안 되는 것인가요?" 등은 영어 표현과 관련된 의문이다. 질문 대상도 다양하고 질문자의 표현도 다양하기만 하다. 그런데 더 안타까운 것은 그것이 일본 표현인지 아닌지 또는 영어에서 비롯된 것인지 아닌지 그 근거가 불확실한 것이 많다는 점이다. 그렇다면 마지막에 드는 생각은 '그렇다면 한국식 표현은 무엇인가?'라는 것이다.

— 최경봉, 〈한국어와 민족정신〉, 《새국어생활》, 2003

우리말 문체는 어떻게 형성되었을까? 아마 한자를 이용해 우리말을 표현하면서부터였을 테니 향찰과 구결과 이두문을 쓰면서 우리말의 문체가 틀을 잡기 시작했을 것이다. 그런데 한자로 우리말을 기록하다 보니 자연히 글도 한문의 영향을 벗어나기는 힘들었을 것이다.

그렇다면 훈민정음이 창제된 후에는 우리말을 새로운 소리문자로 표현했으니, 전보다 더 우리말다운 문체가 이루어졌을까? 어느 면에서 보면 그랬을 테지만, 또 어느 면에서 보면 혁신적인 변화가 이루어졌다고 말하기는 어렵다. 훈민정음이 창제된 후 진행된 대대적인 역경(譯經) 작업은 자연스럽게 우리말 문체의 틀을 마련하는 데 영향을 미쳤을 것이고, 조선 중기에 쓰인 부녀자의 편지글조차 한문 문체의 영향 아래 있었다. 당시 보편적 표현 양식이 한문 문체를 모범으로 삼아 만들어졌으니, 훈민정음 창제 후에도 우리말 문체는 한문 문체의 영향을 받았다고 봐야 한다. 그러니 한문 문체와 단절된 순수한 한국어식 문체라는 게 별도로 존재했다고 보기는 힘들다.

우리말 고유의 표현 방식을 의식한 것은 근대 이후의 일일 것이다. 그리고 식민지로 전락한 역사적 경험은 일본식 표현에 대한 거부감을 높였고, 나라의 독립이라는 시대적 과제와 맞물려 우리말의 정체성과 우리말 고유의 표현 방식이 필요 이상으로 강조된 측면이 있다.

특히 일본식 표현에 대한 거부감은 우리말의 정체성을 찾고자 노력하는 사람들에게서 더욱 강하게 나타난다. 그러나 한국어의 어법에 따른 표현을 일본식 표현으로 환원시켜보면서 문제 삼는 것은, 사실 관계를 떠나 문체의 영향 관계를 인정하지 않는다는 점에서 문제가 있다. 수천 년 동안의 교류를 통해 이루어온 공통성과 서로의 영향 관계를 통째로 거부하는 것은 외래문화에 맹목적으로 빠져드는 것만큼이나 위험하기 때문이다.

문체는 글의 표현 양식이다. 글쓴이의 다양한 생각은 다양한 문체로 나타나게 마련이다. 글쓴이로서는 자신의 감정과 의도를 섬세하고 정확하게 표현하기 위해 다양한 표현 방법을 모색하는 것이 당연하다. 따라서 얼마나 정확히 전달할 수 있느냐를 판단의 기준으로 삼아 글의 표현 방법을 다듬는 태도가 필요하다.

피동 표현이 외래적 표
현이라고 하지만, 피동 표
현이 우리말 표현의 한 부
분임을 부정할 수 없다.
글쓴이가 무언가 에둘러
말하고 싶거나 객관적 태
도를 유지하고자 할 때,
피동 표현은 자연스럽게

법제처에서 2006년부터 추진하고 있는 '알기 쉬운 법령 만들기' 사업

그 글의 문체적 특징이 될 수도 있다. '~인 것으로 판단된다'나 '~로 이해
된다' 같은 표현이 자신의 태도를 분명하게 하지 않는 글쓰기 태도에서 비
롯된 것일 수도 있다. 그러나 그것은 피동형을 이용한 표현의 기법일 뿐, 이
런 점을 들어 피동 표현을 적대시하는 것은 또 다른 억압이다. 말은 나쁘게
도 쓰이고 좋게도 쓰이는 법, 말 자체에 선악이 있는 것은 아니지 않은가?

한국식 표현과 그렇지 않은 표현으로 이분한 후, 정체가 모호한 한국식
문체를 일방적으로 강요하는 것은 표현의 다양성을 심각하게 훼손할 우려
가 있다. 우리 언어생활에서 외래 요소가 문제가 되는 것은 외래 요소가 우
리말의 소통 질서를 교란할 때다. 그렇다면 외래 요소에 대한 정리가 필요
한 이유는 우리말의 소통 질서를 회복하기 위해서라고 할 수 있다. 외래 요
소에 대한 연구를 바탕으로 그 정리를 위한 정책적 기준을 마련해야 하는
것은 이 때문이다.

난해한 법률문은 법을 매개로 기생하는 권력 집단의 독점권을 강화시켜
주는 수단이 될 뿐이고, 무슨 말인지 도무지 이해할 수 없는 행정 서류와 서

식은 정보의 공유를 중요하게 생각하지 않는 관료 집단의 권위의식에서 비롯되는 것이다. 만약 법률문과 행정 공문의 비민주적 표현 방식이 일본식 표현에서 비롯된 것이라면, 이를 바로잡는 정책적 접근은 외래 요소를 정리하는 차원이 아니라, 사회적 의사소통을 민주화하는 차원에서 이루어져야 할 것이다. 한자 병용 문제나 영어 공용화 문제 또한 사회적 의사소통을 민주화하는 차원에서 접근할 때 더욱 합리적인 언어정책의 기준이 마련될 것이다.

# 생활 속 언어로, 외래어 자리 잡기

외래어는 근본 없는 말로 치부되기 십상이다. 우리말 속 애물단지로 취급되면서도 끈질긴 생명력으로 살아남은 외래어들은 우리말의 성원으로 인정받게 된다. 그렇게 인정받기까지 이런저런 검증을 받았을 터. 우리는 그간 어떤 원칙으로 이러한 외래어들을 검증해왔을까?

## 외래어, 근본 없는 말에서 생활 속 언어로 들어오다

새 말을 만들고, 새 말을 쓰는 것은 유행이 아니라 유행 이상 엄숙하게, 생활에 필요하니까 나타나는 사실임을 이해해야 할 것이다. 커피를 먹는 생활부터가 생기고, 퍼머넌트 식으로 머리를 지지는 생활부터가 생기니까 거기에 적응한 말, 즉 커피, 퍼머넌트가 생기는 것이다.

— 이태준, 《문장강화》, 1940

이태준(1904~?)은 생활 속에서 언어
의 쓰임이 결정된다고 보고 외래어
의 수용을 인정하였다.

이태준은 생활 속에서 언어의 쓰임이 결정됨을 강조한다. 외래어 또한 생활 속에서 익숙하게 쓰고 있다면 써도 된다는 말이다. 즉 새로운 생활양식이 보편화되면서 새로운 지시어가 들어오고, 이들이 기존의 언어가 표현할 수 없는 바를 대신하면서 존재 의미를 갖게 되었던 것이다.

'커피', '아이스크림', '스테이크' 등과 같은 말은 우리 식생활의 변화를 보여준다. 이 어휘들이 들어오기 전 우리말에서는 이 어휘를 대체할 어휘가 없었고, 지금 이 어휘들을 다른 어휘로 바꿔 쓸 수도 없다. 외래어 척결을 위해 북한 사회에서 의욕적으로 추진하였던 말다듬기 운동의 결과는, 생활의 필요성 때문에 수용된 외래어는 그 자체로 우리말이 되었음을 보여준다. '아이스크림'을 '얼음보숭이'로 다듬었지만, 결국 '아이스크림'으로 되돌릴 수밖에 없었던 것이다.

이처럼 외래어를 규범어로 회복시킨 것은 국어 속에서 외래어의 독자적인 의미 영역을 인정했기 때문일 것이다. 이는 외래어를 외국어와 달리 볼 수밖에 없는 이유이기도 하다. 외래어 정착 과정을 보면, '커피'와 '아이스크림'처럼 특정 단어가 지속적으로 사용되어 국어의 지위를 얻는 경우도 있지만, 원어의 의미를 재조정해 새로운 의미를 만들어내는 경우도 있다.

컷(cut), 커트(cut), 컨디션(condition), 미팅(meeting) 등과 같은 외래어를 보면, 기원이 동일한 외국어(cut)가 서로 다른 용법으로 쓰이거나, 원어의 일부 의미만이 외래어의 의미로 정착되었음을 알 수 있다. 한국적 상황에 따라 원어의 용법과 의미가 재조정되었다는 점에서 새로운 한국어가 만들어졌다고 말할 수도 있겠다. 이처럼 표현의 다양화라는 관점에서 어휘를 보면 우리가 말하는 단어가 외래어인가 고유어인가는 언어 사용에서 부차적인 문제가 될 수밖에 없다.

국제 교류가 활발한 전문 분야에서는 외래어가 차지하는 비율이 더욱 높다. 이는 과학기술 분야뿐만 아니라, 음악 용어, 미술 용어, 영화 용어 등 예술 분야의 전문어에서도 마찬가지다. 대부분의 분야에서 영어로 된 전문어가 절대 다수를 차지할 뿐만 아니라 가장 많이 만들어지는 상황이어서 이러한 추세는 앞으로도 계속될 것이다. 정확한 개념을 전달하는 것이 중요한 만큼 해당 분야의 전문 용어를 번역하여 대체하기가 어렵기 때문이다.

그럼에도 전문어의 체계성을 고려하면서 번역어를 만들어내는 것이 우리말로 해당 학문을 체계화하는 길이라는 점에서 전문어를 우리말로 바꾸는 노력을 지속할 필요는 있다. 부분적으로 외래어를 수용하는 것은 자연스러운 일이겠지만, 해당 학문 전체의 관점에서 볼 때 거의 모든 전문어가 서구 외래어로 채워질 경우 학문의 수용과 확산을 방해하는 요인이 될 것이기 때문이다.

## 외래어는
## 개성의 언어다

카페(cafe)를 '다점(茶店)'이나 '술ㅅ집'으로, 호텔(hotel)을 '객주ㅅ

집'이나 '여관'으로 번역해서 문장에다가 써놓고 본다면 아무리 해도 입맛이 짝 들어붙지 아니할 것이다. 수프(soup)와 '곰ㅅ국'이 맛이 다르고, 스푼(spoon)과 '숟가락'이 모양이 다르지 아니한가. '운동'이라고 번역하다가도 '스포츠'라고 해야 될 때가 있고, '지도한다'고 번역하다가도 '리드한다'고 해야만 될 경우가 부득이 있는 것이다.

— 채만식, 〈외국어 사용의 단편감〉, 《한글》 80호, 1940

소설가 채만식에게 외래어는 번역할 수 없는 새로운 우리말이었다. 그는 외래어를 쓸 수밖에 없는 이유와 그것을 썼을 때의 효과를 이야기한다. 외래어가 효과적이고 쓸 수밖에 없다는 말은 외래어가 독자적인 의미 영역을 구축하면서 언어의 표현력을 넓히는 점을 고려한 결과일 것이다.

'리듬(rhythm)', '스타일(style)', '아이러니(irony)'와 같은 말은 기존 한국어 어휘로는 분명하게 표현할 수 없었던 개념을 분명히 전달하는 데 기여한다. 옷차림을 뜻할 때는 '옷맵시', 글쓰기에서는 '문체', 말하기에서는 '말투' 등으로 표현한다면, 이 모든 것을 포괄하는 우리말 단어는? '스타일'이다. 이처럼 언어마다 어휘체계가 다르다 보니, 외래어는 어휘체계를 정교화하는 데 결정적으로 기여한다. 한자어 혹은 서구 외래어가 없었다면 색깔을 나타내는 우리말의 어휘체계는 무척 단순하지 않았을까? 36가지 크레파스에 적힌 색깔 이름을 살펴보라.

'시장(市場)/마트(mart)', '언론(言論)/저널(journal)' 등은 기존 어휘와 외래어가 동일한 개념 의미를 가지지만, 감정적 가치가 다른 예다. 따라서 언어 사용자는 외래어를 이용해 다양한 문체적 효과를 노리게 된다. 재래시

장에 갈 때는 '시장에 간다'라고 하면서
도, 넓은 주차장이 있고 대형 건물에 입주
한 시장에 갈 때는 '마트에 간다'라고 한
다. 특별한 상황에서 형성된 대중의 언어
감각이 외래어의 정착에 영향을 미치는
것이다. 이런 점을 보면, 외래어가 대중의
표현 욕구를 채워주면서 국어 표현의 다
양화에 기여한다고 말할 수 있다.

　그러나 외래어가 언제나 표현의 다양
화에 기여한다고 말할 수 있을까? 광고
문안에 외래어를 자주 사용하는 것은 외

채만식(1902~1950)은 〈외래어 사용의 단편
감〉이라는 글에서 의미를 효과적으로 전달
하기 위해 외래어를 쓸 수밖에 없다는 의견
을 피력했다.

래어가 새로움을 나타내는 데 효과적이기 때문일 것이다. 낯설음에서 새로
움이 생기는 것이라면, 외래어를 의도적으로 사용하는 것은 새로움을 느끼
는 감정을 극대화하는 언어 전략이다. '눈과 입술의 메이크업을 부드럽게
제거해주는 오일과 워터 타입의 클렌징', '보헤미안 라이프스타일의 카페'
처럼 말이다.

　그런데 외래어가 언제나 신선함을 느끼게 해주는 것은 아니다. 최신 유행
의 옷차림은 빠른 시간 내에 가장 촌스러운 옷차림으로 전락할 가능성이
높은 게 유행의 생리다. 이는 말에서도 마찬가지일 터.

　이 때문에 표현력 향상이라는 교육적 관점에서 외래어를 연구하고 교육
할 필요도 있을 것이다. 외래어가 폭넓게 사용되는 상황에서는 외래어의
특수한 의미를 알고, 외래어를 사용할 수 있는 적절한 화용 맥락을 판단할

수 있어야만, 국어 표현 능력도 향상시키고 전통적 표현의 가치도 제대로 알게 되지 않을까?

## 외래어가 누군가를
## 소외시킬 수 있다면

우리가 나날이 외래어를 쓰게 되는 것은 일면 지식을 널리 세계에서 구하기 때문이라고 하겠으나, 덮어놓고 생각 없이 쓰는 가운데 부지중(不知中) 우리들은 숭외사상(崇外思想)에 빠지게 되어 외국어를 쓰는 것을 자랑으로 알게 되매 영어가 있는 상품은 덮어놓고 '하꾸라이(船來)'라 하여 좋은 것으로 안다. 상인들은 그 심리를 이용하여 'TRADE MARK'의 영어를 안 쓴 상품이 없다시피 되었으나……

— 일치인(一致人), 〈외래어 위조(僞造)〉, 《한글》 86, 1941

그러나 외래어를 통해 표현을 다양화하려는 시도는 의사소통의 효율성 측면에서 부정적인 결과를 초래할 위험이 있다. 외래어는 능률적인 말일 수도 있지만, 낯설고 어려운 말일 수도 있는 것이다.

외래어는 외부에서 들어온 말이기 때문에 관습화된 외래어가 아닌 이상 개인의 상황에 따라 이를 접하는 빈도와 이해의 정도가 다를 수밖에 없다. 따라서 생소한 외래어가 대중매체에 빈번하게 등장할 경우 정도의 차이는 있겠지만 대다수의 사람들은 정보에서 소외될 수밖에 없다.

낯선 표현으로 대중을 정보에서 소외시키는 사회에서는 악덕 상인의 눈

속임과 부패 권력의 오만이 선(善)이 될 수 있다. 대중은 덮어놓고 이를 따를 수밖에 없으니.

(가) 노사관계 이젠 펠로십(fellowship)으로

(나) e-창업스쿨은 창업을 희망하는 시민 고객은 누구나 수강할 수 있도록 하기 위해 지난해 맘프러너(Mompreneurs) 교육과정을 확대 개편하여 운영하고 있는 서울시 온라인 창업 교육과정이다.

(다) 대한민국은 올해 대선을 통해 사회 모델 전반이 변화하는 레짐 체인지(Regime change)를 맞이하게 될 것이다.

(가)와 (나)는 신문과 방송에서 소개한 중앙과 지방정부의 정책 홍보 문구를 그대로 옮긴 것이고, (다)는 신문의 칼럼 문장이다. 밑줄 친 단어의 의미를 정확히 이해하는 대중은 얼마나 될까.

이 경우 같은 모어화자라고 해도 어휘력은 천차만별이기 때문에 외래어를 모르는 것을 어휘력의 차이로 보면 문제가 단순할 수도 있다. 모든 사람이 이해할 수 있는 단어로만 글을 쓸 수는 없는 노릇이니까 말이다.

그러나 우리가 놓치지 말아야 할 점이 있다. 고유어와 외래어는 그 단어를 이해하는 토대가 다르다는 것이다. 즉 고유어는 어근을 통해 의미를 유추할 수 있다는 점에서 새로운 어휘라도 이해할 수 있는 가능성이 높지만, 외래어는 해당 외국어에 대한 이해가 없는 한 이러한 가능성이 차단된다. 대부분의 외래어는 원어에서의 단어 구성이나 어휘체계와 상관없이 우리말에서는 독립적인 단일어로 인식된다. 따라서 외래어에 대한 체계적 이해는 근본적으로 어려울 수밖에 없다.

　그러니 외래어 쓰기는 신중해야 한다. 특정 독자층을 상대하지 않는 이상 외래어는 누군가를 소외시킬 수 있다는 점을 생각해야 한다. 무엇보다도 전 국민을 대상으로 소통해야 하는 공공기관, 특히 정부기관에서는 외래어를 선택하는 데에서 각별히 조심해야 한다. 이를 배려하지 않는 정부는 이미 대중을 소통의 대상으로 여기지 않고 있음을 자신의 언어로 드러내는 것이다.

# 생활 속 언어로, 고유어 자리 잡기

주시경과 김두봉이 있었다. 스승과 제자로 만난 두 사람은 우리말 문법을 체계화하고 우리말 규범을 정리하고 우리말 어휘를 모으는 일에 함께했다. 그들은 원리와 원칙으로 설명할 수 있는 언어가 좋은 언어라 생각했고, 강력한 규범을 통해 질서정연한 언어를 건설하고자 했다.

이병기와 이태준과 정지용이 있었다. 스승과 제자로 만난 이들은 우리말을 가장 아름답게 표현할 수 있는 길을 찾아 과거와 현재를 넘나들었다. 주시경으로부터 우리말 문법을 배운 이병기는 우리말의 전통미를 개화시키는 일에 매진했고, 그의 제자 이태준과 정지용은 스승에게서 배운 우리말의 미학을 세련된 문장으로 실현해 보였다.

백기완과 손석춘과 김소진이 있다. 그들은 우리말의 본류가 무엇이고 지류가 무엇인지를 고민했다. 그리고 언어의 생성과 변화와 소멸의 과정에서 흐트러진 본류와 지류의 관계를 재정립하고자 했다. 한 사람은 새로운 말의 씨앗을 심고자 했으며, 한 사람은 생명이 꺼져가는 말에 새 생명을 불어넣고자 했고, 한 사람은 주변에 머물던 말이 생활 속 언어로 자리잡기를 바랐다.

## 주시경과 김두봉, 우리말을 건설하고자 노력한 사람들

언어는 어떤 언어나 고요한 자리에 놓고 위하기만 하는 미술품은 아니다. 일용잡화와 마찬가지의 생활품으로 존재한다. 눈만 뜨면 불을 쓰듯, 물이나 비누를 쓰듯, 아니 그보다 더 절박하게 먼저 사용되는 것이 언어라 하겠다. 언어는 철두철미 생활품이다. 그러므로 잡화나 마찬가지로 생활에 필요한 대로 언어는 생기고 변하고 없어지고 한다.

— 이태준, 《문장강화》, 1940

이태준은 언어를 생활품이라고 하면서 생활에서의 쓰임 안에 언어의 존재 의미가 있다고 생각했다. 이러한 생각을 작문 지도서인 《문장강화》에서 피력한 것은 '언어가 정신의 반영'이라는 언어관이 모어를 신성시하는 데에까지 이르는 문제를 인식했기 때문이다. 이태준은, 성스러운 언어는 변화를 죄악시하고 변화하지 않는 언어는 이미 살아 있는 생활어가 아님을 알고 있었던 것이다.

이태준은 김두봉의 《조선말본》을 인용해 우리말과 우리글의 범위 문제를 고민하였다.

> 쓰임 ㅏ, 몸은 다른 씨 위에 쓰일 때가 있어도 뜻은 반드시 그 아래 어느
>
> 씀씨에만 매임
>
> ㅓ, 짓골억과 빛깔억은 흔히 풀이로도 쓰임.

이태준은 김두봉의 글이 보통 상식으로는 이해할 수 없는 암호 같은 글이라고 평하였다. 수학 기호처럼 특별히 그 뜻을 정의하여 보여주지 않는 한 그 문장의 의미를 설명할 수 없다면, 생활어로서의 자격을 상실한 것이다.

그러나 김두봉이 자신의 글쓰기를 민족적 정체성을 유지하는 길이라 판단했다면, 자신이 쓴 어휘가 생활어인가 아닌가는 두 번째 문제였을 것이다. 앞서 표준어와 관련한 논의에서 보았듯이 김두봉은 언어 개조를 통해서라도 언어를 규범화하는 것이 바람직하다고 봤기 때문이다.

> 이 글은 서울말을 마루로 잡았노라. 그러나 이 도본에 맞지 아니한 것은 좇지 아니하엿노니 이를터면 '더우니'를 아니 좇고 '덥으니'를 좇은 따위니라.
>
> ― 김두봉, 《조선말본》, 1916

그는 모든 사람이 '덥다'의 활용으로 '더우니'를 쓰는 상황에서도 '덥으니'로 쓸 것을 강조하였다. 그가 얼마나 원리와 규칙을 중시했는지 가늠할 수 있는 대목이다.

그런데 김두봉의 글쓰기는 그의 스승인 주시경의 글쓰기에서 영향을 받은 것이라 할 수 있다. 주시경은 언어 정리의 방향을 정한 이상 새로운 어휘, 새로운 문자를 만드는 데 주저하지 않았다. 김두봉 또한 스승의 영향으로 바람

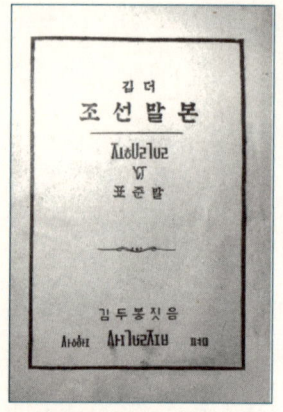

1916년에 나온 영인본 《조선말본》을 1924년에 증보 간행한 《깁더조선말본》 속표지

직한 우리말의 이상을 정하고 우리말의 현실을 이상의 차원으로 끌어올리기 위해 노력했다. 두 사람의 합작품인 최초의 국어사전 《말모이》에 사용된 문법 용어는 이들의 생각을 잘 보여준다.

주시경은 고유한 우리말을 써야 한다는 강박증이 컸던 것 같다. 대한제국 시기 국문 운동을 전개했을 때의 주시경은 국한 혼용과 한글 전용의 글쓰기를 유연하게 선택하며 독자를 고려한 글쓰기를 했다. 그러나 한일병합 이후 주시경은 고유한 우리말 쓰기에 강한 집착을 보였다. 한글로만 쓰는 것을 떠나 순수한 고유어를 찾아서 혹은 만들어서 쓰는 글쓰기가 시작되었다. 한일병합으로 민족의 정체성이 소멸될 수 있다는 위기의식이 그러한 경향을 강화했을 것이다.

> 기(씨)는 낱말을 이르는 것으로 씀이니, 여러 가지 몬(物이라 하는 말이니 東言解에 잇는 것)이나 일을 따르어 이르는 말을 각각 부르는 이름으로 씀이라.
>
> —주시경, 《국어문법》, 1910

주시경은 품사 대신 '기'나 '씨'를 고안했고, 실질적 언어 요소를 가리키는 용어로 '몬'을 살려 썼다. 이러한 그의 글쓰기에서는 민족의식에 투철한 한 지성인이 그 민족어를 책임지고 이끌어나갈 수 있다는 믿음을 읽을 수

있다. 주시경은 자신이 곧 그
러한 지성인이 되어야 한다
고 생각했고, 이러한 신념으
로 하루에도 수십 리 발품을
팔며 학생들에게 우리말과
글을 가르쳤던 것이다. 그는
교육의 위대한 힘을 알고 있

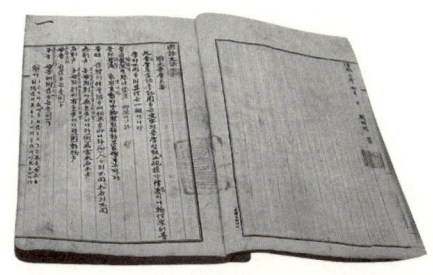

주시경의 육필 원고본 《국어문법》

었고, 그의 신념에 감화된 많은 제자들은 피지배 민족 지성인으로서의 책
임감과 의무감을 강하게 느끼게 되었다. 조선어학회의 탄생과 그로부터 시
작된 우리말 건설 운동은 교육의 위대함을 증명하고도 남음이 있었다.

　민족 정체성이 위협받는 상황에서 주시경의 글쓰기는 우리말을 지키는
게 당위임을 일깨운 계기가 되었다. 그리고 지성인으로서 그의 책임감은
우리말을 지키는 것에서 더 나아가 우리말을 새롭게 건설하는 일로 나아가
게 했다. 인공적 어휘와 문장을 생산하는 것이 우리말의 완성에 기여하는
것이라는 믿음은 이러한 책임감과 의무감에서 비롯되었을 것이다.

　그러나 소통을 고려하지 않는 글쓰기는 우리말의 쓰임을 확장하고 이를
활성화하는 데 장애가 될 수밖에 없다. 그럼에도 주시경이 이를 고수한 것
은, 그가 우리말 정체성을 지키는 것에 방점을 찍었으며 언어의 소통 여부
를 이차적인 문제로 여겼다는 것을 보여준다. 그렇다면 이를 시대적 상황
이 빚어낸 불가피한 선택이라고만 할 수 있을까? 생활 속의 언어를 강조한
이태준이 김두봉의 선택을 비판했다면, 이태준은 분명 주시경의 선택 또한
비판적으로 봤을 것이다.

주시경과 김두봉 그리고 이태준은 모두 식민지 상황에서 우리말의 보존을 위한 운동이 어떠한 방식으로 진행되어야 하는지를 고민한 사람들이었지만, 대응 방식은 그들의 언어관에 따라 달랐다. 이를 보면 주시경과 김두봉에 의해 창조된 인공적인 우리말 표현은 시대 상황과 그들의 언어관이 함께 빚어낸 산물이었다고 할 수 있다. 그리고 주시경과 김두봉이 고안해 쓴 어휘들이 오늘날 하나도 남아 있지 않다는 사실은 어떠한 대응 방식이 바람직한 것인지를 보여준다.

## 이병기와 그의 제자, 우리말의 전통미를 찾고자 한 사람들

> 살랑살랑 지나가는 족제비의 걸음과 아실랑아실랑거리는 아낙네의 걸음을 살랑살랑, 아실랑아실랑으로 구별하지 못한다면 그것은 우수한 표현일 수 없다. 풍성구폐(風聲狗吠) 무슨 소리든 소리를 그대로 따라내는 의음어와 풍수주금(風水走禽) 무슨 동태이든 동태 그대로를 모의하는 말이 많은 것은 언어로서 풍부는 물론, 곧 문장으로서, 표현으로서 풍부일 수 있는 것이다.
>
> —이태준, 《문장강화》, 1940

휘문고등보통학교는 조선어학회의 산실이라고 할 수 있는데, 이병기는 휘문고보에서 조선어를 가르치는 교사였다. 이병기가 조선어학회 초대 간사를 맡게 된 배경이었을 것이다.

휘문고보에서 이병기는 이태준과 정지용을 만났다. 이병기는 우리말이

얼마나 아름다운 말인지를 보여줌으
로써 우리말을 지켜야 하는 이유를 그
리고 우리말을 공부해야 하는 이유를
말하고자 했다. 그에게 배운 이태준과
정지용은 우리말의 미감을 세련되게
살린 작품을 써서 우리말 표현의 격을
높였다. 스승은 제자들에게 우리말 사
랑의 정신을 심었고, 스승의 가르침에
감화된 제자들은 아름다운 작품을 쓰
면서 우리말 사랑을 실천하였다.

1949년 박문서관에서 발행한 《문장강화》 초간본

　이병기는 우리말이 지닌 아름다움의 근원을 전통에서 찾았다. 그는 고전
에서 우리말의 미를 재발견하여 이에 현재적 의미를 부여하는 것을 우리말
운동의 한 방법으로 생각했다. 문학적으로 발달되지 못한 조선어에 무슨
미가 있겠느냐는 의문이 당연하던 시절, 그는 시조의 정제미와 내간체(內簡
體)◆의 '치렁치렁하면서도 전아한 맛 ◆◆에서 우리말의 독특한 미를 찾았다.

　이태준은 우리말의 문장미를 규범화했다고 평가받는 《문장강화》를 세상
에 내놓았다. 이 책에서 그는 새로운 표현의 가능성을 고전 문장에서 찾을
수 있음을 말한다. 소설에 이태준이 있다면 시에는 정지용이 있었다. 정지

---

◆ 이병기가 고전문장을 내간체, 담화체, 역어체(譯語體)의 셋으로 나눈 데서 유래하였다. 내간체의 특징은 첫째, 문장
　의 주체가 부녀자이고, 둘째, 우리 말글로 쓴 것이며, 셋째, 실답고 정다운 세련미를 보여주는 것이다. 이병기는 《한
　중록(閒中錄)》의 문체를 최고의 내간체 문체로 꼽았다.
◆◆ 이태준이 《문장강화》에서 썼던 표현이다.

정지용(1902~1950)은 당대에 가장
세련된 시를 쓴 모더니즘 시인으로
꼽히지만, 고전을 통해 자기의 문장
을 개척하고자 했다.

용은 해방 이후 서울대학교 국문학과에서 현
대시론을 가르쳤다. 당시 수강생의 회고◆에 따
르면, 그는 한 학기 내내 사서삼경의 하나인
《시경(詩經)》을 강독했다. 이태준은 《문장강
화》에서 말했다. "정지용 같은 이는 내간체에
의 향수를 못 이기어 신고전적으로 자기의 문
장을 개척"하고 있다고.

당대 최고의 스타일리스트가 고전의 표현미
를 강조하고, 당대에 가장 세련된 시를 썼던
모더니즘 시인이 고전을 통해 자기의 문장을
개척하는 역설, 그들은 모두 휘문고보 시절 그리고 문단 활동 시기에 이병
기를 스승으로 모셨었다.

이병기는 문인이면서 문법학자였다. 그는 "말을 떠나서 글이 있을 수 없
다. 말공부는 곧 글공부요, 글공부는 곧 문학공부다"◆◆라 하면서, 문법공부
와 문학공부의 관련성을 역설하였다. 그래서 그의 우리말 연구에는 문인으
로서의 철학이 녹아들어 있다. 이를 잘 보여주는 것이 옛 표현과 옛말에 대
한 탐구였다.

이병기는 옛것을 살려 오늘의 것으로 재탄생시키고자 했다. 사라진 옛말
을 발굴해 그 말의 아름다움을 보이고, 그 말을 지렛대 삼아 우리말 표현의

---

◆ 최경봉 외, 〈해방 이후 국어 정립을 위한 학술적·정책적 활동 양상〉(국사편찬위원회 구술 채록 자료집, 2007)에 수
록된 김민수 교수의 회고.
◆◆ 이병기, 〈朝鮮語와 朝鮮文學: 말은 人間의 거울, 우리말을 찾으라〉, 《동아일보》, 1938년 1월 4일에서 인용.

품격을 높이고자 했다. 이러한 생각이 그가 평생
을 바친 우리말 운동에 투영되었다.

이병기는 한성사범학교 재학 시절 주시경이
설립한 조선어강습원에서 조선어 문법을 배웠
다. 조선어를 배우면서 주시경의 민족주의에 감
화되었고, 이를 계기로 우리말 운동에 헌신했다.

스승의 우리말 사랑에 감화되었고, 이를 계기
로 우리말 운동을 시작했지만 우리말 운동의 방
향은 스승과 달랐다. 주시경은 우리말을 건설하

이병기(1891~1968)는 우리말의 개
량을 위한 활동은 전통과 관습을
존중하는 선에서 이루어져야 한다
고 생각했다.

고자 했지만, 이병기는 우리말의 개량을 위한 활동은 전통과 관습을 존중
하는 선에서 이루어져야 한다고 생각했다. 주시경은 모든 문법용어를 고유
어로 바꾸었지만, 이병기가 사용한 문법용어는 '명사', '동사', '부사' 같은
한자어였다. 전통과 관습을 택한 것이다. 그의 한자어관은 한자어를 수용
하되, 익숙한 한자어는 현실음에 따라 한글로만 적고 익숙하지 않은 한자
어는 한자로 적자는 것으로 요약할 수 있다.

그러나 이병기는 민족주의자였고, 우리말을 누구보다 사랑한 사람이었
다. 그는 한자어가 절대 다수를 차지하는 우리말에서 고유어의 표현 영역을
넓히는 것이 필요하다고 생각했다. 특히 아름다움을 표현하는 말에서 우리
말은 더욱 빛을 발한다고 여겼다. 그가 옛말의 아름다움을 찾는 데 열중한
것은 인공적인 언어 조작의 대안을 찾고자 했기 때문이었을 것이다.

이태준은 "한자어는 글자 자체의 함축성이 강하기 때문에 시각적 흥미가
없는 수필류의 문장은 한자가 섞인 편이 훨씬 읽기 좋고 풍치가 난다"고 했

다. 그렇다고 우리말을 낮게 본 것은 아니다. 그는 인물이나 사건을 묘사하는 문장은 그 인물이나 사건의 구체적인 묘사를 가능하게 하는 우리말을 사용하여 독자에게 시각적 만족을 주어야 한다고 했다. 우리말에서 고유어와 한자어의 역할을 달리 본 것이다. 이러한 한자어관은 스승의 것을 닮았다.

이병기는 언어의 순혈성을 강조하는 극단적 민족주의와 거리를 두면서 우리말의 발전에서 필요한 것이 무엇인지를 고민한 인물이었다. 그리고 그는 전통에서 우리말 발전의 길을 찾고자 했다. 그의 제자였던 이태준과 정지용은 그러한 스승의 모습을 흠모했고.

## 세상을 향한 우리말 글쓰기, 백기완과 손석춘

그 알뜰한 것들이 우리의 통일문제를 잘못 알기 차름(시작)할 것이면 어더렇게 하나. 그래서 비록 무딘 붓일망정 칼날처럼 들어 첫째, 탈바가지 쓴 거짓된 통일을 까밝히고저 한 것이 이것들이다. 둘째, 진짜 통일의 알짜(실체)란 이런 것이라는 것을 디리대고저 한 것이 이것들이요, 셋째, 우리의 통일은 우리들의 통일만이 아니라, 오늘의 잘못된 세계질서를 깨트리는 일이요, 나아가 올바른 세상을 새롭게 빚어내는 문명사적 한판 뒤집기, 미 제국주의의 해체와 함께 그 모랏돈(독점자본)의 막심(폭력)을 해체하여 세계 해방의 알짜, 노나메기의 세상을 빚고저 한 것이 여기 담은 글들이다.

—백기완, 《백기완의 통일이야기》, 2003

재야운동가 백기완. 우리말에 대한 애정과 신념에서 사용한 그의 어휘들이 대중과 소통하지 못하는 것은 아이러니다.

백기완의 글에서는 우리말에 대한 사랑이, 민주화와 통일에 대한 열망이 묻어난다. 어쩌면 그의 글은 우리말에 대한 사랑을 넘어 우리말에 대한 특별한 신념을 나타낸다고 해야 할 것이다.

자신의 마음속 생각을 써내려갈 때 그는 민족어의 부활과 민족의 부활을 꿈꾸는 듯하다. 그것은 어찌 보면 억눌려 살아온 우리말을 향한 응원가와도 같다. '차름(시작)'이라는 번거로움을 감수하면서까지 굳이 '차름'을 쓰는 것은 자신의 뜻을 세상과 공유하고자 하는 의지의 표현이다. 이런 그의 문체에선 '한글'이란 이름을 짓고 퍼뜨린 주시경의 꿈, 망명지 상하이에서 《깁더조선말본》을 출판했던 김두봉의 열정이 느껴진다. 주시경이 꿈꾸었던, 혹은 김두봉이 꿈꾸었던 우리말 세계를 그 역시 함께 꿈꾸고 있는 것이다.

그래서일까? 그의 문체에선 고립된 혁명가의 고독이 느껴진다. 우리말에 대한 신념에서 나온 '차름', '모랏돈', '막심'이 결국 그 말로 소통해야 할 대중의 어휘인 '시작', '독점자본', '폭력'을 괄호 안에 가두어버린 아이러니. 세상과 인간을 향한 그의 뜨거운 애정이 괄호 속에서 맴돌면 어쩌나 하는 안타까움에 그의 글을 읽는 마음은 편치가 않다.

그에 비한다면 손석춘의 글은 우리가 공유하고 있는 한국어를 진정한 우리말로 만들고자 하는 몸부림이라 하겠다. 손석춘의 글에서 사용된 고유어들은 대부분 국어사전에 올라가 있으되 우리가 잘 쓰지 않는 어휘들이다. 세밀한 감정을 표현하며 풍성하게 쓰이던 말들이 가사 상태에 빠졌을 즈음 손석춘은 이들의 어감을 되살려 세상에 다시 내놓는다. 일시적인 호흡정지 상태의 환자에게 심폐소생술을 하는 사람의 마음으로 손석춘은 국어사전 속에 갇혀 있던 어휘를 풀어놓았을 것이다.


임기가 아직 4년 남은 대통령이 입만 열면 '법치'를 부르뎉 때, 이미 한 자리씩 꿰차고 앉은 출세주의자들이 무슨 일을 꾀할지 충분히 짐작할 수 있다. 더 높은 감투를 쓰려는 부라퀴들의 과잉 충성도 눈에 선하다. 대통령 눈에 들면 언제든 장관에 발탁될 상황에서 한나라당 국회의원들이 잔혹한 '공권력'을 어떻게 두남두며 언구력 부릴까도 미루어 알 수 있다.

기실 국민을 시들방귀로 여기는 대한민국 '공권력'의 문제점은 뿌리가 '친일'까지 닿아 있다. 심지어 노무현 정권에서도 비정규직 노동자와 농민을 대낮에 때려죽인 전과가 있지 않은가. 그들에게 이명박 정권의 등장은 무엇이었을까? 그나마 눈치 살필 수고 없이 마구 휘둘러도 된다는 보증 아니었을까?

그래서다. 무엇보다 심각한 문제는 처참한 죽음의 행렬이 결코 끝나지 않았다는 데 있다. 프랑스 사르코지 정권처럼 세계적으로 소문난 우파마저 신자유주의를 벗어 나려는 판에 금산분리 완화, 방송 사영화, 비정규직 확산 따위의 신자유주의 법안을 언죽번죽 '경제 살리기'로 호도하는 저들을 보라. 앞으로도 얼마나 많은 비정규직

노동자와 농민, 영세 자영업자들과 그 가족이
피와 눈물을 쏟아야 하는가.

—손석춘, 《한겨레신문》 칼럼, 2009년 1월 29일

손석춘은 우리말 어휘 찾기 노력을 통해
자신만의 문체를 만들어냈다.

그는 칼럼을 쓸 때마다 일반인에게는 낯
선 우리말 표현을 10여 개 남짓 사용하며
자신의 뜻을 전한다. 그리고 이는 자연스
럽게 손석춘의 문체가 되었다. 왕성한 활
동을 하는 칼럼니스트이니만큼 그가 사용
한 낯선 표현 중 몇몇은 어느덧 대중에게 익숙한 표현이 되었다. 그의 글을
서너 번이라도 읽은 사람이라면 '부르대다'가 '떠들어대다'이고, '두암두
다'가 '두둔하다'이며, '언구럭'이 '엄살'이며, '언죽번죽'이 '뻔뻔하게'임을
알 수 있을 것이다.

이런 점에서 보면 그는 우리말 어휘의 영향력을 실질적으로 확대한 공이
있다. 더구나 그는 사회적 약속으로서의 언어를 철저하게 의식한다. 그의
글을 처음 대하는 독자들은 낯선 어휘 때문에 글의 의미를 파악하는 데 어
려움이 있다고 하소연할 수는 있어도 그가 사용하는 어휘를 탓할 수는 없
다. 그가 쓰는 어휘는 국어사전의 범위를 넘어서지 않기 때문이다.

그가 계몽적 관점에서 시작했을 수도 있는 우리말 어휘 찾기 노력은 이제
손석춘만의 문체를 만들어냈다. 그리고 그의 활발한 글쓰기를 통해 국어사
전에 갇혀 있던 우리말 어휘는 세상을 무대로 뛰놀 수 있는 기회를 얻을 수
있었다. 그러니 손석춘이라는 칼럼니스트가 오늘도 펜을 놓지 않고 세상과

공감하는 칼럼을 쓰고 있다는 게 얼마나 다행스러운 일인가.

이처럼 우리말에 피를 돌게 하는 그의 글이지만, 대부분의 독자들에게 아직도 그의 글은 낯설고 어색하다. 손석춘의 글이 어색한 건 왜일까? 그건 독자들이 그의 글을 소설이 아니라 칼럼으로 읽고 있기 때문이다. 독자들은 칼럼과 소설의 문체가 다른 지점을 의식하고 있지만, 그는 사회적 관습으로서의 장르적 문체를 의식하지 않았던 것이다. 사회적 약속으로서의 어휘를 의식했던 그였지만, 문체의 관습은 뒤집고 싶었던 것일까? 소설의 문체를 칼럼의 문체로 끌어오는, 그래서 칼럼을 살아 숨 쉬게 하려는 그런 의도로 말이다.

그런 그의 글에서 우리는 《독립신문》 사설의 한 대목을 읽는 느낌을 받는다. "만일 조선 사람들이 꿈을 깨고 무슨 생애를 하든지 일을 하고 벌어먹을 생각들을 아니하여서는 그만 일본과 청국 사람들에게 몰려 점점 굶어 죽을 지경이 될 터이요, 나라는 어언 간에 없어질 터이라." 한자 개념어 대신 생활 속 표현으로 시대를 평한 《독립신문》의 문체를 오늘날의 신문에서 구현하고자 하는 것은 복고(復古)일까, 진보(進步)일까?

## 발견으로서의 창조, 김소진의 글쓰기

그 틀사진은 주민등록증에 붙어 있던 흑백 증명사진을 부랴부랴 확대하여 마련한지라 전체적으로 우중충한 기분을 줄 뿐 아니라 윤곽마저 희미하게 어룽거려 마치 급조된 몽타주 속의 인물을 연상시켰다. 조붓한 공간 속에 갇혀 경성

드뭇한 대머리를 인 채 움펑 꺼져 대꾼한 눈자위
로 방안을 내려다보고 있는 아버지는 무엇에 놀
랐는지 잔뜩 겁에 질린 표정이었다. 어깨까지 한
껏 곱송그리고 있어 방금 열병을 앓고 난 이 같
았다.

— 김소진, 〈쥐잡기〉, 《경향신문》

김소진(1963~1997)은 어휘를 발견하는
소설가였다. 그는 사전에 나오는 어휘
들을 찾아내어 생활 속 언어로 재탄생
시켰다.

　김소진의 소설 속 한 단락이다. 정교한 묘
사가 돋보이는 문장들이다. 그는 일반 사람
들이 국어사전에서나 볼 수 있음직한 형용
사와 부사들을 소설의 한 단락에 모아 이야기 속 상황을 꼼꼼히 전달하고
있다. 처음 본 어휘지만 상황이 생생하게 와닿는 걸 볼 때, 작가는 이들 어
휘를 생활 속 언어로 재탄생시켰다고 할 것이다.

　김소진은 신문기자로 사회생활을 시작해, 전업 작가가 되었다. 누군가 그
의 경력을 알고 그의 글을 읽을 때 손석춘을 떠올렸다면, 그건 그들의 글에
서 기자 정신과 작가 정신을 느꼈기 때문일 것이다. 그들은 사건의 서사를
예리하게 간파하고, 사건 현장의 정황을 생동감 있게 묘사하는 데에서 닮
았다. 더구나 그들이 선택한 묘사의 언어는 국어사전의 범위를 크게 벗어
나지 않는다. 그들은 공동체의 언어 속에서 마음속 언어에 대응하는 현실
의 언어를 찾고자 한 것이다.

　그런 의미에서 김소진은 어휘를 발견하는 소설가였다. 작가는 모국어의
창조자라는 말을 어쭙잖게 내세우지 않으면서, 기억 저편에 있는 그러나

우리 삶의 모습을 있는 그대로 보일 수 있는 유일한 어휘를 발견해냈다. 그래서일까? 그가 발견해낸 어휘는 낯설었지만, 그의 소설 안에서 독자와 어휘는 스스럼없이 친해질 수 있었다.

그러나 그는 발견자에 머물지 않았다. 그의 글쓰기를 통해 국어사전에 용례 하나 없이 실려 있던 어휘에 피가 돌 수 있었다. 죽은 듯했던 어휘가 살아 돌아왔으니 그것은 어휘의 새로운 탄생이었다. 그가 소설 속에 풀어놓은 '우리들의 이야기'에는 그가 발견해낸 어휘가 뛰논다. 생각지도 못했던 어휘의 출현에 이야기는 애절해지기도 하고 원통해지기도 하고 익살스러워지기도 한다. 불혹을 넘기지 못하고 그의 우리말 탐사가 끝났다는 게 슬픈 이유다.

# 한글 표기로 본 외래어 인식

외국과 교류하며 들어온 말들을 어떻게 적을 것인가는 조선이 근대적 개혁을 시작하면서부터 고민하던 문제였다. 고민의 핵심은 '외래어를 원음대로 적을 것인가' 아니면 '우리의 발음 습관을 고려하여 적을 것인가'였다. 이후 '외래어는 우리말화한 외국어'라는 인식에 도달하기까지 수십 년의 시간이 걸렸다. '원음을 중심으로 하되 국어의 말소리와 글자 체계에 맞게 적는다'라는 외래어 표기법의 원칙은 이러한 인식의 결과물이다.

그러나 이러한 표기법이 순조롭게 정착된 것은 아니었다. 원음 표기를 강조하는 정도에 따라 외래어 표기법은 표류했고, 그 논란은 지금도 계속되고 있다.

# 외래어,
어떻게 표기할 것인가

외래어가 우리말에 들어오는 때에는 우리화를 하는 것이 옳다. 이것은 어느 민족의 말에나 외래어를 자기화(自己化)하는 것이 원칙이 되어 있다. 예를 들면, 중국 사람은 '아라사'라고 쓰는 것을 '아국'이라고 쓰며, 일본 사람은 '로서아'라고 쓰는 것을 '로국'이라고 쓴다. 일본을 영국 사람은 '째팬'이라 하고, 독일 사람은 '야판'이라 한다. 중국을 영국 사람은 '촤이나'라 하고, 독일 사람은 '시나'라 한다. 서울을 영국 사람은 '세울'이라 하고, 독일 사람은 '쇠울'이라 한다. 그러니 어느 것이 자기화 아닌 것이 없다.

— 이극로, 〈외래어 표기법에 대하여〉, 《한글》 25, 1935

이극로는 1935년 6월 29일 조선음성학회에서 외래어의 개념과 외래어 표기의 기본 원칙을 제시하는 역사적인 강연을 한다. 조선어학회는 1933년 〈한글 마춤법 통일안〉의 6장 60항에 외래어 표기의 원칙을 제시한 바 있었지만, 이 조항이 의미하는 바를 명시적으로 설명하지는 않았다.

**1933년 〈한글 마춤법 통일안〉의 외래어 표기 조항**

第六章 外來語 表記

第六〇項 外來語를 表記할 적에는 다음의 條件을 原則으로 한다.

(一) 새 文字나 符號를 쓰지 아니한다.

(二) 表音主義를 取한다.

그런 점에서 이극로의 강연은 〈한글 마춤법 통일안〉의 6장 60항에 있는 외래어 표기의 원칙과 관련한 조선어학회의 인식을 보여주는 것이라 할 수 있다.

이극로가 주장한 내용의 핵심은 외래어 표기의 원칙을 세울 때는 자국어의 언어 관습을 우선적으로 고려해야 한다는 것이다. 이극로가 이 점을 강조한 것은 외래어와 외국어는 다르다는 점을 말하기 위해서였다. 문란한 외래어 표기의 통일을 위해서는 외래어와 외국어를 구분하여 인식하는 태도가 절실했던 것이다.

1927년에 독일에서 박사학위를 수여받을 당시의 이극로. 그는 자국어의 언어 관습을 우선적으로 고려해서 외래어 표기의 원칙을 세워야 한다고 주장했다.

당시에는 외국어를 정확히 배울 목적으로 발음을 전사(轉寫)하는 것과 외래어 표기를 동일시하는 경우가 많았다. 이는 대한제국 시기의 외래어 표기에서부터 있었던 문제였다. 1897년에 학부편집국에서 번역한 《태서신사람요(泰西新史攬要)》*의 '인지제명표(人地諸名表)'에서는 f를 ㆄ, v를 ㅸ, z를 ㅿ, th를 ㆆ, l을 ㄹ 등으로 표기했다. 이처럼 서구 외래어를 표기하기 위해 새로운 문자를 만든 것은 철저하게 원음을 밝혀야 한다는 태도에서 비롯된 것이다. 조선어학회에서는 〈한글 마춤법 통일안〉을 통해 이러한 인식의

---

◆ 18-19세기 유럽과 미국의 역사를 정리한 책. 영국인 마간서(馬懇西, Robert Mckenzie)가 지은 책을 1895년에 청나라에서 활동하던 영국인 이제마태(李提摩太, Timothy Richard)가 한역(漢譯)하였고, 이를 1897년 학부편집국에서 원문(原文) 그대로 복각(復刻)하는 동시에 한글로 번역하였다. 구한말에 지식인들 사이에서 인기가 많았다.

문제점을 지적했으며, 국어 현실을 바탕으로 외래어 표기를 통일하고자 했다. 그 결과물이 1941년에 출간된 〈외래어 표기법 통일안〉이다.

그러나 외래어를 원음에 맞게 표기해야 한다는 주장은 〈외래어 표기법 통일안〉이 발표된 이후에도 계속 제기되었다. 원음에 맞게 써야 한다는 주장은 해방 이후인 1948년 문교부의 '외래어 표기법'에 반영되었다. 문교부의 '외래어 표기법'에서 한글 자모 이외의 글자나 부호를 사용하여 우리말에 없는 음을 표기했던 것이다. f를 ㆄ(ᅗ), v와 β를 ㅸ(ᅄ)으로, z와 ʒ를 △으로, l을 ㄹㄹ로 표기하고 장모음을 표기에 반영한 것은, 1941년에 제정한 〈외래어 표기법 통일안〉의 대원칙을 전면적으로 부정한다는 점에서 문제적이다.

**1941년 〈외래어 표기법 통일안〉의 대원칙**

외래어를 한글로 표기함에는 원어의 철자나 어법적 형태의 어떠함을 묻지 아니하고 모두 표음주의로 하되, 현재 사용하는 한글의 자모와 자형만으로써 적는다.

이러한 표기 방식은 1952년에 제정한 〈들온말 적는 법〉으로 이어진다.

(가) New York 뉴우욕

(나) girl 거얼

(다) film ᅗᅵᆯ름

(라) stove 스또우ᅄ

그러나 이러한 시도는 결국 현실에 뿌리내리지 못한다. (가), (나)는 우리말 표기에 나타나지 않는 장음을 외래어 표기에 사용함으로써 문제가 되었고, (다), (라)는 한글 자모에 없는 표기를 만들어 특정 음을 표기하려 함으로써 문제가 되었다. 이 같은 결과는 외래어라 하더라도 국어의 음운 체계에 맞게 그리고 대중들의 언어 감각에 맞게 표기되어야 한다는 사실을 말해준다.

그렇다면 원음대로 표기해야 한다는 주장이 강력하게 제기된 것은 어떤 이유에서일까? 외래어의 원음을 고수하기 위해 이처럼 고군분투하는 경우를 찾기 힘들다는 점에서 이 현상은 자못 신기하기까지 하다.

## 왜 원음에 가깝게 쓴다는 원칙이 강조되었을까

이윤재 선생에게 올림. 이 달에도 보내주신 《한글》은 감사히 받았습니다. 무엇보다도 조선의 어학계를 위하여 한결같이 힘써주시는 선생님을 공경하기 마지않습니다. 이곳에는 외국말을 한글로 고쳐 쓰는 데 대하여 두어 마디 적고자 합니다. (중략) 그러므로, 나의 생각으로는 특히 외국말(자연을 묘사하는 음)을 한글로 고쳐 씀에 있어서는 그의 홀소리와 닿소리와 또는 첫소리와 나중소리를 맞추는 법을 문법으로 정하지 말고 자유로 내버려두었으면 좋을 것으로 믿습니다. (중략) 구라파 말들에 있어 F자(또는 독일 말의 V자)는 직접 한글에서 맞는 자를 찾을 수가 없습니다. 그러나 F의 음은 P와 H를 합친 PH의 음과 같은 바에는 F를 'ㅍㅎ'로 나타내면 될 것입니다. 또 'R'과 'L'을 구별하기 위하여 'R'을 'ㄹ'로 나타내고 'L'을

'ㄹㄹ'로 나타내면 좋겠지요.

— 김영건, 〈안남 하노이 통신〉, 《한글》 44호, 1937

1937년 베트남 원동학원*의 도서관 사서로 일하던 김영건은 조선의 어문 정리에 관심이 많았던 사람이다. 그는 당시 조선어사전 편찬을 주도하던 이윤재에게 편지를 써 외래어 표기법에 대한 자신의 생각을 피력한다. 외래어는 본래의 음을 잘 드러내 적어야 하고 그러기 위해서는 우리말의 음운체계에 얽매이지 말고 한글의 운용법을 고민해야 한다는 것이다. 그의 주장은 1952년에 제정한 〈들온말 적는 법〉을 연상시킨다. 그러나 로마자를 사용하는 나라들의 외래어 표기 방식을 보면 그의 고민은 고민거리가 아닐 수도 있음을 알 수 있다.

로마자를 사용하는 언어권에서는 각 언어마다 로마자를 운용하는 원칙과 관습이 다르기 때문에 로마자로 쓰인 다른 나라의 단어는 자국어의 음소-자소 체계에 따라 읽고 쓰게 된다. 다음 예를 보자.

(가) Socrates (그) 소크라테스: (영) 소크러티즈, (프) 소크라라트, (독) 소크라테스, (스) 소크라티스

(나) George (영) 조지: (프) 조르주, (독) 게오르크, (스) 호르헤, (이) 조르지오, (그) 게오르기오스

(다) Wien (독) 빈: (영) 비에너, (프) 비엔느, (스) 비에네스, (이) 비엔나

---

◆ 원동학원(遠東博古學院, EFEO)은 프랑스가 베트남 하노이에 건립(1898년 12월)한 동양 연구의 거점이다.

김영건(1910~?)은 베트남 원동 학원의 도서관 사서로서 동남 아학을 연구하면서 조선의 어 문 정리에도 많은 관심을 가졌 다. 맨 뒷줄 왼쪽의 안경 쓴 사 람.

(가), (나)는 사람의 이름이 언어에 따라 다르게 읽히는 예를 보여준다. 'Socrates'는 그리스 철학자인데, 그의 이름 철자는 로마자를 사용하는 영어, 프랑스어, 독일어, 스페인어에서 그대로 유지되지만, 읽는 음은 위에 제시한 것처럼 언어마다 다르다. (다)와 같은 지명의 경우에도 마찬가지다. 지명의 철자는 한 가지이지만 언어에 따라 다르게 읽힌다.

이처럼 로마자 문화권에서의 인명과 지명은 철자는 동일하게 사용하되 발음은 언어마다 달라진다. 그런데 인명과 지명이 아닌 경우에는 자국어화가 진행되면서 발음이 달라질 뿐만 아니라, 어떤 경우에는 자국어의 문자 체계에 따라 철자가 달라질 수도 있다.

Computer

Journalist

Phase

위 단어들은 독일어의 문자체계에 없는 'c', 'ou', 'ph' 등을 포함하고 있는 영어 외래어다. 문자체계에 없는 철자라고 해도 이를 변화시키지 않고 영어와 동일한 철자를 사용하여 표기하고 있음을 볼 수 있다. 그런데 간혹 외래어의 원 철자를 독일어의 문자체계에 맞게 변화시켜 사용하기도 한다.

Zigarette(영. cigarette)

Korps(영. corps)

위의 예는 외래어가 언중들 사이에 익숙해지면 발음뿐만 아니라 철자까지 변화시켜 자국어화한다는 사실을 보여준다. 그러나 'Computer, Journalist'와 같이 국제공통어처럼 쓰이는 경우는 아무리 익숙해지더라도 원어 표기를 유지할 것이다.

이처럼 외래어의 발음과 철자를 관습에 기반하여 규범화한다면, 큰 논란은 없을 것이다. 또한 로마자가 국제문자로 통용되는 현실에서는 로마자를 사용하지 않는 언어권의 외래어도 로마자로 전환되어 수용될 것이기 때문에 그 발음은 독일어의 로마자 발음 관습에 따르거나 해당 국가의 로마자 표기법대로 하면 된다. 그러니 외래어의 원음 표기가 굳이 논란이 될 이유가 없다. 논란이 있다면 철자가 바뀐 것을 규범으로 하느냐 아니면 외래어의 철자를 그대로 용인하느냐, 즉 'Zigarette'을 규범으로 하느냐 'cigarette'을 규범에 포함시키느냐의 논란이 있을 것이다.

이런 정황을 볼 때, 우리가 원음 표기를 중시하게 된 것은 로마자 표기의 언어 관습이 없는 상태에서 로마자로 쓰인 외래어를 한글로 표기해야 하는 상황 때문이었을 것이다. 유길준이 서양을 둘러보고 쓴 《서유견문》에는 당시 지식인의 고민과 나름의 해결 방안이 잘 나타나 있다.

> 地名及人名의 繙譯은 中國及 日本의 繹字가 固有ᄒ나 我의 聞見에 及ᄒᄂ 者ᄂ 雖我音에 不合ᄒ야도 採用ᄒ니 英吉利及 墺地利의 種類며 見聞의 不及ᄒᄂ 者ᄂ 漢字로 我音에 務近ᄒ게 繹出ᄒ니 喜時遨及 秋時伊의 種類라. [지명과 인명의 번역은 중국과 일본의 번역자가 이미 있는데, 내가 듣고 본 것은 비록 우리 음과 일치하지 않아도 채용하니 영길리(영국)와 오지리(오스트리아) 등이 그런 종류이고, 보고 듣지 못한 것은 한자로 우리 음에 가깝게 번역하니 희시오와 추시이 등이 그런 종류이다.]
>
> —유길준, 《서유견문》, 1895

유길준의 표기 방안은 세 가지로 정리할 수 있다. 첫째, 서구의 지명과 인명 표기는 한자로 표기한다. 둘째, 이를 쓸 때는 중국과 일본의 표기를 우선적으로 참조한다. 셋째, 중국과 일본에서 발견할 수 없는 지명 및 인명 표기는 우리 음에 가까운 한자로 표기하는 방안을 마련한다.

서구와의 교류가 증가하는 현실에서 조선의 조정 또한 유길준과 같은 고민을 했을 것이다. 조선 조정에서 제시한 최초의 표기 원칙은 한자 표기가 아닌 한글 표기를 원칙으로 했다는 점에서 진일보한 것이었다.

> 군국기무처에서 관청이나 개인의 문서에 쓰여 있는 구라파 문자를 국문으로 번역하는 것 등의 의안을 올리다. "일체 국내외 공적인 문서와 사적인 문서에 외

국의 국명, 지명, 인명이 구라파 글로 쓰여 있으면 모두 국문으로 번역해서 시행한다."

— 《고종실록》 31년(1894) 7월 8일

앞서 언급했던 《태서신사람요》의 인지제명표의 표기 원칙을 감안한다면, 《고종실록》에 나온 '국문으로 번역'이라는 말은 원음을 한글로 표기하는 것을 의미한다고 볼 수 있다.

조선어학회의 〈외래어 표기법 통일안〉(1941)은 이러한 맥락에서 탄생한 것이다. 외국어와 외래어의 구분을 의식한 것, 서구 언어권에서 들어온 외래어를 표기하는 원칙으로 '표음주의'를 제시한 것은 대체로 근대 초기의 문제의식을 반영했음을 말해준다. 그렇다면 〈외래어 표기법 통일안〉의 취지는, 읽거나 쓰는 것과 관련한 관습이 없는 외래어는 되도록 그 음대로 읽되 이를 우리의 음운체계에 맞게 하자는 것이라 하겠다.

그런데 애초의 취지를 미완의 것으로 이해하면서 문제가 불거지기 시작했다. 이로 인해 발생한 문제는 두 가지로 요약할 수 있다.

첫째, 현행 한글자모에 맞춰 읽고 쓴다는 제한 조건을 극복해야 할 한계로 인식하면서, 한때 새로운 한글자모를 별도로 만드는 표기 원칙이 만들어졌다. 소리대로 쓰자는 표음주의를 극단적으로 해석한 것이다.

둘째, 〈외래어 표기법 통일안〉 제3절 제17항의 "본안의 규정은 한자음이나 국어음에 대하여는 적용하지 아니한다"라는 제한 조건을 극복해야 할 한계로 인식하면서, 한자로 표기된 중국어와 일본어 외래어를 원음대로 읽고 쓰는 표기안이 마련되었다. 한자문화권이라는 특성을 고려하지 않고 보편적 표기 원칙을 일괄적으로 적용하게 된 것이다.

이 두 문제는 현재까지 외래어 표기와 관련하여 논쟁이 되고 있는 사항이다. 무엇이 어떻게 문제가 되었을까?

## 원음 중심 표기,
## 왜 문제일까

'아나운사'라고 써어오던 말이 있다. 그 말이 요즘 여러 신문에 '어나운서'로 통일되어가고 있다. 그들 신문사 사이에 그렇게 하자고 약속한 것도 아니다. 다만 제각기 발음기호대로 적는다는 대원칙에 의하여 예외 없이 표기하고 보니 필연적으로 통일되어가는 것이다. 그것을 편수 자료를 본떠서 '스펠링'이 어떻고 관례가 어떻고 하여 '아나운서'도 좋다, '어나운사'로도 할 수 있다 식으로 한다면 어느 세월에 통일된단 말인가?

— 정재도, 〈시급한 외래어 통일 방안〉, 《경향신문》, 1963년 12월 26일

원음 중심 표기의 폐해로 지적되어온 〈들온말 적는 법〉(1952)의 표기 방식은 대중들에게 수용되지 않았다. 무엇보다도 낯선 문자에 대한 거부감이 컸을 것이다. 이런 상황에서 외래어 표기 방식은 1941년 〈외래어 표기법 통일안〉의 표기 원칙으로 되돌아가게 된다. 이에 따라 현지 발음대로 적는 표기 방식을 외래어 표기법의 대원칙으로 삼으면서도 국어생활에서의 관용성을 상당 부분 인정하게 되었다. 이를 긍정적으로 보면, '외래어는 우리말화한 외국어'라는 인식을 바탕으로 하면서, 표음주의 원칙에 따라 원음에 가깝게 표기한다는 원칙을 유지할 수 있게 된 것이다.

그러나 '발음기호대로 적는다는 대원칙을 예외 없이 적용하자'라는 주장에서 볼 수 있듯이 당시 관용을 인정하는 것에 대한 비판이 만만치 않았다. 관용과 현지 발음대로 적는다는 원칙의 대립은 지금도 계속되고 있다. 과거와 현재 상황의 차이는 시간이 흐를수록 미국식 영어 발음에 대한 지향을 더 노골적으로 드러낸다는 점일 것이다.

　　"처음에 미국 가서 오렌지를 달라고 했더니 못 알아듣는 거예요. 그래서 어륀지라고 했더니 알아듣더라고요." 지난 1월 30일, 이번에는 우리 영어 교육과 관련해 당시 이경숙 대통령직 인수위원장이 좀 더 구체적인 문제점을 지적하고 나섰다. 현행 외래어 표기법상의 문제를 거론하고 나선 것이다. 그는 "영어 표기법이 획기적으로 바뀌지 않으면 원어민처럼 발음하기 어렵다"며 "발음을 할 수 있는데도 표기가 잘못돼 거기에 익숙하지 않은 것으로 하니까 외국 사람들도 못 알아듣는다"고 주장했다. (중략) 1986년에 만들어진 현행 외래어 표기법이 여전히 크고 작은 문제점을 안고 있는 것은 사실이지만 그렇다고 하필 '어륀지'를 예로 들은 것은 번지수를 잘못 짚은 것 같다. 외래어 표기법의 존재 의의는 우리말을 쓰는 사람들 사이에 편리함을 주기 위한 데 있다. 한마디로 '국내용'이란 뜻이다.

— 〈홍성호 기자의 말짱글짱〉, 《한국경제신문》, 2008년 4월 28일

　　영어 교육 문제와 관련하여 외래어 표기법 문제가 거론되었으니 번지수를 잘못 짚은 거라 할 수도 있지만, '어륀지'는 대한민국 정부 수립 직후 발표한 정부의 외래어 표기안에서 채택했을 법한 표기다. 그리고 원음대로 적는 것이 나쁜 일이 아닌 이상 영어 교육과 외래어 표기를 일원화하는 것

은 일견 실용적으로 보일 수도 있다. 그러나 이는 두 가지 점에서 문제다.

첫째, 정확한 발음 표기를 지향한다면 결국은 한국어 음운체계에 없는 발음을 표기해야 하는 문제에 봉착할 수밖에 없고 이는 외래어 표기를 위한 문자 개발로 이어질 것이다. 이는 한글이 국제음성기호로 재창조되는 것을 의미한다는 점에서 그러한 조치의 실용성을 따져볼 필요가 있다.

둘째, 외국어 교육으로서의 발음 교육의 실제와 국어정책으로서의 외래어 표기법의 실제가 일시적으로 일치할 수는 있지만, 지속적으로 이 둘을 일치시켜나가기는 어렵다는 점이다. 미국 영어의 발음이 변할 때마다 우리의 외래어 표기를 바꿔야 할 것인데, 이는 현실성이 없다. 이런 점은 외국어 교육의 방향과 국어정책의 방향이 일치할 수 없는 근본적인 이유다.

물론 '램프(lamp)'를 '남포'로 쓰는 관용을 인정하였다가 다시 원음을 고려하여 '램프'로 바꾼 적도 있었으니, 영어 발음의 변화에 따라 그때그때 외래어의 발음 표기를 바꾸는 것도 불가능한 일은 아니다. 그런데 문제는 관습적으로 쓰이는 모든 외래어를 바꿔야 할 뿐만 아니라, 바꾸어놓은 원음 표기도 언제 바뀔지 모른다는 점이다. 미국인이 알아듣지 못하는 외래어는 '오렌지'뿐만이 아닐 것이고, 미국인의 발음이 언제나 '어륀지'로 고정되어 있지는 않기 때문이다.

이러한 문제에도 불구하고 관례를 떠나 현지 발음대로 외래어를 표기하자는 주장이 제기될 때마다 찬반이 팽팽히 맞선다는 것은 흥미로운 일이다. 도대체 이러한 주장이 공감을 얻는 이유는 무엇일까? 이 주장은 언제나 실용성을 앞세우기 때문이다.

"정신없이 변하는 글로벌 시대에 효율성과 실용성 면에서 뒤떨어져 있음에도 관습이나 전통에 매달려 필요한 변화를 과감히 실천 못하면 퇴보나 제자리걸음밖에 안 된다"(이익훈, 〈어륀지 발음 옳다〉, 《매일경제신문》 2008년 3월 22일)라는 일갈에 '오렌지는 국어, 어륀지는 영어', '국어정책의 주체성' 따위의 말은 초라한 변명처럼 느껴진다.

그러나 효율성과 실용성을 필요 이상으로 강조하는 이들의 '실용주의'는 특정 계층의 편리와 이익을 보장하기 위한 이데올로기일 가능성이 높다. 이들이 말하는 '실용'과 '효율'은 '관습'을 부정하고 '경쟁'을 강조하기 때문이다. 특히 이러한 실용주의자들은 대중들의 낯설어함과 곤혹스러움을 개의치 않는다. '일반인들이 낯설어하고 곤혹스러워하는 것'을 선점한다는 것은 더 큰 권력을 쥘 수 있는 토대가 되기 때문이다. 공교육으로 소화할 수 없는 시험으로 수험생들을 줄 세우기 하려는 것, 영어 성적으로 모든 구직자들을 줄 세우기 하려는 것 등이 이들의 '실용주의'와 맥을 같이한다.

'이것저것 생각하다가 언제 외래어 표기를 통일하겠느냐'는 주장이나, '글로벌 시대에 현지 원음을 빠르게 수용해도 모자랄 판에 언어 관습을 운운할 시간이 어디 있느냐'는 주장에는 한 가지 공통점이 있는데, 우리말의 내적인 관례와 관습을 중요하지 않다고 여긴다는 것이다. 그러나 우리말 사용자 간에 유지되어온 관례를 부정하는 태도에는, 언어의 민주적 소통 원리를 부정하는 언어전체주의와 영어권 사용자를 의식하면서 우리말 사용자를 간과하는 언어사대주의가 자리 잡고 있다는 점에서 문제적이다.

그렇다면 외래어와 관련한 국어정책은 어떻게 나아가야 하는가? 방향은 둘 중의 하나다. 영어 교육을 위한 외래어 정책이 되든지, 국어생활을 위한 외래어 정책이 되든지.

# 한글 표기를 통해 본 한자와 한자문화권

일본어와 중국어에서 기원한 외래어의 표기법은 한·중·일이 공유하는 한자문화를 국어정책에 어떻게 수용할 것인가와 관련하여 논란이 된다. 즉 한자문화권이라는 한·중·일의 특수성을 특별히 고려할 필요가 없다는 입장에서는 '원음을 존중한다는 원칙을 일본어와 중국어를 포함한 모든 외래어에 동일하게 적용하는 것'이 당연하겠지만, 한자문화권이라는 한·중·일의 특수성을 특별히 고려해야 한다는 입장에서는 이러한 조치가 원음 표기 원칙의 획일적인 적용으로 보일 것이다. 그런데 이러한 논란은 외래어 표기법을 만들 때부터 시작된 것으로 보인다. 그런 점에서 한자와 한자문화권은 우리에게 어떤 의미인지 묻고 판단하는 과정은 우리말의 범위를, 그리고 우리말의 정체성을 다시금 확인하는 일이다.

# 한자문화권에서 기원한
외래어의 위상은?

　앞에서 살펴본 바와 같이 〈외래어 표기법 통일안〉의 표기 규정에서는 한자음에 대한 규정을 배제하고 있다. 이는 외래어 표기법을 만들 때부터 한자로 이루어진 외래 단어들의 위상을 어떻게 정할 것인가에 대한 고민이 있었고, 그 고민의 결과 중국과 일본에서 만들어진 한자어들은 서구 외래어와 다른 차원에서 다뤄야 하는 것으로 봤음을 말해준다. 현재 중국어와 일본어에서 기원한 한자어들을 외래어로 구분하지 않는 것은 이 때문이다. 우리말에서 쓰이는 한자어가 중국 한자어인지 일본 한자어인지 아니면 한국 한자어인지를 구분하는 일은, 사전 편찬자나 국어사 연구자가 하는 일일 뿐 일반 대중의 국어생활과는 직접적인 관계가 없는 것이다.

　그렇다면 자연스럽게 정리된 듯한 문제가 여전히 논란의 불씨가 되는 이유는 무엇일까? 이는 인명이나 지명과 같은 고유명사 표기 때문이다. 한·중·일의 인명과 지명은 각자의 전통에 따라 이루어졌지만, 그것이 대부분 한자를 바탕으로 만들어졌고 이를 읽는 관습이 나라마다 다르다는 특징이 있다. 그런데 각자의 한자음으로 읽게 되면 세 나라에서 특정 고유명사를 읽고 쓰는 방법이 세 가지가 되는 현상이 벌어진다. 예를 들어 내 이름이 세 나라에서 서로 달리 불린다면 어색할 수밖에 없지 않겠는가. 현행 외래어 표기법에서 중국과 일본 고유명사를 원음대로 표기한다는 원칙을 정한 것은 이 때문이었다.

　그런데 로마자를 사용하는 언어권의 상황을 보면 내 이름이 세 가지로 불리는 상황이 유별난 것은 아니라는 걸 알 수 있다. 오히려 로마자를 사용하는 언어권의 경우에 비춰보면, 한자로 쓰인 일본과 중국의 고유명을 한글로 표기할 때는 한국 한자음으로 표기하는 것이 자연스러운 선택일 수도 있다. 1941년 〈외래어 표기법 통일안〉에서 한자음에 대한 규정을 외래어 표기 규정에서 배제한 것은 이러한 인식의 결과였을 것이다.

그렇다면 어떤 태도를 취하는 것이 국어정책에서 민주주의적 원칙을 지키는 길인가. 분명한 것은 '원음(原音) 표기를 원칙으로 하고 경우에 따라 언어 관습을 수용하는' 현행 외래어 표기법의 원칙하에서는 관습을 수용하기 위한 예외 규정이 필요한 한편, 원칙을 견지하기 위해 관습을 부정하는 엄격함이 필요하다는 사실이다. 이 경우 규범은 복잡해지고, 관습과 원칙의 괴리는 심화될 수밖에 없다. 한자로 이루어진 일본과 중국의 고유명 표기는 이러한 문제가 극명하게 드러난 예다.

이러한 상황에서는 규범 제정의 목적을 되돌아보고 규범의 변천 과정을 되짚어보면서, 규범의 취지와 변천의 계기를 면밀히 살펴보는 태도가 필요하다. 이를 통해서만 현행 외래어 표기법이 간과하고 있는 부분이 무엇이고, 어떤 부분을 보완해야 하는지 판단할 수 있다.

## 한자음 관련 규정, 무엇이 문제일까

우리말 표기에서 한자를 완전히 없앤다면 현재의 외래어 표기법은 나름대로 의미가 있다. 그러나 국어생활에서 한자를 없앨 수도, 없앨 이유도 없는 상황에서는 한·중·일의 인명과 지명 표기에 사용되는 한자를 공통문자로 인정하고 표기 문제를 정할 필요가 있다. 이런 점에서 보면 현행 외래어 표기법 중 '인명, 지명 표기의 원칙'은 문제가 있다.

**현행 외래어 표기법(1986. 1. 7. 문교부 고시 제85-11)**

**제4장 : 인명, 지명 표기의 원칙**

**제2절 : 동양의 인명, 지명 표기**

**제1항** 중국 인명은 과거인과 현대인을 구분하여 과거인은 종전의 한자음대로 표기하고 현대인은 원칙적으로 중국어 표기법에 따라 표기하되, 필요한 경우 한자를 병기한다.

**제2항** 중국의 역사 지명으로서 현재 쓰이지 않는 것은 우리 한자음대로 하고, 현재 지명과 동일한 것은 중국어 표기법에 따라 표기하되, 필요한 경우 한자를 병기한다.

**제3항** 일본의 인명과 지명은 과거와 현대의 구분 없이 일본어 표기법에 따라 표기하는 것을 원칙으로 하되, 필요한 경우 한자를 병기한다.

**제4항** 중국 및 일본의 지명 가운데 한국 한자음으로 읽는 관용이 있는 것은 이를 허용한다.

〔보기〕 東京 : 도쿄, 동경

上海 : 상하이, 상해 등

현행 외래어 표기법은 규정을 적용하는 차원도 복잡한데, 여기에 관용의 허용 여부까지 포함되어 있어 이 표기법에 따라 글을 쓴다는 것이 여간 어

려운 일이 아니다. 더구나 현대인, 과거인, 역사 지명, 현재 지명 등의 용어
는 규정을 위한 용어로는 적절하지 않다. 관습을 인정한 것은 합리적이라
고 할 수 있으나, 관용의 모호함 때문에 원칙을 적용하려는 경향이 나타나
규범의 경직화를 초래할 수도 있다. 허용 조항보다는 원칙 조항이 바람직
하다는 인식이 강하게 작용하기 때문이다. 또한 제3항에서는 관용을 인정
하는 타 항목과 다른 태도를 보이고 있어 규정의 일관성이란 점에서 문제
가 있다. 아래에 제시한《표준국어대사전》의 일러두기는 동양의 인명, 지명
표기법 제3항을 적용한 것으로 보인다.


**《표준국어대사전》의 일러두기**

중국과 일본의 인명·지명은 원음대로 표기하는 것이 원칙이므로, 한국 한자음으
로 읽은 형태는 '~의 잘못'으로 처리하였다. 그러나 한국 한자음으로 읽은 형태를
인정하는 경우에는 '우리 한자음으로 읽은 이름'으로 뜻풀이하였다.
〔예〕풍신수길(豊臣秀吉)〔명〕「인」'도요토미 히데요시'의 잘못.


　그러나 외래어 표기법이 외국인을 위한 표기가 아니라 언어공동체 내의
소통을 위한 표기라는 사실을 고려한다면 이러한 처리 방법은 문제가 있
다. '풍신수길'이라는 이름으로 알고 있는 사람도 많기 때문이다.
　현행 외래어 표기법에서 동양의 인명과 지명 표기를 특별하게 다룬 것은
한자문화권의 특성을 인식했기 때문으로 볼 수 있다. 그런데 서구 외래어
표기를 위한 원칙을 바탕으로 한자문화권에서 연유한 외래어의 표기 규정
을 마련한 것이 문제였다. 한·중·일을 한자문화권으로 인식했다면, '원음

에 가깝게 표기한다'는 외래어 표기법의 기본 원칙은 한자문화권이 아닌 외래어, 특히 서구 외래어의 표기에 적용되는 원칙이어야 하기 때문이다.

로마자를 사용하는 언어권의 나라마다 이를 표기하고 읽는 전통이 다르기 때문에 고유명사의 경우 나라마다 그것을 읽는 방식이 다르다. 따라서 원음을 기준으로 읽어야 한다는 원칙을 정한다면 혼란이 있을 것이다. 이는 한자로 된 고유명사의 경우에도 똑같이 적용되는 문제다. 실제로 일본과 중국의 인명 및 지명을 한국 한자음으로 읽는 비율과 이를 원음으로 읽는 비율을 따져보면, 어느 한쪽으로 획일화했을 경우에 생기는 혼란을 분명히 인식할 수 있을 것이다. 그럼에도 원음 표기의 원칙이 정당화되는 것은 이것이 외래어 표기의 일반 원칙이기 때문이었다.

그러나 한자로 이루어진 외래어의 경우, 원음에 가깝게 쓰기보다 관습을 중요시해야 함은 인명이나 지명이 아닌 경우의 표기 예에서도 확인할 수 있다. 다음은 국어사전에 등록된 중국 요리의 이름이다.

(가) 팔보채(八寶菜)

(나) 탕수육(糖▼水肉)

(다) 깐풍기〔干烹鷄〕

(라) 라조기〔辣子鷄〕

위에 제시한 중국 요리는 한국인들이 즐겨 먹는 요리다. 그런데 이 명칭을 보면 (가), (나)처럼 한국 한자음으로 읽은 것도 있고, (다), (라)처럼 중국어 음에 가깝게 표기한 것도 있다. 이를 통해 수용될 당시의 관습이 표기를 결정짓는다는 것을 알 수 있다. 그렇다면 인명과 지명의 표기에만 특별히 관습의 허용 범위를 제한할 필요는 없을 것이다.

## 톈안먼과 천안문
### 원칙과 실용성의 문제

언어 규범은 언어공동체의 사회적 약속이다. 언어 관습을 존중하면서 규범의 방향을 결정해야 한다는 말이다. 그런데 한자음에 대한 외래어 표기법은 원음 표기를 원칙으로 정하면서 실제와의 괴리를 자초한 측면이 있다. 이는 남한과 북한이 마찬가지다. 북한의 외래어 표기법에서 한자음 표기 규정은 남한과 기본적으로 같다. 그런데 다음 예를 보면 북한에서도 이 원칙이 제대로 지켜지지 않는 것으로 보인다.

> 호금도 동지는 뉴시터 국빈관에서 베이징을 떠나시는 김정일 동지와 작별인사와 담화를 나누시고 뜨겁게 전송하시였다. 김정일 동지의 방문을 환영하여 강택민 동지와 증경홍 동지는 만찬과 오찬을 차리였다. 김정일 동지께서는 귀국 도중 중국공산당 중앙위원회 정치국 위원이며 천진시당 서기인 장립창 동지의 안내를 받으시며 개화 발전되고 있는 천진시를 참관하시였다.
>
> —조선중앙통신, 2004년 4월 22일◆

---

◆ 인터넷신문 《업코리아》 2004년 5월 22일자 내용을 재인용.

중국 관광지를 소개하는 광고. 중국의 지명을 원음이 아
닌 한국의 한자음으로 적고 있다.

비슷한 시기에 이를 주제로 한
남한 기사의 일부를 보자.

장쩌민의 최고 측근이자
실세 중 실세로 부상한 권력 서열 5위
쩡칭훙(曾慶紅) 국가 부주석이 오리
구이집에 동행하는가 하면 방중 첫날
후진타오 주최의 만찬에는 공산당 중
앙위원회 정치국 상무위원 (다음 날
회담이 예정된 우방궈吳方國와 원자바오溫家寶를 제외한) 전원이 참석했고 중국 군
부의 실세들도 모두 참석했다.

— 《뉴스위크》, 2004년 5월 5일

　남한은 북한과 달리 모든 인명을 중국 음으로 표기하여 외래어 표기법의
원칙을 지키려 한다는 것을 알 수 있다. 그렇다면 남한에서는 외래어 표기
원칙이 잘 지켜지고 있다고 봐야 할까? 실생활에서의 표기를 보면 그렇지
않다. 이는 중국 한자음 표기에서 더욱 심하다. 중국의 인명이나 지명에 대
한 표기는 한국 한자음에 따라 명명되는 것이 일반적이다.

　한 예로 중국 관광지를 소개하는 여행사 광고는 거의 대부분 한국 한자음
으로 지명을 표기하고 있다. 광고에서는 일반인들의 접근성을 가장 중시하
기 때문에 광고문을 통해 중국 지명에 대한 한글 표기의 관습성을 파악할
수 있다.

또한 고유명의 경우에는 이름을 통해 그것의 속성을 파악할 수 있는데, 원음 표기를 할 경우 이를 추측하기가 어렵다. 따라서 이런 경우에는 외래어 표기 규정과 상관없이 한국 한자음 표기가 선호될 수밖에 없다.

**중국의 고유명 표기**

(가) 金門島 : 금문도 : 진먼다오

(나) 天安門 : 천안문 : 톈안먼

(다) 長江 : 장강 : 창장

(가)의 금문도(金門島)를 외래어 표기법에 따라서 표기하면 '진먼다오' 다. 한자를 병기하지 않을 경우 진먼다오가 섬이라는 것을 알 수 없을 뿐만 아니라, 원 한자어가 몇 자로 구성되어 있는지도 알기 어렵다. (나)와 (다) 도 마찬가지다. 원음 표기 원칙에 따르면 각각 '톈안먼'과 '창장'이라고 표기해야 하는데, 그럴 경우 '문'과 '강'의 의미를 파악하기 힘들다. 같은 한자문화권에 사는 사람으로서 지명을 통해 그곳의 역사와 풍광을 짐작할 수 있는 이점을 포기할 이유는 없지 않을까?

중국 고유명사의 조어법상 그 명사의 속성을 나타내는 말이 고유명사의 일부가 된다면, 고유명사의 속성을 나타내기 위해서는 이를 '톈안문'이나 '창강'이라고 하든지 '톈안먼 문'이나 '창장 강'이라고 해야 할 것이다. 그러나 이것은 한·중 간의 문화적 공통성을 전면적으로 부정하는 것이나 다름없을 뿐만 아니라, 현재 우리의 언어 감각과도 차이가 있어 대중들이 수용하기 어렵다.

특히 우리의 역사 무대이기도 했던 중국 동북지방의 지명 표기에서도 외래어 표기 원칙을 강조하는 것은 역사 기술의 일관성 측면에서도 바람직하지 못하다. 또한 연변조선족자치주의 한글 지명 및 한글 인명 표기가 한국식 한자음을 기준으로 되어 있다는 사실도 고려할 필요가 있다. 이런 상황에서 '연변(延邊)'을 '옌볜', '용정(龍井)'을 '룽징'이라고 굳이 표기하는 것이 과연 어떤 의미가 있을까?

국어 속에서 외래어나 외국어 단어를 사용할 경우에는 외래어 표기법이 원음에 얼마나 충실한가보다 얼마나 실용적이고 효과적으로 사용할 수 있는가가 더 중요하다. 그렇다면 외래어 표기법의 개선 방안은 너무도 명확해진다.

## 그렇다면
## 어떻게 해야 하는가

일본과 중국의 인명과 지명을 어떻게 표기하느냐는 '외래어 표기법'의 일반 원칙과 '한자문화권'이라는 역사적 배경을 조화시키는 과정에서 일어난 문제다. 따라서 이에 대한 논의를 위해서는 외래어 표기법의 취지와 한자문화권의 특성에서 비롯된 언어적 문제를 정확하게 이해하고 있어야 한다. 그러나 실제로는 논점이 분명치 않은 채 주관적 혹은 정치적 의도에 따라 논의가 진행된 경우가 많았다.

일본이나 중국에서 우리의 지명을 자국의 관습대로 읽고 있기 때문에, 우리도 한자 사용 지역의 인명과 지명을 모두 한국 한자음으로 표기하는 것이 바람직하다는 주장이 있다. 주체성을 강조하거나 상호주의 원칙을 강조

대만 코카콜라박물관에 전시된 각국의 코카콜라 상표. 중국의 코카콜라 상표를 우리 한자음으로 읽으면 가구가락이다.

하는 취지의 주장이다. 그러나 일본 고유명과 중국 고유명의 한자 표기 방식에는 차이가 있기 때문에 이를 획일화하는 것이 바람직하다고 할 수는 없다.

한국 한자음은 일자일음(一字一音) 원칙을 지킨다. 반면에 일본 한자음은 한자를 음으로 읽을 뿐만 아니라 훈으로도 읽으며, 낱말에 따라서는 음훈을 섞어서 읽기도 한다. 이러한 차이점은 음의 대응과 치환을 어렵게 한다. 일본 한자음을 원음에 따라 표기하고 수용하는 과정이 중국 한자음에 비해 자연스럽게 이루어진 이유이기도 하다. 그런데 같은 한자문화권이라고 하여 이러한 특성을 무시하고 모두 같은 원칙으로 표기해야 한다면 이는 문제다. 특히 한자문화권의 인명과 지명은 모두 한국 한자음으로 읽어야 한다는 것은, 마치 원음에 가깝게 표기함을 원칙으로 정했기 때문에 한자문화권의 인명과 지명도 원음에 가깝게 표기해야 한다고 주장하는 것과 같다.

이 문제에서도 언어 관습을 철저하게 고려할 필요가 있다. 즉 일본 한자음의 경우에는 원음과 한국 한자음이 뒤섞여 사용되는데, 이중 원음으로 읽는 경우가 많다. 이것은 일제강점기의 잔재이기 때문에 극복해야 한다고도 하지만, 현실의 지배적인 관습을 무시하는 것은 언어정책이 취할 바가 아니다. 그렇다면 중국과 일본 고유명의 원음 표기가 문제라는 주장을 이들 고유명을 한국 한자음으로 통일하자는 주장으로 이해하는 것은 곤란하다. 그렇다면 어떻게 해야 하는가?

한국 한자음과 일본 및 중국의 한자음을 동시에 인정하면서, 삼국의 공통 문자인 한자를 통해 이들의 관련성을 연결시켜주는 태도가 필요하다. 이는 동아시아의 문화적 공통성을 확인하는 것이며, 동시에 각 국가의 특수성을 확인하는 것이기도 하다.

우리는 한자를 수용하여 언어문화를 발전시키면서 나름대로 한자를 읽는 독음 체계를 유지해왔다. 그러나 다른 한편으로는 일본어와 중국어의 한자음을 원음 그대로 차용하여 쓰기도 했고, 우리 글 속에 한자를 노출시키는 어문생활을 하기도 한다. "일본의 인명과 지명은 과거와 현대의 구분 없이 일본어 표기법에 따라 표기하는 것을 원칙으로 하되, 필요한 경우 한자를 병기한다"라는 〈외래어 표기법〉 4장 2절 3항의 규정은 한국 한자음에 대한 이해를 전제한 것이라고 할 수 있다. 왜 그런가? '도요토미 히데요시'라고 쓰고 허용 조항에 따라 한자를 병기한다고 할 때, 현재 워드프로세스에서는 '풍신수길'이라는 독음을 치고 이에 맞는 한자를 골라야 한다. 이런 글쓰기 관습에 따른다면 '풍신수길'은 '도요토미 히데요시'의 또 다른 이름이 될 수밖에 없다.

이처럼 한자의 사용을 허용해야 하는 언어 환경이라면, 한국 한자음에 따라 표기하는 방안과 일본어와 중국어의 원음을 한글로 표기하는 방안을 동시에 인정하는 것이 현실적인 태도다. 이런 점에서 김영만과 김민수의 제안은 주목할 만하다.

먼저 중국어 고유지명을 한글로 표기하는 것에 대한 김영만의 방안*을 보자.

첫째, 한국 한자음을 쓰고 이어서 소괄호 안에 한자를 쓰는 것이다. 이 경우에 중국어를 아는 사람은 필요에 따라 한자를 보고 중국어로 읽을 수 있을 것이다. 예를 들자면 주은래(周恩來), 복단대학(復旦大學)이라고 쓴다.

둘째, 중국어 발음만 한글로 표기하여야 할 경우에는 중국어 발음을 한글로 적고 그 오른쪽에 대괄호를 치고서 한자를 적는다. 예를 들자면 덩샤오핑〔鄧小平〕, 시안〔西安〕처럼 적는다.

셋째, 한국 한자음과 중국어 발음을 모두 표기하여야 할 경우에는 한국 한자음을 적고 그 오른쪽에 괄호를 치고서 한자와 중국어 발음 표기를 적는다. 예를 들면, 강택민(江澤民 장쩌민), 연변(延邊 옌볜) 등처럼 적는다.

김영만이 중국어 고유명에 대한 표기 방안만을 제안했다면, 김민수**는 중국과 일본의 고유명에 대한 표기 방안을 제시하고 있다.

---

◆ 김영만, 〈중국어 한글표기법 현황과 개선 방안〉, 《중국어문논총》 25, 2003.
◆◆ 김민수, 〈한자 표기 原地音主義의 문제〉, 《새국어생활》 14-2, 2004.

**제1항** 한자로 표기된 동양의 인명, 지명은 과거와 현대의 구분 없이 원지음으로 표기함을 원칙으로 하고, 우리 한자음으로 표기함을 허용하되, 어느 경우나 한자를 병기할 수 있다.

**제2항** 위 제1항에 포함.

**제3항** 위 제1항에 포함.

**제4항** 한자로 표기된 동양의 인명, 지명 가운데, 우리 한자음으로 읽는 관용이 있는 것은 이에 따라 표기함을 원칙으로 하고, 원지음으로 표기함을 허용하되, 어느 경우나 한자를 병기할 수 있다.

위의 두 제안은 제안의 범위에서 차이는 있지만, 표기 방안의 기본 원칙, 즉 원음과 우리 한자음을 동시에 허용하자는 점에서는 공통적이다. 중국 한자음 표기로 제한할 경우 김민수의 안과 김영만의 안은 거의 일치한다. 이에 따른다면 현행 표기법의 원음 표기 원칙도 존중하면서 동시에 한국 한자음을 사용할 수 있게 되는 것이다.

그런데 두 제안은 원칙과 허용의 범위에서 차이가 있다. 즉 김영만의 안에서 한자 표기를 필수로 규정한 반면, 김민수의 안에서는 이를 허용으로 규정했으며, 김영만의 안은 원칙과 허용을 별도로 규정하지 않았지만 김민수의 안에서는 이를 규정하고 있다. 그럼 이러한 차이점을 어떻게 수렴해야 할까?

먼저 한자 표기 문제는 한글 전용을 원칙으로 하는 현재의 어문 규정에 따라 한자의 병기를 필수로 하기보다는 허용하는 쪽이 바람직하다. 그렇다면 "한자로 표기된 동양의 인명, 지명은 과거와 현대의 구분 없이 원지음으로 표기함을 원칙으로 하고, 우리 한자음으로 표기함을 허용하되, 어느 경우나 한자를 병기할 수 있다"라는 김민수의 제안을 수용하는 것이 된다. 그런데 원칙과 허용의 공존이 혼란을 초래하는 경향이 있음을 생각하면, "~을 원칙으로 하고, ~을 허용한다" 같은 방식의 규정은 재고할 필요가 있다. 허용 사항 역시 현실 언어로 인정한 것이라면 허용과 원칙 사항은 현실 언어로서 대등하게 취급되어야 할 것이다. 이는 "필요에 따라 원음으로 적을 수도 있고 우리 한자음으로 적을 수도 있다"와 같은 태도를 의미한다.

이러한 대안은 결국 원음과 한국 한자음을 모두 익혀야 한다는 점 때문에 비경제적이라는 비판을 받을 수도 있다. 그러나 북경과 베이징, 동경과 도쿄를 동시에 인정하는 사례나 불란서(佛蘭西)와 프랑스를 동시에 인정하는 사례에 비춰볼 때, 원음과 한국 한자음을 동시에 인정한다고 해서 언어생활에 큰 부담이 되지는 않을 것이다. 오히려 광범위하게 쓰이는 표현을 규범에 수용하지 못하여 오류를 양산하는 것이 더 큰 문제이고, 이것이 언어생활을 비경제적으로 만드는 요인이라고 해야 할 것이다. 그렇다면 중국과 일본의 인명과 지명 표기 방안은 한자문화권이라는 문화적 공통성과 외국의 고유명이라는 특성을 모두 수용하는 방향으로 이루어질 필요가 있다.

한자로 표기된 동양의 인명, 지명은 원음 표기와 한국 한자음 표기를 모두 허용하되, 어느 경우나 한자를 병기할 수 있다. 한자를 병기할 때는 다음과 같이 한다.
첫째, 한국 한자음을 쓸 때는 소괄호 안에 한자를 쓴다. 주은래(周恩來), 복단대학(復旦大學), 풍신수길(豊臣秀吉)
둘째, 원음 표기 시에는 대괄호를 치고서 한자를 쓴다. 덩샤오핑[鄧小平], 시안

〔西安〕, 도쿄〔東京〕

　위와 같이 규정한다면 대중의 입장에서는 어떻게 해야 할까? 허용 조항이 규범과 배치되지 않기 때문에 어느 쪽을 선택할지는 스스로 판단하면 될 것이다. 이를 규범의 혼란이라고 해야 할까? 오히려 완고한 단일 규범으로 인한 소모적 논란이 문제일 것이다. 해당 분야에서의 관례나 해당 글의 독자층을 고려하여 내리는 판단과 선택이 혼란을 최소화하는 길이다. 그렇다면 이는 규범의 문제라기보다 문체 선택의 문제가 된다.

# 광화문 현판에 새겨진
## 정치역학

한글과 한자의 관계는 한순간도 평등한 적이 없었다. 시대마다 한글과 한자의 위상이 변해왔고, 사안마다 한글과 한자의 쓰임은 정치적 문제로 읽혔다. 광화문 현판과 관련한 논쟁은 이를 극명하게 보여준다. 우리말 의 역사에서 한글과 한자의 흔적을 지울 수 없고 그 나름의 쓰임이 있는 것이라면 한글과 한자를 문자 그 자체로 인정하고 대접해야 할 것이다. 하나가 올라가면 하나는 억눌려야만 하는 관계가 계속된다면 이성적 국 어정책은 요원하다.

### 광화문의 역사

이 달에 대묘(大廟)와 새 궁궐이 준공되었다. 대묘의 대실(大室)은 7간(間) 이며 당(堂)은 같게 하고 실(室)은 따로 하였다. (중략) 좌우 행랑 각각 11 간과 동(東)·서각루(西角樓) 각각 2간과 오문(午門) 3간은 전문(殿門)의 남 쪽에 있다. 동서의 행랑은 각각 17간씩이며, 수각(水閣)이 3간, 뜰 가운데 에 석교(石橋)가 있으니 도랑물 흐르는 곳이다. 문(門)의 좌우의 행랑이 각각 17간씩이며, 동·서각루가 각각 2간씩이다. 동문을 일화문(日華門) 이라 하고, 서문을 월화문(月華門)이라 한다. (중략) 뒤에 궁성을 쌓고 동 문은 건춘문(建春門)이라 하고, 서문은 영추문(迎秋門)이라 하며, 남문은 광화문(光化門)이라 했는데, 다락〔樓〕 3간이 상·하층이 있고, 다락 위에

종과 북을 달아서, 새벽과 저녁을 알리게 하고 중엄(中嚴)을 경계했으며,
문 남쪽 좌우에는 의정부(議政府)·삼군부(三軍府)·육조(六曹)·사헌부
(司憲府) 등의 각사(各司) 공청이 벌여 있었다.

— 《태조실록》 4년(1395) 9월 29일

광화문(光化門)은 경복궁(景福
宮) 외곽의 남쪽 문이다. 이 문을
통과하면 오문(午門)이 나오는데,
이를 정문(正門)이라 했다. 정문
을 통과하면 전문(殿門)이 나오
는데, 이를 근정문(勤政門)이라
했다. 근정문을 통과해야 비로소

현재의 광화문 현판

궁궐의 여러 전각들에 들어갈 수 있다. 조회나 국가의식을 행하던 근정
전, 강론을 하던 사정전(思政殿), 침전인 강녕전(康寧殿), 왕비의 침전인 교
태전(交泰殿) 등이 있다.

경복궁은 남향이기 때문에 남쪽은 사방의 중심이 되었다. 남쪽 문을
뜻하는 오문을 정도전이 특별히 정문이라 이름 지은 것은, 남쪽으로 난
문이 공식적인 출입구로서 그만 한 상징성이 있었기 때문이다. 그런 점
에서 보면 궁궐 외곽의 문 중 남쪽을 향한 광화문은 동쪽의 건춘문(建春
門), 서쪽의 영추문(迎秋門), 북쪽의 신무문(神武門)보다 더욱 중요하게 여
겨졌을 것이다. 당연히 광화문의 현판 글씨 또한 궁궐의 위엄을 상징하
는 것이었다.

그렇다면 광화문의 현판 글씨는 누가 썼을까? 그 중요성을 생각하면
당대 최고의 실력자나 최고의 명필이 써야 했을 것이다. 그런데 궁궐의
바깥문이었던 광화문, 건춘문, 영추문, 신무문의 현판은 모두 무관들이
썼다. 《고종실록》의 기록은 이를 잘 보여준다. 광화문 현판을 쓴 임태영,

건춘문 현판을 쓴 이경하, 영추문 현판을 쓴 허계, 신무문 현판을 쓴 이현
직은 모두 무관이었다.

> 영건도감(營建都監)에서 경복궁(景福宮)의 각 전(殿)과 당(堂), 각 문의 현
> 판(懸板)을 쓸 서사관(書寫官)을 별단(別單)으로 써서 아뢰었다. 【교태전
> (交泰殿)에는 조석원(曺錫元), 강녕전(康寧殿)에는 이재면(李載冕), 연생전
> (延生殿)에는 이재원(李載元), 경성전(慶成殿)에는 조성하(趙成夏), 함원전
> (含元殿)에는 조영하(趙寧夏), 인지당(麟趾堂)에는 이주철(李周喆), 천추전
> (千秋殿)에는 정범조(鄭範朝), 만춘전(萬春殿)에는 송희정(宋熙正), 광화문
> (光化門)에는 임태영(任泰瑛), 건춘문(建春門)에는 이경하(李景夏), 영추문
> (迎秋門)에는 허계(許棨), 신무문(神武門)에는 이현직(李顯稷)이다.】
>
> — 《고종실록》 2년(1865) 9월 17일

현판을 쓴 인물을 통해 유추할 수 있는 것은 광화문이 궁궐 바깥문의
중심 그 이상도 이하도 아니었다는 사실이다. 그러나 그 문은 외부로부
터 궁궐을 보호하는 문이었을 뿐만 아니라, 외국의 사신과 문무대신들이
통과하는 문이었으니 어느 문보다도 위엄이 있어야 했다. 전각의 규모와
현판의 글씨는 이를 감안하여 결정되었다. 전각의 규모는 가장 컸고, 용
맹한 무관이 쓴 현판은 문의 규모와 역할에 걸맞은 것이었다.

그러나 일제강점기였던 1927년, 조선총독부가 경복궁 자리에 들어서
면서 광화문은 동문인 건춘문 북쪽에 이전되었고, 목조로 된 전각은 한국
전쟁 때 불에 타 없어지고 말았다. 궁궐 문의 중심이 사라진 것이다.

1968년 3월 15일에 드디어 광화문 재건 공사가 시작되었고, 272일 만
에 목조 전각이 철근 콘크리트 구조물로 다시 태어났다. 그리고 새로운
전각에는 새로운 현판 글씨가 내걸렸다. 그 현판은 수도경비사령관이 아
닌 대통령이 붓을 잡고, 한문이 아닌 한글로 썼다. 전각과 현판의 내용이

본래의 모습과는 사뭇 달라진 것이다. 그러니 광화문 그리고 그 현판과 관련한 논란의 씨앗은 이미 1968년에 뿌려졌다고 하겠다.

## 1968년, 광화문의 어정쩡함

(광화문 복원) 추진위원의 한 사람으로 건축가인 정인국 교수도 원칙적으로 콘크리트의 부당성은 인정한다. 그리고 목조인 경우의 정교한 조각과 장식들을 콘크리트가 완전무결하게 살릴 수 있느냐에 의문을 표시한다. 결국 문화재 복원은 아닌 셈이고 그저 광화문을 본뜬 콘크리트 모뉴먼트로 봐져야 할 것이다. 문화재 보존이라는 것과는 성질이 다르다는 게 정 교수의 관점인데 여기에 문제가 있다. 그렇다면 차라리 1968년이라는 시점에서 한국의 현대건축 문화를 기념하는 창조적인 모뉴먼트로서 앞으로 일변할 중앙청 앞 광장지대를 생각하는 것이 상식이 아니냐는 것! 굳이 광화문을 욕되게 하고 병신을 만들어버리는 것은 부당하다는 의견들이다.

—〈광화문 복원에 이론(異論)〉,《경향신문》, 1968년 3월 20일

1968년의 광화문 현판

광화문을 복원하는 것인가? 아니면 새로운 기념물을 만드는 것인가? 논쟁의 핵심은 여기에 있었다. "1968년이라는 시점에서 한국의 현대 건축 문화를 기념하는 창조적인 모뉴먼트*로서 앞으로 일변할 중앙청 앞 광장지대를 생각하는 것이 상식이 아니냐는 것!" 이라

---

◆ 건물, 동상 등과 같은 기념물. 원어는 'monument'.

는 말은 문제의 핵심을 찌르고 있다.

그런데 당시 정부의 선택은 현대 건축의 상징인 철근 콘크리트 구조물로 옛날 모습 그대로의 광화문을 짓는 것이었다. 그러다 보니 모든 게 어정쩡해졌다. 치밀한 복원이 아니었으니 현판은 새로 썼다. 그런데 모양은 광화문이어야 하니 현판의 이름은 광화문으로 했다. 현대적 재질인 철근 콘크리트였으니 굳이 한문으로 쓸 필요가 없었다. 현대식 재질에 어울리는 한글로 썼다. 누가 써야 할까? 옛 방식대로 군인이 써야 하나? 왕조시대가 아닌데 굳이 그럴 필요 있나? 군인 출신 대통령이 현판을 썼다.

논란은 상황이 어정쩡할수록 증폭되게 마련이다. 1968년 당시 광화문을 현대 건축의 기념비가 될 만한 문으로 만들었다면 어떻게 되었을까? 일단 이러한 결정이 내려지고 건축이 완성되었다면, 지금과 같은 논란은 없었을지 모른다. 현판은 새로운 형식으로 제작되었을 것이고, 그렇게 되었다면 현판의 교체 문제도 발생하지 않았을 것이다. 조선총독부의 건물이었던 중앙청의 철거와 궁궐 복원 사업이 추진되며 광화문을 복원했더라도 논란은 궁궐 복원을 위해 현대 건축물을 없애는 것이 옳은지 그른지의 문제로만 한정되었을 것이다.

**광화문 현판에 얽힌 생각의 차이**

이탈리아 로마에 가면 시저가 브루투스의 칼을 맞은 계단이 2000년이 지난 지금도 그대로 있어요. 역사는 좋든 나쁘든 그냥 보존하는 것이 최고입니다. 박정희 대통령이 글을 썼다면, 그 옆에 박정희가 현판 글씨를 썼다고 설명해놓으면 되지 떼어내는 게 능사입니까? 박 대통령은 문화유산에 대해 관심이 많은 어른이었어요. 강릉 오죽헌이니 광화문이니 현충사니 전국 각지의 문화유산을 복원했는데, 시멘트를 쓴 것은 안목이

없어서가 아니고 당시 산림녹화 사업을 하느라 나무가 귀해서 나무 아
낀다고 시멘트로 한 거예요.

— 김종신 전 비서관 인터뷰, 《월간 중앙》, 2005년 3월호

전쟁 중에 소실된 현판을 박정희가 한글로 쓴 현판으로 대체한 것은
논란의 씨앗이 되었다. 그리고 박정희가 쓴 한글 현판을 한자 현판으로
복원해 교체한 것은 논란의 도화선이 되었다. 논란이 증폭되면서 이는
국한 혼용주의자와 한글 전용론자의 싸움이 되기도 했고, 정치적 보수주
의자와 진보주의자의 싸움이 되기도 했다.

앞에서는 광화문을 콘크리트 건물로 복원하고 여기에 한글 현판을 건
것이 어정쩡한 선택이었다고 했다. 그러나 이 선택의 의의를 굳이 찾는
다면, 당시의 현실을 반영한 새로운 형식의 광화문을 재창조했다는 점을
지적할 수 있다. 이는 콘크리트 건물과 조화를 이룬 한글 현판이 상징적
으로 보여준다.

그때는 건설의 시대였고 한글운동이 한창이었다. 광화문 현판은 당시
의 시대적 요구를 반영하여 한글 현판이 된 것이다. 한글 현판이 독재자
의 일방적 결정이 아니었음은 수많은 한글운동 단체와 국민적 지지 속에
한글이 쓰였던 당시 상황을 고려한다면 쉽게 추정할 수 있다.

그러나 경복궁이 복원되고 광화문이 이제 옛 모습 그대로 복원된 상황
에서 현판은 어떠한 현판이어야 하는가? 노무현 정부에서는 소실되기
이전의 현판으로 복원하기로 결정하였다. 문화재의 완전한 복구를 선택
한 것이다. 그렇다면 광화문 현판을 선택하는 데 영향을 미친 것은 문자
에 대한 가치 의식보다는 문화재의 완전한 복원이라는 목표였다고 할 것
이다.

이런 점에서 보면 한자 현판으로의 복원이라는 참여정부의 결정이 한
글 폄훼라는 주장은 옳지 않다. 한글 문화단체에서 이를 한글 폄훼로 보

고 반대운동을 벌인 것은 문제의 본질을 직시하지 못한 것이다. 만약 광화문이 복원된 뒤 노무현이 대통령으로서 한자 현판을 썼더라면 대통령이 한글을 폄훼하였다고 비판할 수 있었을 테지만.

그렇다면 최초 원형으로의 복원을 선택한 배경과 의의는 무엇일까? 이는 콘크리트 광화문과 한글 현판을 출현시킨 시대정신이 종언을 고했음을 알리는 데 있었다. 이런 점에서 한글 현판의 문제는 문화적이면서도 정치적일 수밖에 없다. 김형오 전 국회의장은 이것이 문화적이면서도 정치적인 문제임을 감지했지만, 그 진단은 표면적이고 통속적이다. 진단의 핵심 준거가 박정희와 한글, 임태영과 한자였던 것이다.

김형오 전 국회의장은 9일 광화문 현판 균열과 관련해 현판을 다시 제작할 경우 한자가 아닌 한글로 복원해야 한다고 밝혔다.

김 전 의장은 이날 〈광화문 현판 글씨, 다시 생각하자〉라는 보도자료를 통해 "광화문은 경복궁의 정문 차원을 넘어 대한민국 대표적인 상징 조형물로, 그 문패격인 현판은 한글이 돼야 한다"라고 하면서 이같이 주장했다.

그는 복원된 광화문 현판이 기존 '광화문'이 아닌 '光化門'이라는 사실에 대해 "광화문 복원 전 현판이 박정희 전 대통령이 쓴 한글 휘호였다는 이유로 굳이 새 현판에 한자를 썼다면 역사의식이 모자란 것"이라고 지적했다. 그러면서 "지금의 현판은 1867년 광화문 중건 당시 공사감독관이자 훈련대장인 임태영이 쓴 서체를 디지털 복원한 것으로, 그 인물과 서체를 폄하하자는 게 아니지만 중건 당시 일반 관리에 불과한 사람이 쓴 현판을 쓸 이유가 있느냐"라고 했다. (《연합뉴스》, 2010년 11월 9일)

그러나 광화문을 대한민국의 대표적인 상징 조형물로 복원하려는 계획을 세운 21세기, 대한민국의 경제력과 문화 수준은 1968년의 광화문이 지닌 어정쩡함을 방치할 수 없을 정도로 높아졌다. 섬세하면서도 완벽한 복원을 이룰 정도의 수준, 복원의 성과를 권력자의 치적으로 내세우지 않

는 수준, 한글민족주의의 과잉을 절제하는 수준에서 우리는 19세기 광화
문을 복원한 것이었다. 1968년, 시대의 선택이 건설과 민족의식이었다면,
21세기 시대의 선택은 전통과 민주주의였다고 해야 할까?

# 3
## 평화
### 平和

---

# 한글의 평화적 공존을 위한 모색

우리는 한글에 가해졌던 타 민족의 폭력을 기억한다. 주변국들과의 경쟁이 심해지다 보면 역사의 상처는 문화적 경계의식을 자극한다. 통일 국가를 꿈꾸는 사람이라면 남북의 언어 문제를 지나칠 수 없다. 남북의 거리감을 느낄 때마다 우리는 우리말의 이질화를 새삼 걱정하곤 한다. 다문화사회라는 말이 익숙해진 오늘날, 많은 외국인들이 한국으로 이주하고, 한국 사회에 적응하기 위해 우리말과 글을 배운다. 그들은 우리말과 글을 배워야 할 필요성만큼 모어에 대한 갈망도 크다. 그러니 이제 우리말과 글에 대한 문제는 우리 내부의 문제만이 아니다. 국어정책이 다른 언어에 대한 폭력과 편견 그리고 이로 인한 소외와 불평등 등의 문제에 관심을 가지고, 다른 언어공동체와의 평화적 공존을 특별히 고민해야 하는 이유가 여기에 있다.

# Corea 되찾기의 복고주의

일제에 의해 우리의 영문 국호가 'Corea'에서 'Korea'로 바뀌었다는 주장이 있었고, 이 주장은 일본에 대한 반감과 맞물려 사람들의 입에 오르내렸다. 'Corea'가 'Japan'보다 앞서는 것을 볼 수 없다는 것이 이유였으니, 일본의 속 좁음을 적나라하게 보이려는 의도도 있었을 것이다. 그러나 그러한 의도가 결과적으로 우리 안의 국수주의를 키운다면, 그것을 항간의 떠도는 이야기로 지나칠 수 없는 일이다. 일제에 의한 영문 국호 변경설을 검증해야 할 필요가 여기에 있다.

## 일본이 코리아 영문 국호를
## 변경했다?

우리 국호에 대한 서양의 표기는 13세기에 처음 나타나는데, 마르코폴

로의 《동방견문록》에는 '까울레(Caule)'로 쓰였으며, 13세기에 쓰인 프랑스 선교사 류브류크의 여행기에도 '까울레(Caule)'가 쓰였다. 17세기까지 '까울레', '까울리', '코라이', '고레스', '코레', '코리아' 등으로 쓰이다가 17세기 중엽 이후부터 '코레아(Corea)'로 정립되었고, 조선 왕조가 외국과 맺은 모든 조약에 쓰인 영문 국호와 1897년 대한제국 성립 이후의 영문 국호는 항상 'Corea'였다. 그런데 1910년 이후 일제에 의해 작성된 모든 영문 국호는 'Korea'로 되었다는 점에서 이는 일제에 의해 조작된 것이다.

— 《민족21》, 2003년 4월호

2003년 3월 '일본의 우리나라 역사 왜곡 진상을 밝히는 남북공동 학술토론회'에서 북측 학자인 조선사회과학원 언어학연구소 문영호 소장은 '일제에 의한 우리 국호 변경설'을 주장하였다. 그의 주장의 핵심은 13세기 이후 서양에서 700년간 사용된 'Corea'를 일본 내각 총리 가쓰라가 'Korea'로 바꿨다는 것이다.

여기에서 문제가 된 것은 남북의 영문 국호다. 좀 더 정확히 말하자면 정식 영문 국호 'Republic of Korea'나 'Democratic People's Republic of Korea'에 포함된 고유명 'Korea'의 로마자 표기다. 현재 남북이 함께 사용하는 '코리아'라는 국호의 로마자 표기 'Korea'에 문제가 있다는 것이다. 게다가 영문 국호가 'Korea'로 된 것은 일제의 농간에 의한 것이라고 주장했다.

일제에 의해 우리의 국호가 'Korea'로 되었다는 주장은 항간에 떠도는 말이었을 뿐, 학자들의 증명 대상이 되기에는 황당한 것으로 여겨졌던 게 사실이다. 그런데 문영호 소장의 주장은 나름대로 역사적 사실에 근거하고 있어 일제에 의한 국호 조작설은 상당히 설득력 있게 들린다. 일본(Japan)보다 코리아(Corea)가 영문 표기상 앞에 오는 것을 꺼려 일제강점기에 조선 국호를 'Korea'로 했다는 이야기가 그냥 웃어넘길 일은 아니었다는 말이다.

그런데 우리가 한 가지 알고 넘어가야 할 것이 있다. 모든 서양인이 코리아를 'Corea'로 표기했던 것은 아니었고, 대한제국에서도 영문 국호를 'Corea'로만 표기하지는 않았다는 사실이다. 따라서 문영호 소장의 주장은 일부 자료를 근거로 하여 너무 단정적으로 역사적 사실을 해석한 측면이 있다는 반론에 부딪힐 수 있다.

## KOREA와 COREA의 진실

우리 국호에 대한 서양 표기가 프랑스어 표기로부터 시작되었다는 점에서 'Corée' 혹은 'Corea'는 우리의 국호로 서양 세계에 알려졌다. 그러나 독일어식 표기에 따른다면 코리아는 'Korea'로 쓰인다. 19세기 선교사들의 글에 나타난 코리아가 'Corea'이기도 하고 'Korea'이기도 한 것은 이런 이유 때문이다. 따라서 코리아가 'Korea'로 쓰이지 못할 이유는 없는 것이다. 또 현재 공식적인 영문 표기는 'Korea'이지만, 유럽에서는 지금까지의 관습대로 'Corea'로 쓰는 나라도 많다.

영어의 일반적 철자법에 따를 때 'C'가 더 적절하다는 주장도 있지만 이 또한 절대적인 것은 아니다. 'C'가 영어의 철자법상 [k] 음에 적절하다는 점에서 이를 'C'로 바꿔야 한다지만, 영어 철자법에 'C'와 'K'가 [k] 음을

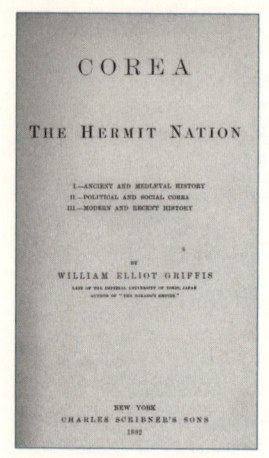

미국인이 쓴 《은자의 나라, 한국》에는
한국이 'COREA'로 표기되어 있다.

표현하는 데 함께 쓰일 수 있고, 'C'는 [s] 음을 표현하는 데도 쓰일 수 있다는 점에서 이를 고집할 이유는 없다. 한마디로 영어는 철자와 소리의 연결에 일관성이 부족하기 때문이다.

더구나 고유명의 표기에 사용되는 로마자 표기를 정하는 데 있어서 영어 철자의 일반적 경향을 기준으로 하는 것은 로마자 표기의 일반 원칙에도 맞지 않는다. 로마자를 공식 문자로 하지 않는 우리와 같은 언어권에서는 각 언어의 특성에 맞게 로마자 표기를 정해 사용한다. 이는 로마자를 공식 문자로 사용하는 언어권에서도 마찬가지다. 로마자를 사용하는 서구 각국의 표기 원칙은 언어권마다 다르다. 이러한 사실을 통해 우리의 영문 국호를 'C'로 쓰건 'K'로 쓰건 언어학적으로나 관습적으로나 큰 문제가 되지 않음을 알 수 있다.

그러나 영문 국호를 바로잡자는 학자들의 주장이 갖는 독특한 점은 'K'로 왜곡하기 시작한 시기와 C와 K를 혼용하던 시기를 거쳐 C를 완전히 말살하는 시기가 일제 침략사와 궤를 같이한다는 판단'이다. 사실이 그러하다면 'KOREA'로 쓸 것인가, 'COREA'로 쓸 것인가는 언어학적, 관습적 차원을 떠난 문제가 된다. 2003년 8월 21일 토론회의 핵심은 영문 국호 표기를 언어학적, 관습적 문제로만 볼 수 없음을 분명히 하는 것이었다. 그러나 이러한 판단을 수용하기 위해서는 다음 사항이 좀 더 충분히 해명되어야 한다.

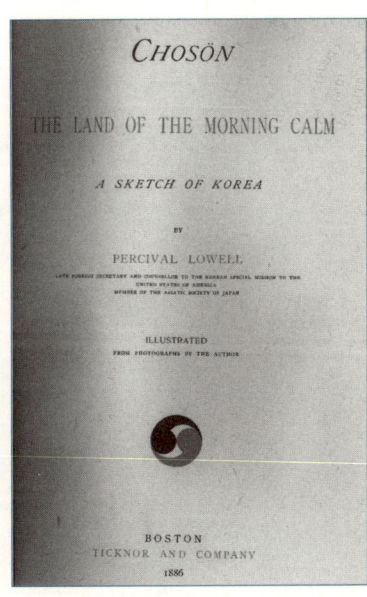

《조선, 고요한 아침의 나라, 코리아 스케치》의 표지와 속표지. 'Korea'로 표기되어 있다.

첫째는 자료의 범위를 한정하여 그 사용 양상에 대한 분석이 진행되어야
하고, 그중 우리나라에서의 영문 국호 사용 사례에 대한 별도의 분석이 필
요하다는 것이다. 둘째는 해방 이후 영문 국호의 결정 과정에 대한 연구가
필요하다는 것이다.

첫째 사항과 관련지어 생각할 점은 대한제국 수립 전후 시기의 국호 사용
경향을 충실하게 분석해야 한다는 것이다. 일제의 침략사와 우리의 국호
문제를 관련짓는 데 19세기 이전 자료에 나타난 표기 경향은 결정적 근거
가 되지 못한다. 또한 서양에서 우리를 어떻게 표기했는지도 중요하지만,
우리나라의 자료에서 영문 국호를 어떻게 사용했는지도 면밀히 분석해야
한다. 국호는 외국의 관례를 수용하기도 하지만 해당 국가의 로마자 표기

원칙에 의해 결정되는 문제이기도 하기 때문이다. 물론 당시에는 로마자 표기법이 정립되어 있지 않았지만, 로마자 표기법이 결정되는 이치에 근거하여 영문 국호 문제에 접근하는 태도가 필요할 것이다.

이러한 점을 염두에 두고 국호 문제에 접근해보면, 19세기 이후 자료의 영문 국호에는 두 가지 표기가 뒤섞여 쓰이고 있고, 'Korea' 표기의 사용 빈도가 상당히 높게 나타난다는 사실을 발견할 수 있다.

19세기 이후 외국인의 표기 자료 중 주목할 것은 로마자로 표기된 한국 지명 안내서인 《A Manual of Korea Geographical and Other Proper Names Romanized》이다. 이 책은 1883년 새토(E. Satow), 애스톤(W. G. Aston), 체임벌린(B. H. Chamberlain) 3인이 저술한 한국 지명 안내서인데, 여기에서는 'Korea'가 사용되었다. 이외에도 당시 서양인들이 로마자 표기 원칙을 제시하기 위해 출간한 서적 중 많은 책에서도 조선을 'Korea'로 표기하였다. 또한 1897년에 게일(J. S. Gale)이 편찬한 《한영사전 A Korean-English Dictionary》을 비롯한 사전에서도 '한국어'를 'Korean'으로 표기한 경우가 많다.

국내의 표기 자료 또한 마찬가지다. 대한제국에서 발행한 초기의 우표(1903년 이전에 발행한 우표)가 거의 대부분 'Korea'를 사용하고 있고, 후기의 우표(1903년 이후에 발행한 우표)는 'Corée', 'Corea', 'Korea'를 혼용하고 있다. 이는 'C'의 말살 시기를 일제 침략이 노골화되는 것과 관련시킨 가설에 대한 충분한 반증이 될 것이다. 특히 1894년에 일본대장성 인쇄국에서 인쇄한 우표에는 'Corean'으로, 1895년 이후 미국의 앤드루 그레이엄사(Andrew B. Graham Co.)에서 인쇄한 우표에는 'Korea'로, 1900년과 1901년 농상공

## 19세기 후반 우리나라를 제목에 표기한 서양 문헌

| 출간 연도 | 저자 | 제목(굵은 글씨는 우리나라 표기) |
|---|---|---|
| 1868 | P. G. Deydou | Vie de Bd-Ls Geaulieu, Mort pour la Foi en **Corée** |
| 1874 | Ch. Dallet | Histoire de l' Eglise de **Corée** |
| 1877 | J. Ross | **Corea**n Primer |
| 1879 | J. Ross | History of **Corea** |
| 1879 | M. McLeod | **Korea** and the Ten Lost Tribes of Israel |
| 1880 | Charles Eden | China: Historical Descriptive. with an appendis on **Corea** |
| 1880 | E. Oppert | Ein Verschlossenes Land, Reisen nach **Corea** |
| 1882 | William E. Griffis | **Corea**, the Hermit Nation |
| 1882 | E. Satow et al | Manual of **Korea**n Geographical and Other Proper Names Romanized |
| 1886 | Percival Lowell | Choson: the Land of the Morning Calm, A Sketch of **Korea** |
| 1886 | Leon de Rosny | Les **Corée**ns, Maisonneuve Freres et Ch. Le clerc |
| 1887 | Leon de Rosny | Coutumier de la Mission **Corée** |
| 1888 | W. R. Carles | Life in **Corea** |
| 1888 | M. D' Hulst | Vie de Just de Breteniers Missionarire Apostolique martyrise en **Corée** en 1866 |
| 1891 | J. Ross | History of **Corea** |
| 1892 | Joseph Henri Rosny | Printemps Parfumé, Roman **Corée**n |
| 1894 | John H. Leech | Butterflies from China Japan, and **Corea** |
| 1894 | A. E. J. Cavendish | **Korea** and the Sacred White Mountain |
| 1894 | George Curson | Problems of the Far East: Japan-**Korea**-China |
| 1894 | Henry Northrop | The Flowery Kingdom and the Land of the Mikado or China, Japan and **Corea** |
| 1895 | S. Culin | **Korea**n Games, with Notes on the Corresponding Games of China and Japan |
| 1895 | Ernst von Hesse-Wartegg | **Korea**, Eine Sommerreise nach dem lande der Morgenruhe 1894 |
| 1895 | Hong-Tjyong-ou | Roman **Corée** |
| 1895 | St. Augustinus | La **Corée** par un Missionaire |
| 1895 | A. H. Savage-Landor | **Corea** or Cho-sen: the Land of the Morning Calm |
| 1895 | T. White | The War in the East:Japan, China and **Corea** |
| 1897 | Isabella Bird Bishop | **Korea** and Her Neighbors |
| 1897 | Noritz Schanz | Ein Zug nach Osten **Korea** |
| 1898 | J. S. Gale | **Korea**n Sketches |
| 1898 | V. Laguerie | La **Corée** |

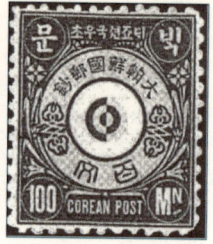

1894년 발행한 10문 우표(왼쪽)와 100문 우표. 'COREAN POST' 로 표기되어 있다.

부 인쇄국 전환국에서 발행된 우표에는 'Korea' 로, 1903년 이후 프랑스 정부 인쇄국에서 발행된 우표에는 'Coree' 로 표기된 것은 상당히 흥미롭다.

　대한제국 시기에 발간된 국내 신문에서도 'Korea' 가 일반적으로 사용되었다. 《독립신문》의 영문판에서도 'Korea' 라는 표기를 발견할 수 있으며, 박은식과 신채호 등이 관여한 《대한매일신보》의 영문판은 'The Korean Daily News' 라는 제호로 발간되었다. 독립신문이 미국 시민권자였던 서재필에 의해 주도되었고, 《대한매일신보》의 간행자가 영국 언론인 베델(Ernest Thomas Bethell)이었다는 사실을 통해서도 'Korea' 표기가 구미에서 일반화되어 있었음을 알 수 있다. 임시정부 또한 해외의 구미위원부에서는 'Korea Review', 파리통신부에서는 'La Corée Libre' 를 발행하였다. 임시정부에서 영어권에서는 'Korea'를, 프랑스에서는 'Corée' 를 사용한 것은 해당 지역의 관례를 따른 것이라 할 수 있다.

　두 번째 사항과 관련지어 생각할 것은 'Korea' 라는 국호 표기가 일제의 음모에 의한 조작이었다면, 해방 이후 영문 국호를 독자적으로 결정할 수 있는 기회가 있었음에도 이를 'Korea' 로 결정한 이유에 대해 해명할 필요가 있다는 것이다.

　해방 이후 정부가 수립되면서 남한 정부는 한국의 영문 국호에서 고유명 표기를 'Korea'로 정하고 현재까지 이를 공식 영문 표기로 삼고 있다. 북한은 어떠했는가? 북한 또한 정식 영문 국호 중 고유명 표기에 'Korea'를 사용하고 있다. 해방 이후 남북한이 공히 각자 수립한 정부의 공식 영문 국호를 'Korea'로 결정한 것이다. 그리고 영문 국호 결정에 있어서 'Korea'로 할지, 'Corea'로 할지를 두고 논란을 벌였다는 기

1894년 발행한 우표. 'KOREA'로 표기되어 있다.

록은 보이지 않는다. 이러한 과정에 비추어볼 때 'Korea'로 영문 국호를 결정하는 것은 자연스러운 일이었음을 짐작할 수 있다. 그동안의 관례를 인정하는 차원에서 영문 표기가 결정되었다는 말이다. 또한 미국이 사용한 표기와 러시아어에서의 우리 국호 표기가 모두 'K'로 시작되는 것도 이러한 표기를 자연스럽게 선택하는 데 작용하였을 것이다.

국호 표기를 결정하는 데에 당시 국내외 상황이 중요한 요인이 되는 것은 자연스러운 현상이다. 우리와 비슷한 예가 필리핀이다. 필리핀의 영문 국호는 'Philippines'이지만 필리핀인이나 필리핀어를 뜻할 때는 일반적으로 'Filipino'를 쓴다. 서로 관계되는 두 경우를 소릿값이 같은 다른 글자로 표현하는 것이다. 그래서 필리핀인을 'Philippines'라 쓰기도 하고, 필리핀을 'Filippines'라 쓰기도 한다. 'Ph'와 'F'의 선택이 기준 언어의 차이에 따른 것이기 때문이다. 스페인식으로는 'F'이지만 영어식으로는 'Ph'가 된다. 필리핀의 표기 관습에는 스페인과 미국의 식민지를 경험한 역사가 드리워져 있을 뿐, 알파벳 자모의 앞뒤를 고려한 흔적은 발견되지 않는다. 단지 정식 영문 국호에서 고유명의 표기가 'Philippines'인 것은 필리핀을 마지막

으로 지배한 미국의 영향 때문일 것이다. 이는 남북한의 영문 국호가 'Korea'로 정착되는 과정과 비교해볼 수 있다.

## 통일시대의 코리아는?

관습을 혁신할 때는 혁신의 이유와 역사적 필요성이 분명해야 한다. 영문 국호 문제도 마찬가지다. 'Corea'로 바꿔야 한다면 지금 'Corea'로 바꾸는 이유가 명확하고 합리적이어야 할 것이다.

그런데 가장 결정적인 이유로 제기된 'Korea가 일제의 조작에 의해 공식화된 것'이라는 가정은 심증만 있을 뿐 구체적인 물증은 희박하다는 게 밝혀졌다. 통계적으로 1900년 이전에는 'Corea'가 많이 쓰이다가 1900년 이후에 'Korea'가 많이 쓰였다고 할지라도, 이러한 관습의 변화가 일제의 농간에 의한 것이라고 몰아붙이는 것은 성급하다. 일제 조작설의 진위 여부를 떠나 통일시대를 새롭게 시작한다는 의미로 분단의 상징인 'Korea' 대신 'Corea'를 쓰자는 주장을 할 수도 있다. 그러나 분단 이전부터 쓰이던 'Korea'가 분단의 상징이라는 것도, 남북이 공유하는 것을 바꾸면서 통일시대를 준비해야 한다는 것도 납득하기 어렵다.

더 주체적인 태도는 남북한이 로마자 표기법을 통일하고, 이 로마자 표기법에 근거하여 통일 국가 이름의 로마자 표기를 결정하는 것이다. 현행 로마자 표기법을 보면, 남한은 'ㄱ', 'ㅋ'을 'g', 'k'로 표기하고 있고 북한은 이를 'k', 'kh'로 표기하고 있으며, 1992년에 남북이 합의한 바 있는 로마자 표기 단일안에서는 'k', 'kh'로 표기하고 있다. 'c'는 북한의 현행 표기와

1992년 남북한 단일안에서 공히 'ㅈ'을 표기하는 데 쓰이고, 현행 남한 로마자 표기법에는 'c'가 단독으로는 쓰이지 않는다.

여기에서 우리가 주목해야 할 것은 남북 단일안으로 공표된 로마자 표기법이다. 남북은 1986년부터 로마자 표기 단일안을 만들기 위한 협의를 시작하여 1992년에 그 결실을 보았다. 협의 과정에서 모음의 로마자 표기에는 쉽게 합의했으나, 일부 자음의 표기를 놓고는 진통이 있었다. 남북의 이견이 좁혀지지 않자, 자음은 북쪽 안을 그리고 모음은 남쪽 안을 택하여 아래와 같은 남북 단일안을 만들게 되었다.

### 로마자 표기법 국제표준기구(ISO) 남북 단일안◆

| | | | | | | | |
|---|---|---|---|---|---|---|---|
| ㄱ—k | ㄲ→kk | ㅋ—kh | ㄷ—t | ㄸ—tt | ㅌ—th | ㅂ—p | ㅃ—pp |
| ㅍ—ph | ㅈ—c | ㅉ—cc | ㅊ—ch | ㅅ—s | ㅆ—ss | ㅎ—h | ㅇ—ng |
| ㄴ—n | ㄹ—r/l | ㅁ—m | ㅏ—a | ㅓ—eo | ㅗ—o | ㅜ—u | ㅡ—eu |
| ㅣ—i | ㅐ—ae | ㅔ—e | ㅚ—oe | ㅑ—ya | ㅕ—yeo | ㅛ—yo | ㅠ—yu |
| ㅒ—yae | ㅖ—ye | ㅘ—wa | ㅝ—weo | ㅟ—wi | ㅙ—wae | ㅞ—we | ㅢ—ui |

이러한 점을 고려한다면 남북한의 현행 로마자 표기에서 'c'는 'ㅈ'의 표기와 더 밀접히 관련되어 있다. 그렇다면 통일 이후 영문 국호를 'Corea'로 하느냐, 'Korea'로 하느냐를 따지는 것은 무의미할 수도 있다.

---

◆ 현재 남북은 각기 다른 로마자 표기를 사용하고 있으며, 남북 단일안은 통용되지 않고 있다.

'Japan' 보다 'Corea' 가 알파벳 순서상 먼저 오기 때문에 'Corea' 로 바꿔야 한다는 생각은, 대일본제국을 표기하는 'Japan' 보다 조선을 뜻하는 'Corea' 가 먼저 오기 때문에 'Korea' 로 바꿔야 한다는 주장과 다를 바 없다. 서로에 대한 우월의식과 피해의식이 빚어낸 꼴사나운 국수주의적 태도일 뿐이다. 타인을 혹은 타인의 것을 앞에 세워주는 것은 상대에 대한 배려에서 나온다. 먼저 앞서겠다고 하여 앞에 나간다고 뭐가 달라지겠는가. 바닥까지 드러난 추한 모습을 보였다는 사실만 남을 뿐이다. 국호 문제에 대해 보다 통 큰 그리고 합리적인 태도가 필요하다.

## 국제문자 로마자의
## 평화로운 사용법

대륙과 대만의 병음은 무려 절반 가까이 차이가 나 양안의 관계 진전이나 소통은 물론 국제사회의 중국어 접근을 어렵게 하는 요인이 돼왔다. 예컨대 '마오쩌둥(毛澤東)'의 경우, 대륙에서는 'MaoZedong'으로, 대만에서는 'Mao Tsetung'으로 되어 있다. 중국에서 가장 흔한 성씨인 '장(張)' 자의 경우 대륙은 'Zhang'으로, 대만은 'Jhang'으로 표기해 국제적으로 혼란을 초래했다. (중략) 그러던 것이 10년 전인 1999년 국민당 집권 당시 병음 통일 논의가 시작됐다. 하지만 '대만 독립'을 주장해온 민진당이 2000년에 권력을 장악하면서 병음 표기 논의는 국민당과 민진당 사이에 '국제화 대 본토화', '양안통일 대 대만독립' 논의와 맞물려 정치색 짙은 논쟁으로 발전해왔다. 하지만 지난해 마잉주(馬英九) 국민당 정권이 들어서면서 병음 통일 논의는 다시 급물살을 탔으며 이번에 이 같은 결정을 내리기에 이르렀다. 양안 언론들은 '대만의 또 다른 통일논쟁을 이끌어온 병음 논의에서 '통일론'이 '독립론'을 눌렀다"면서 "수십 년을 끌어온 병음대전(大戰)에 종지부를 찍게 됐다"고 평가했다.

— 《문화일보》, 2009년 3월 6일

중국과 대만의 한어병음(漢語拼音)◆ 논쟁은 결국 중국식 병음으로 통일됨으로써 종식되었다. 절대 다수가 사용하는 방식으로 통일되었다는 점에서 혼란을 최소화한 현실적인 결정이라고 평가할 수 있다. 양안(兩岸) 관계가 밀접해진 이후 거둔 성과 중 하나다.

오랜 논란이 있었음에도 대만은 왜 중국의 병음안을 받아들인 것일까? 중국의 병음안을 받아들이는 것이 '본토화'라는 주장보다는 세계적으로 절대 다수의 외국인들이 중국의 병음안을 사용하는 현실에서 '국제화'를 실현해야 한다는 주장이 설득력을 얻기 때문이다. 여기에서 우리가 주목할 부분은 중국의 병음안이 어떻게 국제적으로 받아들여지게 되었는가 하는 점이다. 물론 중국이 부강해지면서 이루어진 결과이겠지만, 그것에 앞서 주목할 점은 중국이 한어병음 정책을 일관되게 추진했다는 사실이다.

미국과 유럽의 학계는 오랫동안 중국어를 로마자로 표기하는 데 '웨이드-자일 표기법'을 사용했다. 중국이 한어병음안을 정한 이후에도 미국과 유럽의 학계는 이러한 관습을 바꾸지 않았다. 그러나 중국 정부의 일관된 정책으로 한어병음 방안은 국내외에 공식적인 로마자 표기법으로 정착될

---

◆ 중국어 한자음을 로마자로 표기하는 발음부호.

수 있었다. 중국과 대만의 한어병음 방안이 중국의 안으로 통일될 수 있었던 힘은 여기서 찾을 수 있다. 그럼 우리의 경우는 어떠한가?

한국은 지난 1985년 ISO(국제표준화기구)로부터 로마자 표기 방법에 대한 규격 초안을 제출해주도록 요청받고 자체안을 마련한 데 이어, 지난 1987년 5월 모스크바 회의를 시작으로 그동안 북한 측과 표기법 단일안 협상을 벌여왔다. (중략) 이번 5차 회의에서 북한 측의 자음 표기법, 그리고 한국 측의 모음 표기법을 수용하는 절충안이 단일안으로 합의된 것이다. 한글 로마자 표기 단일안이 국제규격으로 확정되면 국제적으로 혼란 해소와 함께 해외에 있는 각종 한국자료에 대한 전산, 축적 작업이 가속화되고 이에 대한 검색 작업도 보다 용이해질 것으로 예상되고 있다. 또 이번 단일화를 계기로 관련 부문에서의 남북 접촉도 활발해질 것으로 보이는데, 교과서 내 외래어 표기와 각종 표지판 통일을 위한 실무자 회의, 그리고 어문학 분야에서 한글학자들 간의 모임 등이 뒤따를 것으로 예상되고 있다.

— 《연합뉴스》, 1992년 6월 17일

그러나 안타깝게도 남북이 만든 단일안은 안으로만 존재할 뿐 실제 남북에서 법적 구속력을 갖지 못한다. 그래서 현재까지 남북은 서로 다른 로마자 표기를 한다. 우리의 영산 '백두산'은 남쪽에선 'Baekdusan'이고, 북쪽에선 'Paiktusan'이다. 남북 단일안을 만들 때의 절박감을 생각한다면, 남과 북이 어떻게 로마자 표기법을 통일할지 다시 한 번 진지하게 고민해야 할 것이다. 이전에 합의한 안을 다시 살려 쓸 것인지, 아니면 새로운 합의를 이끌어낼 것인지.

그런데 남북의 로마자 표기법을 통일하는 데 있어 가장 큰 장애 요인은 우리의 표기법에 일관성이 없다는 것이다. 정부 수립 이후 국어 로마자 표기법은 1948년, 1959년, 1984년, 2000년에 개정되었다. 그렇지만 그사이 미국과 유럽의 학계는 관습적으로 1938년 미국인 일본사학자 라이샤워가 고안한 매큔-라이샤워 안을 썼고, 지금도 대부분 이 안을 고수하고 있다. 한국학 전공자들조차 외국 학회의 요구에 따라 매큔-라이샤워 안으로 로마자 표기를 하는 경우가 많다. 1984년 올림픽을 앞두고 로마자 표기법이 매큔-라이샤워 안을 기준으로 개정된 것도 이러한 맥락에서 이루어졌다고 할 것이다.

한국의 공식적인 로마자 표기법이 존재함에도 이를 수용하지 않고 자신들의 관습을 고집하는 서구 학계의 태도는 오만한 것이고, 1984년 개정한 표기법을 15년 만에 다시 개정하는 정부 당국의 태도는 무책임한 것이었다. 특히 당시 정부 당국의 일관성 없는 태도는 표기의 혼란을 부채질하는 데 일조했다.

이런 점에서 2000년 개정된 로마자 표기법은 표기의 합리성 여부를 떠나 많은 비판을 받았다. 그중 뼈아픈 대목은 통일시대를 생각하지 않고 성급하게 개정했다는 지적이었다. 여기에는 1992년에 합의한 남북 로마자 표기법 단일안을 제쳐두고 새로운 표기법을 만들었다는 아쉬움도 포함되어 있을 것이다.

코리아 영문 표기를 수정해야 한다는 문제 하나로 남북 학계가 머리를 맞댈 수 있었다면, 남북 로마자 표기법을 통일해야 하는 문제에 대해서도 다시 한 번 머리를 맞댈 수 있지 않을까? 로마자 표기 정책에 아쉬움이 많은 만큼 이를 만회할 수 있는 정책적 노력을 기대해본다.

# 독립운동으로서의 한글운동

일제강점기를 경험했던 사람이든 그렇지 않은 사람이든 그 당시에 일어났던 일을 단정적으로 이야기할 때가 많다. 그러나 단정적인 표현에는 그 일과 관련한 복잡한 맥락이 생략되기 마련이라 이러한 이야기를 근거로 당시의 상황을 정확하게 파악하기는 어렵다. 특히 조선어학회와 관련한 이야기는 조선어학회의 의의를 높여 말하는 사람이든 낮춰 말하는 사람이든 그 성격을 단정하여 말하는 경향이 강하다.

현실이 이렇다 보니 민족어 문제를 이야기함에 있어 일제강점기라는 시대의 특수성을 망각하거나 그 특수성을 과도하게 내세우는 경우가 많다. 일제강점기의 과제와 현재 이루어야 할 과제를 같은 차원에서 보는 경우도 있고, 일제강점기에 이룬 성과를 현재 관점에서 평가하는 경우도 있다.

일제강점기에 조선어학회를 중심으로 이루어진 민족어 운동이 우리의 국어의식을 형성하는 데 끼친 영향을 생각한다면 이러한 현실이 우려스러

울 따름이다. 어떤 경우이든 국어의식이 왜곡되는 것은 피할 수 없기 때문
이다. 일제강점기의 언어 상황과 민족어 운동의 대응 양상에 대한 객관적
고찰이 필요한 이유다.

## 일제강점기 민족어 운동, 어떻게 볼 것인가

제국주의 지배 아래에서의 민족운동이라는 것은 제국의 체제 안에서
민족 영역을 분절하고 명료화함으로써 궁극적으로는 제국의 체제를 안정시키는
것이라고 생각합니다. 어디까지나 제국의 틀 안에서 민족적 차별을 완화한다든지,
민족적 이익을 확보한다든지 하는 투쟁이 벌어지고, 문화적 차원에서의 헤게모니
투쟁도 벌어집니다. 민족과 제국은 서로 그렇게 길항하면서 협조하는 관계를 만들
어나갑니다. 그것이 이른바 민족운동의 실체라고 생각합니다. 식민지 시기 민족 저
항운동의 최고봉으로 평가받는 조선어학회의 한글운동 같은 것이 그 전형적인 사
례입니다.

— 김철, 《해방 전후사의 재인식》 2, 2006

우리 역사에서 조선어학회는 일제강점기에 활동한 저항적 문화운동 단
체의 상징이다. 그 상징성은 조선어학회 사건을 통해 확립되었다고 볼 수
있지만, 이를 지속시켜준 힘은 민족과 민족어의 함의가 무거울 수밖에 없
는 시대 상황 속에서 강화된 어문민족주의였다. 그런데 이러한 상징성 때
문일까? 조선어학회에 대한 평가는 조선어학회의 신화를 신화 그대로 되

조선어학회 사건으로 옥고를 치른 조선어학회 사건 수난 동지회(10·1회) 회원들(1946년 6월). 앞줄 왼쪽부터 김윤경, 정세권, 안재홍, 최현배, 이중화, 장지영, 김양수, 신윤국, 가운데 왼쪽부터 김선기, 백낙준, 장현식, 이병기, 정렬모, 방종현, 김법린, 권승욱, 이강래, 뒷줄 왼쪽부터 민영욱, 박혁규, 정인승, 정태진, 이석린이다.

뇌거나, 어문민족주의에 대한 탈근대적 관점의 비판으로 양분되는 경향이 있었다.

어문민족주의에 경도된 논의가 식민지 시대 민족어 운동의 의미를 객관적으로 평가하는 데 장애가 되었다면, 탈민족주의적 관점에서 혹은 탈근대적 관점에서 일제강점기의 민족어 운동을 평가하는 시도는 식민지의 특수성을 고려하지 않고 근대 어문 정리 과정을 단선적인 발전사로 구성하는 문제를 드러낸다. 즉 어문 정리의 사실과 그것의 근대적 의미만을 기술할 뿐, 일본의 식민지 언어정책과 식민체제에 저항하는 민족어 운동의 성격을 파악하는 데 소홀하면서, 근대적 어문 정리 사업의 역사적 맥락을 놓치는 오류를 범한 것이다.

"한글운동을 수행한 주체가 최초의 한글 번역 성경을 낸 벽안의 선교사이기도 하고 식민 지배의 기구인 총독부이기도 했다는 사실은 한글 발전사에서 크게 문제될 것이 없었다"(이혜령,《해방 전후사의 재인식》1)는 언급에서 우리는 어문의 근대화라는 보편성에 주목하면서, 식민 지배를 받는 민족의 어문 정리 과정이 지니는 특수성을 도외시하는 불균형한 시각을 감지할 수 있다.

물론 어문 정리를 통한 조선어 규범화 정책만을 본다면, 일본이라는 국가와 조선총독부라는 행정체제가 수행한 조선어 규범화 정책은 표면상 근대어의 확립과 관련되며, 조선총독부와 조선어학회의 활동이 같은 차원에서 읽힐 수도 있을 것이다. 그러나 이러한 시각에서의 접근은 필연적으로 식민 지배를 받는 시기에 행해진 민족어 운동의 동인(動因)과 과정을 식민 통치자의 관점으로 재구성한다는 점에서 문제적이다. 위의 인용문은 그러한 관점을 명료하게 보여준다.

그러나 조선어학회의 어문 정리 사업은 갑오개혁 이후부터 이어져온 어문 정리 사업의 연장선상에서 진행된 것으로,《조선어사전》편찬, 표기법과 표준어 제정 등을 통해 조선어를 명실상부한 공용어로 확립하고자 한 어문 운동이었다. 어문 정리 사업의 출발이 갑오개혁 이후였음을 새삼 강조하는 것은 근대 어문 정리 과정에서 차지하는 조선총독부의 위상을 분명히 하기 위함이고, 조선어학회의 활동을 강조하는 것은 당시 어문 정리 사업을 지속적으로 이끈 주체가 누구였는지를 분명히 하기 위함이다. 일제강점기 내내 일본어 상용화와 조선어 정리 사업이 상호배타적으로 진행되었다는 사실을 통해 조선어 정리의 목적과 주체를 보다 분명하게 알 수 있다.

일본어에 공용어로서의 지위를 부여하고 조선어를 주변어로 전락시키려는 조선총독부의 개입이 지속적이면서도 폭력적이었다면, 총독부의 어문 정책과 조선어학회의 어문 정리 사업의 관계를 길항과 협조의 관계로 볼 수는 없지 않겠는가.

조선어가 국가의 공용어로 인정받지 못할 운명을 감지했음에도 조선어의 근대적 어문 정리에 임한 조선어학회의 활동은, 그 자체로 식민체제에 대한 저항이었다. 조선어학회가 추진한 철자법 통일, 표준어 제정,《조선어 사전》편찬 사업 등은 민족어의 독자적 발전을 지향했다는 점에서 국어 상용화 정책으로 요약되는 식민지 언어정책에 대립적일 수밖에 없었기 때문이다.

일제강점기 민족어 운동의 의의는 이 지점에서 찾아야 할 것이다. 그렇다면 일제강점기 민족어 운동의 의의를 밝히기 위해서는 먼저 일본어 상용 정책의 본질과 진행 과정을 치밀하게 살펴보고, 이에 맞선 민족어 운동 세력의 활동을 구체화할 필요가 있다.

## 일본어 상용 정책은 어떻게 시작되었나

교과서라 하는 것은 자기 나라의 사상과 자기 나라의 물정에 맞게 한 후에야 이것으로 아동을 교육하는 것을 계발할 수 있거늘, 지금 폐원탄(幣原坦) 씨는 그리하지 않고 일문으로 한국 초년의 교과서를 편집하니, 학부 대소 관인이 동의한 자가 한사람도 없거늘, 그사람이 고집을 부려 뒤집고 자기 마음대로 하여, 변

영화 〈집 없는 천사〉(최인규, 1941, 위)와 〈지원병〉(안석영, 1941, 아래). 두 편 모두 계몽주의와 군국주의를 바탕에 깔고 있는 조선어 영화다. 일본은 전시체제를 강화하는 수단으로 친일 영화를 이용했으며, 이 경우는 조선인의 의식화를 위한 영화였기 때문에 조선어로 만들었다.

함없이 일문 교과서를 편집하기 위하여 일본 사람을 다수 모집하여 편집에 종사한다고 하니, 한국 유년에게 일문 교과서를 익히게 하는 것은 어린아이의 뇌수를 뚫고 저 소위 일본 혼이라 하는 것을 주사하고자 함이라.

— 《대한매일신보》, 1906년 6월 6일 사설의 현대어역

한일병합 전 이미 대한제국의 정치와 경제는 일본에 의해 장악되었다. 이런 상황에서 일본 통감부는 대한제국의 초등학교용 교과서 편찬에 관여하면서, 모든 교과서의 언어를 일본어로 한다는 방침을 세웠다. 이는 통감부

의 교과서 편찬이 대한제국을 완전한 식민지로 만들기 위한 전초 작업이었음을 말해준다. "한국 유년에게 일문 교과서를 익히게 하는 것은 어린아이의 뇌수를 뚫고 저 소위 일본 혼이라 하는 것을 주사하고자 함이라"라는 말은 이러한 일본의 저의를 정확하게 지적하고 있다.

일본어로 교과서를 편찬하는 데 대한 반대 여론이 들끓자, 통감부는 여론을 무마하기 위해 일어 독본과 이과(理科) 교과서만 일본어로 발간하고, 나머지 교과서는 국한문 혼용으로 발행한다는 결정을 내려 한 발 물러나는 듯한 모습을 보였다. 그러나 이는 교묘한 식민지 언어정책이 시작되었음을 의미한다.

통감부가 이과 과목의 교과서에는 일본어를 사용하는 방침을 관철시킴으로써 '일본어는 곧 실용적'이라는 등식이 자연스럽게 성립했다. 이는 과학과 실용의 영역에서 우리말을 배제시키는 논리가 됨으로써, 우리말의 역할이 극도로 축소되는 결과를 낳았다. 또한 인문 관련 교과서가 이두식 국한문 혼용으로 쓰이면서 학술 분야에서 자연스러운 우리말 문체가 정착될 수 있는 기회가 사라져버렸다. 19세기 말《독립신문》과《제국신문》등 순한글 신문에서 선보였던 근대적인 우리말 문체가 꽃피우지 못함으로써, 학술적 글쓰기가 이두식 국한문 혼용 문체의 틀에 갇혀버린 것이다. 이는 우리말에 일본식 문체와 일본식 한자어가 범람하는 계기가 되었다.

1910년 이후 일본의 식민 지배가 본격화하면서, 일본어 상용화를 전제로 한 교육도 본격화하였다. 조선어를 제외한 모든 과목의 교과서가 일본어로 발행되었을 뿐만 아니라, 행정과 법률 관련 문서는 일본어로 된 문서를 표준으로 삼게 되었다. 일본어가 명실상부한 권력 언어인 국어로 되고, 우리

일제강점기 교과서들. 국어 교과
서인 《국어독본》은 일본어 수업
용이고, 우리말은 《조선어독본》
으로 따로 배워야 했다.

말은 피지배 민족의 언어로 전락한 것이다. 당시 90퍼센트에 육박했던 문
맹률과 저조한 진학률 때문에 일본어는 그 위세에 걸맞은 파급력을 가지지
못했다. 그 덕분에 조선어는 일상 언어로서 활발하게 사용되었지만, 교육,
행정, 법률, 학술 등의 영역에서 밀려나면서 이류언어로 전락하고 말았다.

그러니 일본으로서는 굳이 식민 지배를 시작하자마자 폭력적으로 일본
어를 강요할 필요가 없었다. 권력의 언어에서 밀려난 언어는 생활어로 쓰
이다가 문명의 발달과 함께 도태된다는 것은 역사가 말해주고 있기 때문이
다. 오히려 조선총독부는 일본인 교사들에게 "언어가 통하지 않아 목적 달
성에 지장이 없도록 조선어를 습득하라"고 권하였으며, 총독부 관리들에게
는 조선어 습득을 장려하면서 총독부 관리와 경찰을 대상으로 조선어 급수
시험을 치르기도 했다.

일본어 상용 정책을 통해 조선인을 상대로 한 일본어 교육을 강화하고,

일본 관료들에게는 조선어 장려 정책을 펴며 조선어 실력의 향상을 유도한 것이 일본의 식민지 언어정책이었다. 일본의 식민지 통치가 얼마나 치밀하게 진행되었는지 알 수 있는 대목이다.

## 일본어 상용 정책과
## 조선어학회의 우리말 지키기

> 1926년 7월 7일(수) 맑다, 무덥다. 4학년 조선어 시험 답안을 보다가 화가 난다. 이 과정에 대하여는 너무들 성의가 없다. 온 세상 사람들이 거의 다 추세로 사니 학생들만 나무랄 것 없지마는, 화는 아니 날 수 없다. 어제도 조선어 시간에 2학년 누구가 조선어도 시험 보나요 하기에 한바탕 야단을 쳤었다. 그러고 나서 생각하면 우스운 일이지마는 그런 말을 듣는 때에는 과연 그저 있을 수 없다. 진실로 무엇을 배우는 셈인지 무엇을 위하여 사는지 모르겠다.

> — 이병기, 《가람일기》 1, 1974

일본어 상용 정책은 일본의 교육 정책과 긴밀히 연관되어 있다. 일본은 1911년 식민지 교육의 방침이 담긴 조선교육령을 발표했다. 조선교육령에는 "보통교육은 보통의 지식 기능을 주고, 특히 국민 된 성격을 함양하며 국어를 보급함을 목적으로 한다"(제1장 강령 제5조)라는 강령이 있다. 이 강령은 일본어의 상용화가 식민지 교육의 중요한 목표였음을 말해준다.

이 교육령은 이후 식민 정책의 변화에 따라 1922년 2차 개정교육령, 1938년 3차 개정교육령, 1943년 4차 개정교육령이 나오면서 몇 차례 개정되는데, 조선교육령에서 언어 교육 정책의 방향은 일관되게 일본어 상용화를 지향하였다.

1차 교육령과 2차 개정교육령에서는 언어 교육에 있어서 '일본어 필수, 조선어 필수'라는 체제를 유지하였다. 그러나 이미 일본어는 국어의 위치를 차지하고 있었기 때문에, 모든 과목의 교과서가 일본어로 되어 있고, 교실에서는 일본어로 교육이 이루어지고 있었다. 이런 상황에서 조선어 과목 하나를 필수로 정하는 것은 실질적으로 별 의미가 없었다. 학생들은 수업을 잘 듣고 좋은 성적을 내기 위해서라도 일본어를 우선적으로 학습해야만 했기 때문이다. 가람 이병기의 일기는 당시 학생들이 조선어 시간에 어떻게 임했는지를 사실적으로 보여준다.

조선어를 필수 과목으로 지정해 교육하던 시절이었지만, 1920년대 중반만 해도 조선인 학생들은 조선어를 학습해야 할 특별한 동기를 느끼지 못하는 상태였다. 어떻게 해서 이 지경이 되었을까 의아할 수도 있지만, 어지간한 결심이 서지 않는 한 민족의식은 현실의 논리에 압도당할 수밖에 없었다. 조선인 학생들이 조선어를 학습해야 할 동기를 느끼지 못하는 데에는 여러 이유가 있었겠지만, 중요한 이유 중 하나는 상급 학교 진학을 위한 입시 과목에 조선어가 없다는 것이었다. 따라서 조선어가 필수 과목으로 허용되는 시기였더라도 실질적으로는 조선어 교육이 무시되었다. 입시에서 제외된 과목이 학생들의 관심을 끌기란 그때나 지금이나 어렵긴 마찬가지다.

당시 상급 학교 진학을 목표로 하는 학생이라면 조선어 시간에 다른 과목을 공부하고 싶었을 것이고, 진학을 하지 않는 학생들도 조선어를 배워야 할 이유가 없었다. 조선어야 집에서 자연스럽게 쓰고 있고, 사회에서 쓰는 글이 거의 대부분 일본어였다면, 딱딱한 문법이나 가르치고 고리타분한 글이나 읽는 조선어 시간은 너무 무료하지 않았을까?

이런 점에서 3차 교육령에서 발표한 '일본어 필수, 조선어 선택'의 정책은 학생 중심의 정책이라고 선전할 만했다. "학생들이 자신에게 불필요한 과목은 선택하지 않을 수 있는 권리를 줌으로써, 학생들의 일본어 능력을 향상시키고 더불어 학습의 효율성도 제고한다." 조선총독부 학무국 관리가 읊조렸을 법한 말이다.

"수업 내용을 제대로 이해하지 못하겠으니 수업을 조선어로 진행해달라"고 하는 조선인 학생들에게 일본인 선생은 이렇게 말하지 않았을까? "지금부터라도 일본어를 집중적으로 배우면 수업을 듣는 데는 지장이 없을 거야."

조선어가 앞으로 필요 없을 거라고 생각한 학생이었다면 이런 질문을 했을지도 모른다. "조선어는 선택인데 왜 조선어를 배워야 하나요?" 조선어 교사는 학생의 질문에 뭐라 대답했을까? 그가 할 수 있는 말은 민족적 자존심과 정체성을 지키자는 호소에 가까웠을 것이다.

조선어를 선택 과목으로 한 데 대해 분개한 사람들도 대부분 조선어의 필요성보다는 민족적 자존심을 내세우며 조선총독부의 조치를 비판했을 것이다. "조선어를 선택으로 한 것은 조선어와 조선인을 무시한 조치 아닌가?"라고 말이다.

이러한 상황이었기에 조선어의 몰락과 일본어 상용화는 시간 문제였다. 그리고 조선총독부는 조선인 스스로 조선어를 포기하게 하는 것이 가장 최선의 식민 통치 전략임을 알고 있었다. "일본이 강압한 것이 아니라 식민지

일제강점기 일본어 교육 장면. '일본어 필수, 조선어 필수' 체제에서 '일본어 필수, 조선어 선택' 체제로 전환하면서 학생들이 스스로 조선어를 포기하고 일본어를 선택하도록 유도했다.

인들이 스스로 내린 선택이었다." 현재 일본 우파의 논리는 이러한 식민 통치 전략에 기댄 것이다.

그러나 일본어 상용화 정책이 국민정신의 함양이라는 황민화 정책과 더불어 진행되었다는 점에서, 조선총독부로서는 일본어 상용화의 실현을 느긋하게 기다릴 수만은 없었다. 일본어의 조기 상용화는 곧 안정적 통치를 앞당기는 일이었기 때문이다.

일본어 실력을 향상시키라는 총독부의 지침이 내려지고, 일선 학교에서 일어 해득률을 높이려는 과욕이 나타나면서, 일본어 상용 정책은 점차 폭력적인 양상을 띠었다. 수업 중에 조선어를 말한 학생을 체벌하고 심지어는 정학 등의 징계를 내리는 일은, 1930년대 중반 조선어 신문에 심심치 않게 등장하는 사건이었다. 특히 중일전쟁 이후 정권이 파쇼화되고 식민 통치도 강압성을 띠면서 조선어에 대한 탄압도 심해졌다. 그리고 결정적으로 1940년에 태평양으로 전선이 확대되면서 국어 상용 정책은 조선인 동원 정책과 맞물려 더욱 폭력화되었다. 조선인을 전쟁에 동원할 필요가 생기자, 총독부에서는 학교 교육을 받지 않은 조선인에게도 일본어를 가르치기 시

일본어 상용화를 목표로 한 조선교육령에 따라 차츰 일상 대화에서조차 일본어를 사용하는 것에 익숙해져갔다. 기생들도 일본 손님들을 상대하기 위해 일본어를 배워야 했다.

작했다. 1942년 시작된 '국어 전해 운동(國語全解運動)'은 이러한 맥락에서 시작되었다. 이를 계기로 일본어 교육은 학교뿐만 아니라 전 사회적으로 강력하게 추진되었다.

일본어 상용 정책은 단계적으로 치밀하게 진행됐다. '일본어 필수, 조선어 필수' 체제에서 '일본어 필수, 조선어 선택' 체제로 전환하면서 학생들이 스스로 조선어를 포기하고 일본어를 선택하도록 유도했다.

조선어 신문의 폐간, 조선어학회 사건 관련자의 대대적인 검거 등과 같은 일이 이 와중에 발생하였다. 이른바 '조선어 말살 정책'이 본격화된 것이다.

## 저항적 민족어 운동의 의미

금일 세계적으로 낙오된 조선 민족의 갱생할 첩로는 문화의 향상과 보급을 급무로 하지 않을 수 없는 것이요, 문화를 촉성하는 방편으로는 문화의 기초

가 되는 언어의 정리와 통일을 급속히
꾀하지 않을 수 없는 것이다. 그를 실현
할 최선의 방책은 사전을 편성함에 있
는 것이다.

— 〈조선어사전 편찬회 취지서〉, 1929

第一高普校
盟休遂擴大
사학년과 대략가티
二年生二百名加擔

배재학생 동맹휴학에 대한 《조선일보》 기사(1920년 7
월 7일). 학생들이 '조선어'를 기본 학과로 하여 '조선
역사'를 교수해달라고 요구하고 있다.

일제강점기 민족운동을 이야기
할 때 빼놓을 수 없는 것이 '조선어
학회'의 활동이다. 조선어학회는
일제강점기였음에도 개화기 국어
운동의 연장선상에서 우리말과 글의 규범화를 위해 활동하면서 조선어의
발전 전망을 세웠다. 이러한 조선어학회의 활동이 있었기 때문에 우리말은
피지배 민족어로 방치되지 않았던 것이다.

1929년에 조선어학회(당시는 조선어연구회)의 주도로 조선어사전 편찬회가
결성되었다. 조선에 거주하는 명망 있는 민족주의자 108인이 발기인으로 참
여하였다. 사전을 만드는 일에 이렇게 많은 사람들이 적극 나선 데에서 당시
조선어학회의 위상과 조선어사전 편찬의 역사적 의미를 짐작할 수 있다.

조선어사전 편찬회가 결성되기 8년 전인 1921년, 조선총독부는 10년의 작
업 끝에 《조선어사전》을 발간한다. 구습(舊習) 조사라는 명목으로 진행된 사
전 편찬 사업이었지만, 실제로는 조선어의 표준을 제시하는 사업이었으며
조선총독부를 통해 조선어의 위상이 결정될 수 있음을 보여준 사업이었다.

이 사전은 조선어사전이었지만 일본어 상용화를 전제한 상태에서 만들

어졌다고 할 수 있는데, 사전의 구조와 내용은 이러한 편찬 동기를 잘 보여 주고 있다. 첫째, 애초에 '조선어 올림말—조선어 뜻풀이—일본어 뜻풀이' 의 구조로 설계되었지만, 최종적인 출판은 '조선어 올림말—일본어 뜻풀이' 의 구조가 되었다. 조선어가 일본어로 정의된 것이다. 더구나 애초 설계에 포함된 조선어 뜻풀이 역시 일상적인 조선어가 아닌 이두식 국한 혼용문*이 었다. 둘째, 일반적인 이중어 사전이 올림말과 올림말을 대역한 단어를 제 시하는 구조이지만, 조선총독부의 사전은 조선어 올림말과 이 올림말을 대 역한 일본어 단어를 제시하는 구조가 아니라, 조선어 올림말과 일본어 뜻풀 이의 구조를 보이고 있다. 단순히 일본인을 위한 조선어 학습 사전이 아닌 것이다.

이는 무엇을 말하는가? 조선어는 일개 방언에 지나지 않는다는 얘기다. 조선어가 일본어로 정의되었다는 것은 일본어와 조선어의 위계가 주종의 관계임을 의미했다. 조선어사전 편찬회의 결성은 이에 대한 문제 제기였다.

조선어사전 편찬회는 조선총독부의 사전이 표준이 될 수 없다는 것을 분 명히 하면서, 조선어를 조선어로 설명하는 명실상부한 조선어사전을 만들 겠다는 의지를 천명하였다. 그후 13년간 조선어사전 편찬회는 수많은 난관 을 헤쳐나가면서 조선어사전의 편찬을 위해 전력을 다하게 된다. 이 과정에 서 1933년에는 맞춤법을 제정하고, 1936년에는 표준어를 제정해 공포한다.

---

◆ 조선총독부 편, 《朝鮮語辭典》은 '조선어(표제어)—일본어(뜻풀이)' 체제이지만, 그 원고본은 '조선어(표제어)—일본 어(뜻풀이)—조선어(뜻풀이)'의 체제로 되어 있다. 그렇지만 조선어 뜻풀이는 이두식 표현에 가까워 완전한 조선어라 하기는 힘들었다. '가르친사위'라는 표제어의 풀이를 보면 이를 실감할 수 있다. '가르친사위 [名] 一言一動을 人의 指 使만 待하고 處變을 不知하는 愚癡者의 譏稱.'

1933년의 맞춤법 원리는 1909년 대한제국 국문연구소의 형태주의 표기법을 수용한 것으로, 1911년 조선총독부의 표음주의적 철자법과는 달랐다. 총독부의 철자법을 병합 이전의 형태주의 표기법으로 전환한 것이다. 표기법의 합리성 여부를 떠나 조선어 규범화의 주도권을 조선인 어문단체가 가져온 것은 민족어 운동의 중요한 성과였다. 이는 1936년에 표준어를 제정한 데에서 정점을 이룬다. 우리가 현재 사용하는 표기법과 표준어의 기반이 이때 형성되었다. 이 과정에서 민족어 문제가 한때(1930~1935) 지식인 사회뿐만 아니라 일반인들의 지대한 관심을 끌게 된 것은 특별히 기억할 필요가 있다. 민족어에 대한 환기는 곧 민족의식을 일깨우는 일이었기 때문이다.

조선총독부는 일본어를 권력 언어로 삼으면서 일본어 상용 정책을 추진해나갔지만, 이에 대해 조선어학회는 조선어 규범 문제를 사회 문제화함으로써 조선어의 규범화가 조선인 사회에서 결정해야 하는 문제임을 환기하였다. 이는 조선어가 학술, 정치, 경제, 문화의 공식어로 거듭나야 한다는 의지의 표출이기도 했다.

조선어학회의 활동이 저항적이었던 것은 조선어학회가 태생적으로 일본어 상용화 정책에 맞설 수밖에 없는 단체였기 때문이다. 조선어학회의 정체성은 일본어 상용화 정책과 더불어 형성되었고, 조선어학회의 저항성은 일본어 상용화 정책이 폭력화하면서 강화되었다.

# 우리말을
# 지킨다는 것

우리나라가 해방되지 않은 상태에서 일본어 상용 정책이 상당 기간 더 진행되었더라면 우리말은 사라졌을까? 1940년대의 폭력적인 민족어 탄압을 생각한다면 우리말의 존립을 장담하긴 어렵다. 그러나 아무리 강력한 탄압이 있었어도 몇십 년 안에 한 언어가 사라지기는 어렵다. 그런 점에서 보면 식민 지배를 더 받았더라도 우리말은 명맥을 유지했을 가능성이 높다.

그렇다면 일본어 상용 정책은 우리말의 유지와 별 상관없는 것이란 말인가? 그런데 이에 대한 답을 아는 것보다 더 중요한 것은 우리말을 유지한다는 것의 의미를 아는 것이다.

근대의 특징 중 하나는 민족어가 생활의 언어에서 정치, 경제, 학술의 언어가 되었다는 것이다. 근대 이후 민족어에 대한 관심과 투자가 이어진 것은 민족어의 역할을 생활 언어로 국한하지 않았기 때문이다. 이처럼 근대 민족어의 탄생은 민족어의 역할 확대를 의미했다. 따라서 민족어를 유지한다고 말할 수 있으려면, 그 민족어가 정치, 경제, 학술의 언어로서의 위상을 공고히 하고 있어야만 한다. 이는 일본어 상용 정책에 맞서 민족어 운동을 전개한 선조들도 뼈저리게 느꼈던 문제다.

조선어학회에서 맞춤법과 표준어 등에 관한 규범을 정하고, 이러한 규범의 결정체인 조선어사전을 편찬한 것은 우리말의 역할을 식민지 조선의 공용어로 만들기 위한 노력의 일환이었다. 그들에게는 명맥만 유지하는 조선어는 별 의미가 없었던 것이다. 조선어학회는 언어 규범을 연구하고 조선

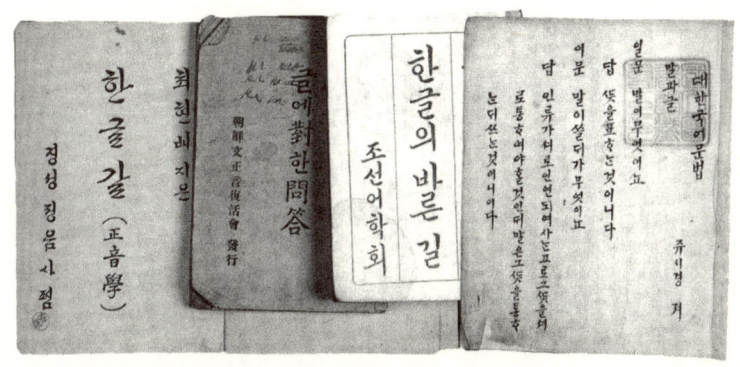

1920~1930년대 조선어학회가 전개한 한글 보급 운동 책자와 교재들. 조선어학회는 일본어 상용화 정책이 강력하게 추진되는 상황에서도 지속적으로 한글 강습 활동을 벌여 우리말 확산과 보존에 힘썼다.

어의 원리를 탐구하는 학회였지만, 이들의 활동이 저항성을 띨 수밖에 없었던 것은 피지배 민족의 민족어를 국가 공용어의 반열에 올리기 위한 제반 작업을 했다는 데 있다.

규범을 강조하고, 표준어를 완고하게 고수하려는 조선어학회의 태도는 현재의 관점에서 보면 융통성이 없는 근대주의자의 모습이지만, 당시의 관점에서 보면 조선어를 국어인 일본어와 같은 반열에 올리려는 의욕적인 민족주의자의 모습이다. 일제의 일본어 상용 정책이 심화되면서 조선어의 위상이 추락하는 현실에서 조선어의 규범화를 위해 노력했던 이들은 이런 점에서 선각자였다.

해방 이후 혼란한 와중에도 우리의 교육이 우리말로 이루어질 수 있었던 것은 전적으로 이들의 완고한 민족주의가 빚어낸 위대한 승리라고 해야 할 것이다. 식민 지배를 받았던 민족이 이렇게 빠른 시일 안에 자신의 민족어를 국어로 정립하면서 교육을 진행한 예가 어디 있었는가?

# 한글인도주의와 한글제국주의

　한국의 국제적 위상이 높아지면서 한글과 한국어를 배우려는 외국인이 급속히 늘었다. 이에 발맞춰 한국어를 보급하려는 국가 정책도 구체화되고 있다. 그러나 한글과 한국어 보급 사업을 뒷받침하는 철학은 빈약하기만 하다. 철학이 빈약하니 남는 것은 한글과 한국어를 알려야 한다는 강박뿐이다. 그러나 받아들이는 쪽의 생각과 입장을 고려하지 않은 일방적인 보급은 경우에 따라 구걸로도 또는 침략으로도 느껴질 수 있다. 더구나 한글의 절대적인 우수성을 확신하며 보급에 나서는 태도에서는 한글제국주의의 기운마저 느껴진다. 한때 화제가 되었던 '인도네시아의 찌아찌아족에게 한글을 보급하는 사업'이 이러한 문제를 극명하게 보여주는 게 아닐까?

# 찌아찌아족에게
# 한글을 보급한다?

인도네시아 중앙정부에는 찌아찌아족의 한글 도입을 탐탁지 않게 여기는 인사들이 있다. 그럼에도 불구하고 한글을 이용한 찌아찌아어 교육이 좌초하지 않고 진행되고 있는 것은 중앙정부를 상대로 적극적인 설득 작업을 펼친 아미를 따밈 바우바우 시장과 찌아찌아족의 한글 사용을 적극 지원한 바우바우 시 의회와 바우바우 시민들이 있었기 때문이다. 찌아찌아족이 한글을 부족문자로 채택했다는 뉴스가 보도되었을 때 거의 모든 국민이 기뻐했던 것으로 기억한다. 찌아찌아족은 우리에게 기쁨과 문화적 자긍심을 선물했다. 그러나 우리는 그들에게 무엇을 해주었는가? 바우바우 시에서 한국어 교사가 없어 쩔쩔매고 있는데도 불구하고 우리 정부에서는 문화침략으로 비칠까 두려워 한국어 교사를 한 명도 파견하지 못하고 있다. 중국은 바우바우 시에서 멀지 않은 곳에 있는 동부 인도네시아의 거점 대학인 하사누딘 대학에 거대한 규모의 공자학원을 짓고 중국어 보급에 나서고 있는데도 말이다. 일본은 일본어 교육을 지원하기 위해 바우바우 시 명문 제1고등학교에 어학실습실을 만들어주었다. 반면 우리는 교사를 파견하지 못해 작년 여름 이 학교에서 시작한 한국어 교육이 올 들어 중단되었다. 한국을 좋아하고 한국을 배우려는 사람들한테 왜 그리 인색한가?

— 이호영, 〈찌아찌아족은 지금〉, 《강원도민일보》, 2011년 3월 7일

한글 보급 운동에 열과 성을 다하고 있는 언어학자 이호영은 찌아찌아족이 한글을 부족문자로 채택한 사실을 거론하며, 한글을 배우려는 사람들에

게 인색한 우리의 실태를 비판하고 있다. 그러나 냉정히 말한다면 현재 찌아찌아족에 대한 지원이 인색해진 데에는 한글을 보급하겠다고 나선 이들의 책임이 더 크다. 한글 수출이라는 자극적인 단어를 동원하며 국민적 관심을 끌어모으는 데에는 열중하면서도 한글 수출이 가져올 정치사회적 의미는 생각하지 않았기 때문이다. 한글 수출을 추진했던 이들의 가장 큰 실책은, 국가의 공식 문자는 국어정책의 틀에서 결정된다는 상식적인 사실을 간과한 것이다.

인도네시아 정부는 인도네시아 국가 전체의 소통이라는 큰 틀에서 각 부족의 문자 문제에 접근할 것이다. 이러한 맥락에서 볼 때, 인도네시아가 상식적인 국가라면 한글이 찌아찌아족의 공식 문자로 자리 잡는 것은 애초부터 실현 가능성이 희박했다. 해당 국가의 어문 정책과 관계없이 소수민족 공동체와의 협의만으로 한글이 특정 소수민족어를 표기하는 공식 문자가 될 수 있다고 생각했다는 게 놀라울 따름이다. 혹 그러한 가능성을 믿었고 그 믿음 때문에 이처럼 실망스러운 사태에 직면했다면, 제3세계 국가와 문자 없는 소수민족에 대한 우리의 시선이 불온했음을 반성해야 하는 게 아닐까?

다민족국가의 경우 민족공동체 간의 소통 문제는 국가적 관심 사항이다. 그러나 언어 통합 정책은 대부분 민족공동체의 심각한 저항에 부딪히기 때문에 국가가 언어 통합 정책을 추진하는 경우는 극히 드물다. 대신 다민족국가들은 공통어를 확립하여 소통의 도구로 삼고, 민족어를 유지하는 정책을 추진하게 된다.

문자정책도 대체로 이러한 원칙을 지키는데, 고유문자가 있는 소수민족은 그 고유문자를 사용하도록 하고, 문자가 없는 소수민족은 공통어를 표기하는 문자로 민족어를 표기하도록 한다. 중국의 경우를 보면, 문자 없는 소수민족은 로마자로 만든 신문자를 이용해 자신의 민족어를 표기한다. 중국의 문자정책은 새로 만들어 써야 할 문자라면 한어병음과 같은 로마자를 써서 소통을 편리하게 한다는 원칙을 잘 보여준다.

인도네시아 정부 또한 소통의 편리성을 염두에 두고 문자정책을 추진할 것이다. 현재 인도네시아어를 표기하는 문자가 로마자이므로 고유문자가 없는 소수민족어의 문자는 모두 로마자로 표기될 가능성이 높고, 그렇게 해야만 국가적 소통이 원활해질 것이다. 그런데 소수민족 공동체의 지방정부와 의회에서 자신들의 민족어를 표기할 공식 문자로 한글을 채택하기로 했다면, 중앙정부는 어떻게 대처할까? 이호영은 '인도네시아 중앙정부에는 찌아찌아족의 한글 도입을 탐탁지 않게 여기는 인사'라는 표현을 써서, 한글 도입을 가로막는 중앙정부 인사들에 대한 안타까운 심정을 드러낸다. 그러나 이 중앙정부 인사들은 국가 어문 정책의 차원에서 문제를 제기했을 것이다.

그렇다면 찌아찌아족에 한글을 보급하겠다고 나선 사람들은 누구를 위해 한글 보급 사업을 벌였는지 다시금 돌아봐야 할 것이다. 인도주의(人道主義)는 그 목적도 그 방법도 모두 인도적일 때만 의미가 있기 때문이다.

더 큰 문제는 한글을 보급하는 문제와 한국어를 보급하는 문제를 혼동하고 있는 이호영의 인식이다. 이는 곧 찌아찌아족에게 한글을 보급하겠다고 나선 이들의 인식 수준을 그대로 보여준다. 한글을 보급하는 것은 찌아찌아어를 표기하는 공식 문자로 한글을 채택하도록 하겠다는 것이고, 한국어를 보급하는 것은 외국어로서 한국어를 가르치겠다는 것이다. 이호영이 모범 사례로 든 일본과 중국의 경우는 일본어와 중국어 교육을 지원하는 것이지, 일본 문자와 중국 문자를 인도네시아의 공식 문자로 삼게 하겠다는 것은 아니다. 이처럼 차원이 다른 두 가지 문제를 연관 지어 한꺼번에 하겠다고 하니 한국어를 가르치는 일이 문화침략으로 인식될 수밖에 없다.

## 한글의 우수성에 대한 강박

한글은 현존하는 문자 중 가장 많은 발음을 표기할 수 있다(8800개). 문자 입력의 불리한 점을 음성 인식 면에서도 따라잡지 못하는 언어를 사용하는 중국과 일본은 지식정보화가 진척될수록 우리보다 뒤처질 것이 자명하다.

정보통신이 발달하기 전까지는 언어 특성이 국가 경쟁력과 직결되리라는 생각을 아무도 하지 못했다. 중화민국 초대 총통인 원세개가 문맹률을 줄이려고 한글을 중국어의 소리글자로 채택하려다 불발에 그친 일이 정보화시대에 중국의 새로운 고민으로 등장할 것이다. 한글이 동북아 3국의 공용 정보화 언어로 채택될 날도 상정해본다.

—신승일, 〈지식정보화 시대의 진주, 한글〉, 《전자신문》, 2005년 5월 27일

소리문자인 한글의 우수성과 관련하여 전해오는 전설이 하나 있다.

"구한말인 1882년 조선에 임오군란이 발생하자 청나라의 원세개가 1894년 청일전쟁이 끝날 때까지 여러 차례 조선에 파견되어 머물렀는데, 조선에서 생활하던 중 한글이 우수하다는 사실을 깨닫게 되었다. 그리하여 원세개가 중화민국 초대 대통령이 되었을 때, 한 관리로부터 중국 사람들이 한자의 어려움 때문에 글자를 깨우치지 못하여 문맹률이 매우 높다는 보고를 받자, 조선의 한글을 중국인에게 가르쳐서 글자를 깨우치게 하자고 제안했으나, 망한 나라의 글을 사용해서는 안 된다는 아랫사람의 주장에 원세개의 생각은 실현되지 못했다."

이 이야기의 사실관계를 밝힐 수는 없지만 말하고자 하는 바는 분명하다. 한자는 뜻글자이기 때문에 발음을 나타내는 기호가 별도로 필요했고, 한글은 이에 가장 적합한 문자라는 것이다. 현재 중국에서 로마자로 된 한어병음을 사용하는 것으로 볼 때 이 이야기의 역사적 근거는 불확실하더라도 언어학적 근거만은 확실하다고 할 수 있다.

그런데 '한글이 여러 언어를 표기할 수 있는 문자'라는 사실이 '한글이 그 언어의 표기에 가장 적합하거나 유일한 문자'라는 사실로 뒤바뀌는 과정은 분명 비이성적이다. 한글의 우수성과 한글 사용의 당위성을 연결하려는 시도는 다른 문자에 대한 차별적 인식을 부추기며 오해와 편견을 낳기

때문이다. 한 언어를 표기하는 문자는 그 언어공동체가 처한 역사적, 사회적 맥락에 따라 선택하는 것일 뿐인데도 말이다.

한글 보급 혹은 한글 세계화 과정에서 언뜻언뜻 드러나는 '한글처럼 우수한 소리문자가 세상의 모든 언어를 표기하는 문자가 되어야 한다' 는 생각에는 '소외된 천재의 강박' 과 '한글제국주의의 애절한 탐욕' 이 배어 있다. 그래서일까? 한글의 우수성을 남들이 알아주었으면 하는 바람은 노골적이고, 이러한 바람이 크기에 한글에 대한 외국인들의 평가가 과장되어 전달되는 경우가 많다.

한글에 대한 외국 언어학자들의 관심이야 오래된 것이지만, 대중적으로 소개되는 경우가 영미 유럽권 학자들의 평가에 집중된 것은 흥미롭다. 이들 언어학자의 어록을 소개하는 말과 글에서는 선진국 학자들조차 한글의 우수성을 칭찬하는데 더 이상 무슨 말이 필요하냐는 강박이 느껴진다.

> 미국에 널리 알려진 과학전문지 디스커버리지 1994년 6월호 〈쓰기 적합함〉이란 기사에서, '레어드 다이어먼드' 라는 학자는 '한국에서 쓰는 한글이 독창성이 있고 기호 배합 등 효율 면에서 특히 돋보이는 세계에서 가장 합리적인 문자'라고 극찬한 바 있다. 그는 또 "한글이 간결하고 우수하기 때문에 한국인의 문맹률이 세계에서 가장 낮다"고 말한다.

— 〈조선일보〉, 1994년 5월 25일

이 책은 최근 '세상을 바꾼 문자, 알파벳'이란 제목으로 남경태 씨에 의해 우리에게도 번역 소개됐다. 서양문자의 기원, 나아가 세계 주요 언어의 자모(字

姆)의 연원을 추적한 이 저서는 한글을 '모든 언어가 꿈꾸는 최고의 알파벳'이라고 소개한다. 한글 격찬을 몇 마디 더 소개하면 이렇다. "(한글은)모든 언어학자들로부터 고전적 예술 작품으로 평가된다." "단순하고 효율적이고 세련된 이 알파벳은 가히 알파벳의 대표적 전형이다." "인류의 위대한 지적 유산 가운데 하나다." 또 소설 《대지》를 쓴 미국의 유명한 여류작가 펄 벅은 한글이 전 세계에서 가장 단순한 글자이며 가장 훌륭한 글자라고 하였다. 그리고 세종대왕을 한국의 레오나르도 다 빈치로 극찬하였다.

— 《조선일보》, 1996년 10월 7일

시카고 대학의 J. D. 메콜리 교수는 미국 사람이지만 우리나라의 한글날인 10월 9일이면 매해 빠짐없이 한국의 음식을 먹으며 지내고 있다고 한다.

—KBS1, 1996년 10월 9일

영국 리스 대학의 제프리 샘슨(Geoffrey Sampson) 교수는 한글이 발음기관을 상형하여 글자를 만들었다는 것도 독특하지만 기본 글자에 획을 더하여 음성학적으로 동일계열의 글자를 파생해내는 방법('ㄱ—ㅋ—ㄲ')은 대단히 체계적이고 훌륭하다고 극찬하였다고 전한다. 또 샘슨 교수는 한글을 표음문자이지만 새로운 차원의 자질문자(feature system)로까지 분류하였다고 한다.

— 《오마이뉴스》, 2002년 11월 11일

한글은 우수한 문자다. 한글처럼 정교한 체계를 갖춘 문자는 없다고 해도 과언이 아니다. 그러나 이를 근거로 한글이 가장 우수한 문자라고 강변하는 것은 불편한 일이다. 문자의 우수성은 문자의 체계와 모양뿐만 아니라 사용자의 인식 등도 함께 고려해 판단하는 것이기 때문이다. 그렇다면 객관적으로 우수한 문자를 가려내기는 사실 불가능하다. '자질문자'라는 개념은 문자체계의 정교함을 강조한 것이지만, 이것이 곧 한글의 사용상 우수성을 입증하는 것은 아니다.

한자를 원시적인 문자로 본 것은 음소문자를 썼던 서구학자들의 문자관을 반영하는 것일 뿐, 한자가 원시적이라는 근거는 못 된다. 한자는 지금까지 중국 사회에서 활발하게 쓰이고 있으며, 문자의 기계화 측면에서 지적되었던 한자의 약점들도 컴퓨터의 정보처리 방식이 획기적으로 발전하면서 대부분 해결되었다. 그러니 특정 문자가 다른 문자보다 우월하다는 주장은 근거가 빈약할 수밖에 없다. 한글의 우수성에 대한 찬탄이 한글의 우월성에 대한 찬양으로 바뀔 때, 그것이 강박으로 느껴지는 것은 이 때문이다.

아니나 다를까? 한글의 우수성에 대한 강박적 찬양은 "한글을 세계의 문자로, 한국어를 세계 공통어로"라는 무모한 주장과 "한국어를 세계 공통어로 쓰면 좋겠다는 토론이 있었다"라는 근거 없는 보도를 낳았다. 이를 통해 언어와 문자에 대한 비이성적 찬양의 귀결점은 폐쇄적인 나르시시즘이거나 제국주의적 탐욕이라는 점을 다시금 깨달을 수 있지 않을까?


1996년 10월 9일 KBS-1 TV의 보도를 보면 몇 년 전 프랑스에서 세계 언어학자들이 한자리에 모이는 학술회의가 있었다. 한국의 학자들이 참가하지 못했던 그 회의에서 한국어를 세계 공통어로 쓰면 좋겠다는 토론이 있었다고 한다.

—《오마이뉴스》, 2002년 11월 11일

# 통일시대, 남북 언어의 통일과 공존의 방식

남과 북이 각자의 외교·군사력 등을 보유한 주권국가로 남게 되지만, 그렇다고 한반도가 두 개의 국가로 분열되는 것은 아니다. 이와 같이 남북연합이 일견 모순되어 보이는 성격을 지니는 것은, 남북이 서로 상대방의 존재와 체제를 인정하면서도 수천 년 동안 단일국가로 지내온 민족적 전통을 견지해야 하는 이중적 목표를 충족시켜야 하는 정책적 요구에 기인하고 있다.

— 〈한민족공동체통일방안〉, 1989년 9월 11일

통일 문제는 민족의 문제로 볼 수도 있지만, 우리 사회에서 통일의 더 큰 의미는 통일이 평화와 민주주의를 실현하는 유일한 길이라는 데 있다. 연평도 포격◆사건으로 남북관계가 회복하기 어려운 지경으로 빠지는 걸 목격하면

---

◆ 2010년 11월 23일 오후 2시 30분경에 북한이 남한 땅인 연평도를 향해 170여 발을 포격한 사건. 대한민국의 해병대원 2명이 전사했고 16명이 중경상을 입었으며, 민간인도 2명이 사망하고 3명이 중경상을 입었다.

서 우리는 민족통일은 반드시 평화통일이어야 한다는 사실을 뼈저리게 깨달았다. 그러나 민족의 화해와 평화는 남북의 민주주의가 실현되지 않는 한 요원한 일이다. 분단은 독재라는 숙주가 기생할 수 있는 최적의 환경을 제공해왔고, 정권의 필요에 따라 남북관계는 굴곡을 거듭해왔다. 민주주의에 대한 갈망과 통일에 대한 갈망이 한목소리로 나왔던 것은 이 때문이었을 것이다.

남북 언어의 통일을 위한 정책적 노력도 이러한 깨달음을 기반으로 이루어져야 한다. 이에 따라 남북 언어가 공존할 수 있는 지혜를 찾아야 하고, 남과 북의 국어정책이 단일 규범어 정책에서 공통어 정책으로 전환할 수 있는 방안을 마련해야 한다. 이것이 곧 평화적으로 공존하는 것이고, 민주주의적 원칙을 실현하는 것이다.

## 남북 언어 통일의 제1원칙, 공존

남북 언어는 분단 이후 두 개 정부의 국어정책에 따라 서로 다른 길을 걸어왔다. 남북 언어의 이질화가 심각하다는 우려가 많았던 것은 서로 다른 정책이 우리말을 두 개로 갈라놓을 수 있다는 위기의식 때문이었다. 언어의 이질화는 정서적 이질감을 심화할 것이고, 정서적 이질감은 통일을 더 요원하게 할 것이라는 우려가 커졌고, 이는 남북 언어의 통일 논의를 촉발하는 계기가 되었다. 1989년에 방북을 감행한 문익환 목사의 짐 가운데 남쪽의 국어사전이 들어 있었다는 일화는 언어통일의 절박감을 잘 보여준다.

그런데 남북 언어의 통일 문제를 논의하면서, 남북은 상대의 말을 이해하려 하는 한편, 이를 평가하기 시작했다. 언어의 통일은 곧 규범어의 통일, 즉 단일한 규범어의 확립이라고 생각했기 때문이다. 그러다 보니 언어의 통일 방안은 옳고 그름을 따지는 문제로 비화될 소지를 안고 있었다.

남과 북의 언어적 동질감은 단일 규범어를 확립해야만 생기는 것일까? 단일 규범어를 확립해야 한다고 여긴다면, 방언과 표준어가 공존하는 환경에서 언어적 동질감과 언어적 개별성을 함께 느끼며 사는 삶을 생각하자. 더구나 규범은 강제적 조항이니만큼 단일 규범어는 언어적 동질감이 아니라 힘겨루기에 따른 갈등만을 조장할 가능성이 높다.

그렇다면 남북 언어의 통일은 단일 규범어를 확립하는 것이라는 생각에서 남북 공통 규범어를 확립하는 것으로 전환할 필요가 있다. 그것은 남북이 만든 각자의 규범을 인정하는 것이면서, 남북에서 공유할 수 있는 공통어를 찾아 새로운 규범어를 제시하는 것이다.

## 공존의 방안

남북의 언어가 달라진 면이 있다면 이로 인한 이질화를 어떻게 극복해야 할까? 지금까지는 주로 남북의 어휘 차이를 극복하고 규범어를 통일하는 방안을 모색하는 노력이 있었다. 이 방안의 핵심은 남북의 표준어와 문화어를 모두 표준어로 하는 방식이었다. 곧 복수 표준어를 확대하는 방안이다.

그러나 통일 규범어의 선정과 통일 국어사전의 편찬이 함께 이루어져야 하는 현실을 고려한다면, 복수 표준어의 확대라는 언어 통합 방안은 좀 더

북한에서 출간된 《조선말대사전》. 이 사전의 특기할 점은 단어 사용 빈도를 표시했다는 것인데, 이는 우리말 사전에서도 어휘에 대한 평가가 시작되었음을 의미한다.

정밀해질 필요가 있다. 사전 편찬에서 뜻풀이 대상 표제어를 정하거나 뜻풀이를 하는 문제는 통일 규범어를 복수화한다는 원칙과 별도로 해결해야 하는 것이기 때문이다.

그렇다면 사전 편찬의 관점에서는 '통합된 복수 규범어를 어떻게 설명하여 언어생활을 유도할 것인지'를 고민할 필요가 있다. 언어정책이 언어 사용을 강제하는 것은 문제이지만, 자연스럽게 조정될 것이라는 낙관적 전망도 문제이기 때문이다. 독일 통일 이후 독일어 통합 과정은 '서독 중심의 일방적 통합', '동독인들의 적극적인 서독 언어 수용', '동독 언어의 의식적 회피' 등으로 나타난다. 이는 타협과 조정의 과정 없이 언어 통합이 이루어진 결과다. 통일 후 국어정책은 타협과 조정이 합리적으로 이루어질 수 있도록 유도하는 역할을 해야 할 것이다.

이러한 일들이 자연스럽게 이루어지기 위해서는 통일 이전에 현실 언어에 대한 조사와 평가에 근거하여 남북 비교 어휘집을 편찬할 필요가 있다.

현실 언어에 대한 조사와 이에 대한 객관적인 평가가 생략된 채로 언어 통일 방안을 논의할 경우, 통일 국어사전에서 우선적으로 뜻풀이할 표준어는 '고유어를 일차적 대상으로 한다' 또는 '남북 표준어를 5:5의 비율로 한다'와 같은 인위적 조정을 통해 선정될 수밖에 없다. 이는 통일 표준어와 언어 현실의 괴리를 심화할 수 있다는 점에서 바람직하지 않다. 새로운 비교 어휘집을 편찬하여 활용하는 것은 이러한 괴리를 최소화한다는 의미가 있다.

현실 언어를 반영하면서 남북한 어휘의 현황을 정확히 비교하려면, 비교 어휘집에 어휘 간 의미 관계를 풍부하게 기록할 필요가 있다. 특히 이질화가 발생했다고 거론되는 북측 어휘의 경우 북측에서 사용하는 동의관계 어휘를 최대한 수집하고, 이 동의어가 남측에서 쓰이는 단어인지 아닌지를 정리하여 어휘 기술에 반영한다면 현실 언어를 제대로 보여줄 수 있을 것이다.

**간참 〈북〉〔명〕** 남이 하는 일이나 말에 끼어들어 간섭하는 것. | 당신은 간참 마시오 / 순옥이는 다림질을 그만두고 얼른 자리에서 일어나지 않았으며 오히려 로인의 재촉을 간참으로 여기는 듯했다. / 대체 거긴 무슨 상관이 있다고 남의 일에 간참이요? 〔동〕 참견 〈남북〉

**강구다 〈북〉〔동〕** 주의하여 듣느라고 귀를 기울이다. | 모두가 두리번거리며 귀를 강구었다. / 그는 저도 모르게 몸을 바로세우고 귀를 강구었다. 〔동〕귀여겨 듣다 〈남북〉, 도사리다 〈남북〉

**고매끼 〈북〉〔명〕** 조선옷의 바지가랭이의 발회목에 닿는 부분을 가뜬히 졸라매는 헝겊 끈. 〔동〕대님 〈남북〉

**교예(巧藝) 〈북〉〔명〕** 주로 사람의 육체적인 기교 동작을 형상 수단으로 하여 사상 감
정을 표현하는 예술의 한 형태. 〔동〕 곡예〈남북〉, 교예예술〈북〉

**개체위생(個體衛生) 〈북〉〔명〕** 개별적인 사람들의 건강을 위하여 몸을 깨끗이 거두고 위
생을 지키는 것 또는 그러한 위생. | ~을 모범적으로 지키다. 〔동〕 개인위생
〈남북〉

이때 이질화되었다고 판단된 단어의 동의어 중 남북에서 공통적으로 사
용하는 단어가 있다면, 이 단어는 남북 공통어로 의미 있게 기술되어야 할
것이다. 북쪽에서 '간참', '강구다', '고매끼', '교예', '개체위생'의 동의어
로 '참견', '귀여겨듣다', '대님', '곡예', '개인위생'이 쓰이고 있음은 남북
언어 통일을 하는 데 있어서 중요한 기반이 된다. 이들 어휘가 남쪽에서도
쓰이기 때문이다. 그렇다면 통일 규범에서는 '간참', '강구다', '고매끼',
'교예', '개체위생'을 인정하되, '참견', '귀여겨듣다', '대님', '곡예', '개인
위생' 등에 남북 공통어의 자격을 특별히 부여하게 될 것이다.

남북 어휘 비교는 일차적으로 표준어와 문화어 간의 비교가 되어야 하지
만, 남북 언어 동질성의 회복이라는 관점에서 비교 어휘집을 편찬한다면
남측 방언과 문화어, 북측 방언과 표준어의 뒤섞임 현상에 대한 조사도 필
요할 것이다. 즉 표준어와 문화어의 대응만으로는 남북한 어휘의 사용 양
상을 제대로 파악할 수 없다는 말이다. 다음과 같은 예를 보면 북측의 문화
어와 남측의 방언이 대응되는 경우를 알 수 있다.

떡국대(문화어=전라 방언) : 가래떡(남측 표준어)

박죽(문화어=강원 방언) : 밥주걱(남측 표준어)

불구다(문화어=강원, 충북 방언) : 불리다(남측 표준어)


이러한 시도는 자연스럽게 현실적으로 통용될 수 있는 어휘 및 어휘 형태를 판별하는 것으로 이어질 것이다. 이런 점에서 지역 방언뿐만 아니라 비표준적인 오류 표현들이 문화어와 일치하는 예들도 전반적으로 검토할 필요가 있다.


걸판지다(문화어) : 거방지다(표준어)

어줍잖다(문화어) : 어쭙잖다(표준어)

으시대다(문화어) : 으스대다(표준어)


위에서 제시한 것과 같이 남쪽의 방언이나 오류 표현이 북쪽의 문화어와 일치하는 경우에 이들이 어느 정도의 빈도로 사용되는지를 조사해야 할 것이다. 그리고 표준어는 아니지만 사용 빈도가 높다면, 이를 남북 공통어로 특별히 부각할 수 있는 안을 생각해봐야 할 것이다.

이러한 작업은 남북의 차이에도 불구하고 우리가 지금까지 공유하고 있는 공통점이 무엇인지 찾는 일이다. 공통점을 살려 키우고, 차이점을 최소화하는 의식적 노력을 통해 의사소통 과정은 좀 더 원활해질 것이다. 즉 남북 언중들은 원활한 의사소통을 위해 남북 공통어를 중심으로 의사소통을 하려고 할 것이며, 이 과정에서 자연스럽게 통일 규범어가 형성될 것이다.

# 우리말의 단일한 소통을 위한 표기 규범의 단일화

　　　　　　　　　　엄밀하게 말하면 어휘를 이해하고 활용하는 문제와 표기의 문제는 다른 차원의 문제다. 즉 어휘는 생활하는 가운데 만들어지고, 이 때문에 어휘마다 그 어휘를 사용하는 사람들의 감정과 사상이 반영되게 마련이다. 남북 통일 사전을 만들 때에, 어휘의 다양성을 최대한 살리면서 그 공통성을 찾아가는 일을 해야 하는 것은 이 때문이다. 그러나 표기와 같은 규범적 문제는 계획적인 타협과 조정을 통해서 단일화해나갈 수 있다.

(가) 역사 — 력사　　　　(나) 고깃배 — 고기배

(다) 거북이 — 거부기　　　(라) 짜임새 — 째임새

(마) 세미나 — 세미나르　　(바) 컴퓨터 — 콤퓨터

　(가), (나), (다)는 두음법칙, 사이시옷 규정, 원형 밝혀 적기 등에 의해 차이가 나는 표기를 보여준다. (라)는 표기의 문제와 표준발음의 문제가 뒤섞인 예다. 이러한 예로는 '북새—복새', '거머리—거마리' 등도 포함할 수 있다. (마), (바)는 외래어 표기법의 차이에 의해 어휘 형태가 달라진 예다.
　그런데 이것들은 남북 언어 차이의 한 예이기는 하지만 이를 남북의 어휘 차이라 볼 수는 없다. (마), (바)와 같은 외래어의 경우에도 어떤 단어를 외래어로 인정하느냐 그렇지 않느냐는 어휘의 문제이지만, 이것이 단순한 표기의 문제라면 나머지 예와 같은 차원의 문제가 된다.

그렇다면 이 문제를 해결하는 데에는 타협과 조정이 필요하다. 우리는 타협과 조정을 통해 새로운 규범을 탄생시킨 경험이 있지 않은가. 1992년에 로마자 표기법의 남북 단일안이 나올 수 있었던 것은 타협과 조정을 미덕으로 삼는 규범의 특성 때문이다. 그런데 타협과 조정은 통일 이후에 이루어질 수도 있겠지만, 통일 이전에 이루어질 필요가 있다. 타협과 조정의 절차 자체가 통일을 준비하는 일이기 때문이다. 그러한 공감대가 있었기에 겨레말큰사전 편찬 사업이 시작될 수 있었던 것이다.

## 겨레말큰사전 편찬 사업, 우리말 통일의 주춧돌

남북 공통어를 수렴하는 과정에서 반드시 필요한 일이 사전의 편찬이다. 그리고 남북 공통 사전의 출현은 남북의 언어생활이 풍부하면서도 균형 있게 이루어지는 데에 크게 기여할 것이다. 이런 점에서 2005년부터 추진되어 온 겨레말큰사전 편찬 사업은 전 국민적 지지하에 진행될 수 있었다.

그러나 이 사전이 현재의 언어 문제를 해결하는 것보다는 미래의 언어 문제에 선제적으로 대응하는 성격을 띤다는 점에서, 그리고 남북 협력 사업이 남북관계의 흐름에 영향을 받을 수밖에 없다는 점에서 이 사업은 중간에 와해될 수 있는 위험을 안고 있다. 이러한 사태를 막기 위해서는 겨레말큰사전 편찬 사업의 역사적 의의를 끊임없이 환기하는 일이 필요하다. 2011년에 남북관계가 경색되면서 겨레말큰사전 편찬 사업이 좌초 위기를 맞았을 때 우리는 이 사전의 역사적 의의를 되짚어보며, 사업이 진행되어야 함을 호소한 적이 있다. 그때의 호소를 다시 되뇌는 것은 이 사업의 완결을 위해서뿐만 아니라 남북 언어 통일의 당위성과 그 원칙을 다시금 확인한다는 점에서 의미가 있을 것이다.

## 2011년의 위기와
## 겨레말큰사전 편찬위원회의 호소 ◆

2014년이면 남북이 함께 편찬한 사전, '겨레말큰사전'이 나올 것이다. 예정대로라면 그렇다. 돌이켜보면 2005년 겨레말큰사전 편찬위원회(이하 편찬위원회)가 결성되었을 때 우리는 남북이 함께 우리말사전을 편찬한다는 데 흥분했고, 이 사전이 분단 이전과 이후의 우리말을 집대성한 최초의 사전이 될 것으로 기대했다. 이렇게 흥분과 기대 속에 시작한 일이었지만 사전의 탄생을 기다리는 우리의 마음은 자못 넉넉했다. 분단 이후 남북이 각자의 규범을 세웠고 서로 다른 방식으로 우리말을 다듬어온 터라 함께 조사하고 조정하는 일이 순탄치 않을 것임을 예상했고, 지루하고 지난한 조정 과정도 통일을 준비하는 일이라 여겼기 때문이다. 그렇게 5년이 지난 지금 우리는 고은 시인(겨레말큰사전 사업회 이사장)에게서 사전 편찬 사업이 중단될 위기에 놓였다는 호소를 들어야 했다. '우리 민족이 함께 쓸 사전 하나 가져봤으면……' 하는 소망이 정치 상황에 휩쓸려 어그러지는 일이 되풀이되어야 하는지, 노시인의 호소를 듣는 마음은 안타깝다 못해 참담하다.

---

◆ 이 글은 필자가 쓴 창비 주간 논평 〈겨레말큰사전을 다시 생각하며〉(2011년 10월 13일)를 그대로 옮긴 것이다.

'겨레말큰사전' 남북공동편찬사업 보고
회의가 열린 2005년 8월 16일 오후 서울
효창동 백범기념관에서 고은 겨레말큰사
전 편찬위 남측 상임의장이 회의 참석자
들에게 개회사를 하고 있다.

1948년 4월 6일, 서울 YMCA 회관에서는 《조선말큰사전》 첫째 권 간행
축하회가 열렸다. 1929년 민족 정체성을 지켜야 한다는 일념으로 조선어사
전 편찬회를 결성한 이후 조선어학회 사건이라는 모진 탄압을 이겨낸 끝에
해방된 조국에서 내놓은 첫 번째 결실이었으니 참석자들의 감회는 말로 형
언할 수 없었을 것이다. 그러나 당시는 민족 분열의 조짐이 일고 동족상잔
의 위기감이 커지던 때, 축하회는 사전 출판을 완수하겠다는 의지와 통일
정부 수립의 의지를 다지는 자리가 되었다. 한 참석자는 긴급동의로 "4월
19일부터 평양에서 열릴 남북협상 회의에 참석하는 사람들 편에 《조선말큰
사전》 첫째 권을 보내자"고 제안했고, 참석자들은 만장일치로 이를 결의했
다. 이날의 결의는 우리 민족이 함께 이루어낸 그리고 앞으로 이루어낼 성
과를 남북이 공유해야 함을 확인하는 것이었고, 같은 말, 같은 글자, 같은
사전을 사용하는 민족이 두 국가로 갈라질 수 없음을 웅변하는 것이었다.

그러나 결국 남과 북에는 단독 정부가 들어섰고, 북에서는 1948년 10월
《조선말사전》 편찬 사업이 시작되었다. 남에서는 《조선말큰사전》을 수정,
보완, 출판하는 일을 계속해 1957년에 30여 년의 대장정을 끝냈지만, '조

선어학회 지은 《조선말큰사전》은 '한글학회 지은 《큰사전》'이 되었고, 그로부터 3년 뒤 북에선 《조선말사전》 첫째 권이 발간되었다. 일제강점기를 함께 견디며 만들어온 사전이 한국의 국어사전과 조선의 국어사전으로 갈려 나온 것이다. 그리고 한동안 '온전한 우리말사전'은 희망이라는 이름으로도 언급되지 않았고, 같은 말을 한 사전에 담아보자는 시도가 이루어지기까지는 반세기를 기다려야 했다. 2005년에 우리는 한국어와 조선어라는 이름으로는 함의할 수 없는 우리말을 모아보자는 결의를 비로소 목도할 수 있었다. 겨레말큰사전 편찬위원회가 결성된 것이다.

편찬위원회가 그리는 겨레말은 남북의 우리말과 해외동포의 우리말, 분단 이전과 이후의 우리말을 아우른 것이었다. 이는 단순히 남과 북의 어휘를 합하는 데에서 한 걸음 더 나아가 우리말의 지평을 넓히는 장대한 계획이었다. 그동안 사전에 포함하지 못했던 10만 어휘를 새로 발굴한다는 목표는 우리말의 외연을 새롭게 인식시킬 수 있는 일이다. 고은 시인은 "독일은 분단 상황에서도 동서독이 힘을 합쳐 《괴테사전》을 만들었고 중국과 대만은 《양안사전》을 만들어 말의 길을 열어가면서 통일의 순간을 기다렸다"는 말로 겨레말큰사전의 당위성을 역설하였다. 그러나 겨레말큰사전은 근대 어문 개혁 이후 일제강점기를 거치면서 줄기차게 추진해온 우리말사전 만들기의 연장선상에 있는 사업이다. 분단 극복을 위한 것이기에 앞서 명실상부한 우리말사전을 갖기 위한 노력의 일환인 것이다. 그 역사적 의미가 《괴테사전》과 《양안사전》보다 깊고도 넓을 수밖에 없는 이유다. 편찬 사업비(약 15억 원) 지원을 승인해달라는 시인의 호소를 경제 규모 세계 15위인 대한민국에서 접해야 한다는 사실이 당황스러운 것도 이 때문이다.

편찬위원회는 20여 차례 남북 간 협의를 해오면서 사전 편찬의 원칙뿐만 아니라 세부 내용까지 하나하나 조정해왔다. 그리고 편찬위원들은 지금껏 시도해보지 않았던 일, 남북의 규범을 조정하는 일을 했다. 그 조정 결과가 남북의 언어생활에 당장 적용되는 것은 아닐지라도 편찬위원들은 통일국가의 규범 틀을 제시한다는 마음으로 이 일에 임했을 것이다. 그러니 편찬위원회의 활동은 통일의 시대

타이완중화어문연구소와 베이징어언대학이 연합하여 편찬한 《양안현대한어상용사전 (兩岸現代漢語常用詞典)》. 중국 본토와 타이완에 고유한 어휘를 각각 1300조항과 1000조항씩 추가하였다.

에 겪어야 할 갈등과 조정과 화해의 과정을 미리 보여준 것이라 하겠다. 2007년 4월에 초당적 합의로 '겨레말큰사전 남북공동 편찬 사업법'이 만들어진 데에서 우리는 '사전 편찬이야말로 남북관계의 굴곡과 상관없이 통일의 경험을 쌓을 수 있는 적절한 사업'이라는 국민적 인식을 확인할 수 있다. "올해는 남북관계 등을 고려해서 남북이 함께하는 사업 관련 예산은 줄이고 남쪽 내부적으로 하는 사업 예산은 편성하는 쪽으로 결정한 것"이라는 통일부의 해명에 가슴 답답한 것은 이 사업의 의미를 북한 지원의 틀로 보는 협애함 때문이다.

편찬위원회에서는 남북 국어사전의 성과를 발전적으로 수용한다는 목표 아래 남북 국어사전의 내용을 통합하여 기술해왔다. 그 일이 사전을 기계적으로 합치는 게 아니라면, 이는 사전의 수준을 한 단계 높이는 시도가 될 것이다. 분단 이후 발생한 어휘의 의미 변화를 포착해 기술하는 일이 사전

기술의 방식으로 이루어진 적은 없었다. 그러니 남북 언중의 뇌리에 각인된 의미를 남북의 사전 편찬자들이 함께 검토하고 이를 새롭게 기술하는 일은 우리말 어휘에 묻어 있는 세월의 흔적을 확인하고 어휘에 실린 서로의 생각을 섬세하게 들춰내 공유하는 일이라 할 것이다. 겨레말큰사전이 통일 시대를 살아갈 우리들의 의사소통을 품격 있게 할 수 있는, 그리고 우리말을 배우는 외국인들에게 폭넓은 우리말의 세계를 보여줄 수 있는 토대가 되리라 기대하는 것은 이 때문이다. 일이 정교해질수록 전문적인 식견을 가진 사전 편찬자가 필요한 법, 뜻을 간파하여 기술하는 감각을 익힌 사전 편찬자들이 사전의 시작과 끝을 책임질 때 겨레말큰사전은 우리말사전 편찬사의 새로운 장을 여는 사전으로 태어날 것이다. 사업비가 축소되며 그들이 흩어진다는 말이 안타까운 이유다.

우리말사전은 역사의 고비마다 시대적 사명을 안고 편찬되었다. 일제강점기에는 민족 정체성을 유지하라는 사명을, 해방 이후엔 국어를 정립하라는 사명을 받았고, 시대적 사명을 완수하기 위한 노력의 과정에서 사전의 체제와 내용은 발전을 거듭해왔다. 이제 통일 시대를 앞두고 역사는 우리말사전에 다시 사명을 부여했다. 명실상부한 우리말사전으로 거듭날 것을. 그러니 사명을 수행하여 우리말 문화를 새롭게 세우는 건 우리가 해야 할 일이 아닐까.

# 다문화 시대, 소수자의 언어적 권리

이주민 정책을 가리켜 다문화정책이라 한다. 이주민이 본국인과 평화롭게 공존하는 이주민 정책을 추진하겠다는 목표를 그렇게 표현했을 것이다. 그렇다면 우리의 이주민 정책은 다문화정책이라 부를 만큼 다문화적인가? 그리고 다문화라는 말이 입에 붙을 만큼 한국인들의 의식은 다문화적인가? 이주민과의 평화적 공존을 모색한다면, '다문화'라는 용어에 대한 우리의 의식을 점검해볼 필요가 있다. 그리고 우리가 소수자들, 즉 이주민들의 언어적 권리에 대해 어떻게 생각하는지도 점검해볼 필요가 있다. 우리가 우리말을 소중하게 생각한다면, 우리말을 잊지 않은 해외동포들을 소중하게 생각한다면, 이주민들이 자신들의 모어를 소중하게 생각한다는 사실을 지나칠 수 없지 않겠는가.

# 차이와 동화

그러나 어찌 뜻하였으랴? 저 잔인무도한 왜적이 다시금 그 독살스러운 발톱을 내밀어 우리의 아름다운 말과 글을 갈갈이 찢어버리려 할 줄은 참으로 몰랐다. 왜적의 정부는 재일 동포를 교육하는 모든 교육기관에서 조선말로 교육함을 금지하라 하였다. 이 얼마나 얄미운 태도며 놀라운 소식이냐? 우리는 재일 동포의 국어 교육을 금지하는 그 사실의 이면에 우리의 육십만 재일 동포가 무도한 왜적들에게 얼마나 천대와 멸시와 모욕을 받고 있는지를 넉넉히 추측하고 남음이 있다.

— 정태진, 〈말과 글을 피로써 지키자〉, 《조선중앙일보》, 1948년 4월 10일

2차 세계대전 이후 일본과 미군정은 일본 내에서 조선인들의 민족학교와 민족교육을 인정하지 않는 강압적인 정책을 펼쳤고, 이로 인해 조선인 학교들이 대부분 폐교하게 되었다. 4·24 한신(阪神)교육투쟁은 1948년 4월 오사카(大阪)와 고베(神戸) 지역의 재일조선인들이 민족학교를 지키기 위해 전개했던 대중운동이다. 해방 직후 일본에 산재한 민족학교는 우리말 강습소의 형태를 띠고 있었지만 점차 교육 내용이 체계화되어갔다. 1948년 당시 재일조선인 민족학교는 600여 개였고 학생 수는 6만여 명에 달했으며, 92종 100만여 권의 교재와 참고서가 제작되었다고 한다.

그러나 미군정과 일본 정부는 국가 교육체제를 정비하는 과정에서 재일 조선인의 교육 자치를 인정하지 않았고, 조선인 학생들을 일본인 학교에 편입시키려 했다. 왜 이런 일이 일어나게 되었을까? 일본은 일사불란한 국

가 교육체제를 재건하고자 했고, 미군정은 통치의 편리함 때문에 이를 지지했다. 이 와중에 재일조선인 민족학교가 폐쇄되는 사건이 일어난 것이다. 수천 명이 검거되고 시위자가 총격에 사망할 정도로 재일조선인과 일본 정부의 대립은 극심했다.

결국 1948년 5월 5일, 조선인교육대책위원장과 문부대신 사이에 '교육기본법과 학교 교육법을 준수한다', '사립학교의 자주성의 범위 안에서 조선인의 독자적인 교육을 인정하고, 조선인 학교를 사립학교로서 인가한다'라는 내용의 각서가 교환되면서 사태가 마무리되었다. 그러나 조선인 학교 수는 급감했으며, 남아 있는 조선인 학교도 정규 교육기관으로 인정되지 않아 민족학교를 졸업한 조선인들은 국립대학 입학이 불가능하게 되었다.

일본에서 소수 이주자에 대한 교육정책은 철저하게 동화를 전제로 한 것이다. 교육정책이 민족적 정체성을 유지하려는 집단의 의지에 반해 이루어지는 것은 특정 민족집단을 사회적 실체로 인정하지 않는다는 점에서 반인권적일 수밖에 없다. 외국인도 아니고 소수민족도 아닌 특별 영주 자격이라는 재일조선인의 독특한 지위는 민족적 정체성을 유지하려는 재일조선인의 의지와 동화를 전제로 한 일본 정부의 이주민 정책이 충돌한 결과물이다.

그렇다면 우리는 어떠한가? 일본에 거주하는 조선인들이 조선어를 쓰고 교육할 수 있는 권리를 주장했던 정태진의 외침은 현재 한국의 이주자 정책에 어떻게 반영되고 있는가?

## 다문화주의와
## 동화주의의 밀고 당기기

　다문화정책의 주요 대상이 다문화가정인 현실에서 이주민과 본국인의 평화로운 공존은 행복한 가정의 완성을 의미하는 것이기도 하다. 이 때문일까? 한국의 다문화정책에는 한국의 전통적 가족주의가 투영되어 있다.

　"시집온 며느리는 집안의 풍습을 열심히 익혀 여기에 적응하고, 시댁 식구들은 낯선 환경에 처한 며느리가 집안에 잘 적응해 완전한 집안사람이 될 때까지 관심을 가지고 도와준다."

　그렇다면 다문화정책은 문화적 관용 정신으로 이주민들이 한국 사회에 적응하는 것을 지켜봐주고, 한국어 및 한국 문화 교육을 강화해 이들이 한국 사회에 완전히 정착하도록 도와주자는 것이라 할 수 있다. 결국 이주민과 본국인의 평화로운 공존은 완전한 동화를 목표로 하며, 이를 위해서는 '한국에 적응하려는 이주민의 노력'과 '이를 도와주는 본국인의 배려'가 필요하다. 이때 이주민에게 특별히 요구되는 것이 한국어를 배우는 것이다. 한국어를 못하는 이주민은 공존을 위한 노력이 부족한 사람으로 평가받을 수 있기 때문이다. 한국에 적응하려는 이주민들은 한국어를 빨리 배워야 한다는 압박감을 느낄 수밖에 없다.

　그런데 이는 한국만의 문제일까? 압박의 동기와 양상은 나라마다 다르지만, 자신이 속한 사회의 언어를 숙달하지 못하는 한 제대로 된 삶을 누리기 어렵다는 건 어느 사회나 마찬가지다. 다문화주의를 천명하건 동화주의를 천명하건 이주민 정책이 결과적으로 이주민의 동화를 유도하는 것으로 비

처지는 건 이 때문이다.

다민족국가라 할지라도 공용어를 정하고, 모든 국민들이 공용어로 소통하는 데 지장이 없도록 국어 교육을 강화한다. 이는 소수민족의 문화 정체성을 위협하는 문제이지만, 다른 한편으로는 소수민족의 권리를 보장하는 일이기도 하다. 하나의 국가공동체에 통합된 현실을 인정한다면, 소수민족으로서는 공용어를 제대로 배울 수 있는 교육정책을 요구할 수밖에 없기 때문이다. 이는 이주민의 경우에도 마찬가지다. 다문화정책이 이상과 현실을 조화하며 이루어져야 하는 이유가 여기에 있다. 이런 점에서 프랑스의 이주민 정책은 시사하는 바가 크다.

전통적으로 프랑스의 이주민 정책*은 프랑스 공민주의에 근거한다. 프랑스 공민주의는 인종이나 민족적 배경을 불문하고, 프랑스 문화를 익히고 프랑스 국민이 되기를 원하는 누구나 프랑스인으로 간주한다는 것이다. 프랑스 공민주의에 힘입어 프랑스어와 프랑스 문화를 익힌 이주자들은 누구나 프랑스 국적을 취득할 수 있었고, 프랑스는 종족주의나 인종주의를 넘어선 문화적 국민국가의 모델이 되었다. 그러나 이는 본질적으로 이주민의 동화를 목표로 하는 것이었고, 이주민의 공동체가 확대되면서 문화적 갈등도 점점 표면화하였다.

사회당이 집권하자, 동화정책을 개선하는 차원에서 이주민과 본국인이 동등한 자격과 기회를 갖게 한다는 다문화주의가 대두되었다. 학교에서 아랍어 교육이 이루어지고, 이주민의 정치적 권리도 확대되었다. 그러나 우

---

◆ 프랑스의 다문화정책에 대한 정보는 김광억, 〈다민족국가와 다문화사회: 한국의 미래〉, 《지식의 지평》 8호, 2010과 권숙인, 〈다문화정책 '선진국'의 경험과 한국 사회에 대한 함의〉, 《지식의 지평》 8호, 2010을 참조했다.

파 정치세력이 부상하면서 다문화정책은 결국 본궤도에 진입하지 못했다. 히잡을 착용하고 등교한 무슬림 여학생을 퇴학시킨 일은 다문화정책의 위기를 상징적으로 보여주는 사건이다.

게다가 형식적 다문화주의는 이주민의 보호 장치를 제거하는 근거가 되면서, 이주민과 본국인의 사회·경제적 격차가 더욱 벌어졌다. 프랑스어 능력이 떨어지는 이주민들은 계층 상승의 기회를 원천적으로 박탈당했고, 이들이 모여든 이주민 집단 거주지는 주류 사회로부터 철저히 격리되었다. 사회·경제적 격차의 심화는 2005년 무슬림 이주민의 폭동을 불러온 일차적 원인이 되었다. 이는 소수자에 대한 보호와 소수자의 자결권 보장이 함께 이루어지지 않는 한 다문화주의가 존립할 수 없음을 보여주는 사례다.

이런 점에서 소수민족 정책*이라 불리는 중국의 다문화정책에 주목할 필요가 있다. 이주노동자들이 유입되면서 형성된 다문화사회와는 많은 차이가 있지만, 중국의 소수민족 정책은 소수자를 정책적으로 관리하는 모델로서 시사하는 바가 크다. 언어정책만으로도 중국 소수민족 정책의 기본 방향을 가늠해볼 수 있는데, 중국의 소수민족 정책은 동화(同化) 대신 융화(融和)**를 강조한다는 점에서 지극히 정치적이면서도 실용적이다.

개혁개방 정책이 실시되면서 경쟁에 기반한 경제체제가 자리를 잡아가고, 이에 따라 보통화(普通話), 즉 표준 중국어의 능숙도(proficiency)는 경쟁력의 지표가 되었다. 이러한 상황은 중국 소수민족 정책의 기조가 변하는

---

◆ 소수민족어 정책의 현황에 대해서는 최경봉, 〈중국의 소수민족어 정책과 소수민족어의 현황 연구〉, 《중국학논총》 32호, 2011를 참조할 수 있다.

◆◆ 완전한 동화를 의미하는 '융화(融化)'와 구별하기 위해 '융화(融和)'라는 한자어를 사용했다.

계기가 되었다. 소수민족 자치지역 내에서 균형을 이루던 표준 중국어와 소수민족어의 역학관계가 표준 중국어 중심으로 기울어지게 되었고, 이에 따라 소수민족 자치지역의 민족어 정책도 이중언어 교육, 즉 표준 중국어와 소수민족어에 대한 교육을 함께 강조하는 것으로 변화한 것이다.

1990년대 들어 '다원일체화 교육론(多元一體化敎育論)'이 제기된 것은 이 시기 중국 교육의 지향점을 잘 보여준다. 다원일체화 교육론은 1990년 중반 민족교육학자 덩싱(滕星)이 제기한 것으로, 이 교육론의 핵심은 중국의 소수민족들에게는 해당 민족의 문화를 교육하는 동시에 주체 민족인 한족의 우수한 문화를 교육하고, 주류 민족인 한족에게는 한족의 문화를 교육하는 동시에 소수민족의 우수한 문화도 함께 교육하자는 것이다. 국민통합이라는 대의를 강조한다는 점에서 정치적이면서, 산업 인력을 확보하기 위해 중국어 교육을 강화한다는 점에서 지극히 실용적이다.

그런데 무엇보다도 중국 다문화정책을 떠받치는 힘은 소수민족에 대한 제도적 혜택이다. 이중어 교육에서 소수민족어 교육은 소수민족어를 보호하고 소수민족 학생의 학습권을 보장하는 차원뿐만 아니라 소수민족 학생에게 특혜를 주는 차원에서 진행되고 있다. 대학 입시에서 해당 민족어로 시험을 치를 수 있게 한 점, 소수민족 학생들에게 가산점을 주는 점, 어문과목의 성적을 민족어문의 성적과 한어문의 성적을 평균하여 산출하는 점 등이 소수민족 우대 조치의 예다.

그러나 혜택은 약점이 되어, 상급학교 진학이나 졸업 후 사회 진출 시 소수민족 학생들은 표준 중국어 실력 때문에 여러 가지 난관에 봉착하게 된다. 대학에서는 수학 능력이, 회사에서는 업무 능력이 떨어진다는 평가를 받게 되는 것이다. 이 때문에 소수민족 학교에서 진행되는 교육은 점점 표준 중국어의 능숙도를 향상시키는 데 초점을 두고 진행될 수밖에 없다. 즉 민족어로 수업하는 비율은 갈수록 줄어들고, 민족어와 한어를 교차로 사용하는 이중어 수업과 한어만을 사용하는 수업의 비율이 점차 높아지고 있다. 특히 한어만을 사용하여 수업하는 현실에 대해 소수민족들이 느끼는 불안감은 상당히 크다. 국가권력의 강제는 없었지만, 자본주의식 경제체제의 구조적 압력에 따른 선택이었다는 점에서 민족어의 위축은 민족적 자존심에 상처를 줄 수밖에 없다.

따라서 민족학교의 붕괴와 소수민족 공동체의 붕괴가 사회적 불안을 부추길 가능성이 높다. 중국의 경제 수준이 높아질수록, 중국 정부가 소수민족 정책을 중시하게 되는 것은 이러한 문제를 인식하고 있기 때문이다. 그러나 제도적 혹은 선언적 정책만으로는 소수민족 정책이 성공하기 힘들다. 가끔 불거지는 중국 소수민족의 소요 사태는 다문화정책에서 융화와 평등(자결권의 보장)이라는 두 가지 문제를 조화하는 것이 얼마나 어렵고 중요한 일인지를 잘 보여준다.


## 이주민 공동체의 확대와 평등한 공존

제도적으로 소수자의 언어적 권리를 보장해준다고 하더라도 현대 사회에서는 주류 언어를 중심으로 언어교육과 언어생활이 이루어질 수밖에 없다. 더구나 한국 사회에서 다문화가족은 대부분 한국인과 외국인의 결합으로 이루어졌기 때문에 이주자들끼리 모여 사는 소수민족 공동체가 형성되기도 어렵다. 언어적 다원화는 기대하기 힘들고 이주자 2세들에 대한 이중어 교육은 그 필요성조차 제기되지 못하는 환경이다. 이러한 환경에서는 '동화를 통한 안정'만이 가장 현실적인 방안이다.

그러나 국제 교류가 확대되고 한국 내 산업에서 외국인 노동자가 차지하는 비중이 높아지면서 '동화를 통한 안정'만을 고수할 수는 없다. 특히 외국인 노동자가 국적을 취득하는 문을 넓힌다면 한국은 다문화사회에 빠르게 진입하게 될 것이고, 이는 자연스럽게 이주민 공동체를 확대하는 계기가 될 것이다. 이주민 공동체가 확대되면 이주민의 위상은 지금과는 크게 달라질 것이다. 이에 따라 한국어와 한국 문화 교육에 국한되었던 다문화적 문화정책도 근본적으로 변할 수밖에 없다.

문제는 이주민 공동체의 확대와 이주민의 위상 변화가 문화적 갈등을 초래할 수도 있다는 것이다. 완고한 민족주의에 의해 이주민들의 권익이 침해받을 수 있는 상황에서 다문화정책이 유지될 수 있을 것인가? 그러나 문화적 갈등이라는 측면에서만 볼 때, 한국은 다문화주의가 정착될 수 있는 환경을 갖추고 있다. 이는 한국의 민족주의가 지닌 성격 때문이다.

한국의 민족주의는 공격적 민족주의라기보다는 수세적 민족주의의 성격을 띤다. 역사적으로 한국의 민족주의는 다른 국가를 침략하는 이데올로기로 활용되기보다는 자기 정체성을 수호하는 역할을 해왔다. 그렇다면 한국에서 민족적 차별 문제는 우려할 만한 상황이 아니라고 봐야 할까?

그러나 한국의 민족주의는 수세적이면서 배타적이라는 문제가 있다. 이는 이주자를 우리 사회의 구성원으로 인식하기보다는 외국인으로 인식하고

외국인 노동자의 인권 문제를 재미있고 시사성 있게 다룬 영화 〈방가방가〉의 한 장면

대하는 데에서 잘 나타난다. 한국인들은 이주자와 공존해야 한다는 점을 수용하면서도, 이주민의 권리와 의무에 대해서는 의외로 단순한 인식 수준을 보인다. 이주자에 호의적인 한국인들도, 이주자에게 선거권 혹은 피선거권을 인정하는 문제에서는 의외로 보수적 태도를 드러내는 경우가 많다. 시혜자로서의 온정주의는 있지만 대등한 공존에는 낯설어하는 것이다.

시혜자로서의 온정주의는 대등한 공존에 부정적인 태도를 보이게 마련이라, 조건만 되면 이주자를 사회적 실체로 대접하지 않고 차별하는 태도로 쉽게 바뀔 수 있다. 가령 이주민 집단이 교육 자치를 요구한다면 우리 사회는 어떻게 반응할까? 프랑스가 다문화주의를 제대로 수용하지 못한 사실에서, 일본이 재일조선인들의 교육 자치를 용인하지 않았던 사실에서 우리 사회의 반응을 짐작해볼 수 있지 않을까?

이러한 현실 때문에라도 다문화정책은 다문화가족의 적응을 돕는 것으로 끝나서는 안 된다. 다문화정책의 목적이 사회적 화합이라면 정책의 대상에 내국인이 포함되어야 한다. 이주자들의 본국에 대한 이해, 이주자들의 이주 동기 등을 이해할 수 있는 다양한 계기를 마련하는 것, 이주자와 대등한 사회적 관계를 자연스럽게 받아들일 수 있는 자세를 길러주는 교육, 이주민들과의 접촉을 확대해 내국인들의 국제적 감각을 향상시키는 것 등에 대한 정책적 고민이 필요한 시점이다. 이때 언어 문제와 이와 관련한 정책 방안은 다문화정책이 나아갈 방향을 모색하는 데 중요한 시사점을 던져 줄 것이다.

## 모국어 책은
## 가장 소중한 선물

경기도 김포에 사는 초토 씨(30)는 책이야말로 '가장 소중한 보물'이라고 말한다. 방글라데시 소수민족 줌마족인 초토 씨는 2007년 11월 방글라데시 정부의 탄압을 피해 한국으로 왔다. 초토 씨가 한국에서 방글라데시 공용어인 뱅골어로 쓰인 책을 처음 읽은 것은 그로부터 3년 뒤인 2010년이었다. 초토 씨는 차크마어가 모국어이지만 뱅골어도 읽고 쓸 줄 안다. 그는 그제야 한국이라는 낯선 환경에서 자신도 모르게 받던 긴장과 스트레스가 일순간 풀리는 느낌을 받았다고 한다.

— 《시사IN》, 2012년 1월 21일

한국어에 능숙해지기까지 책 한 권 제대로 못 읽고 살아야 한다면 그런 상황에서 인간적인 삶을 누릴 수 있을까? 한국어에 능숙해졌더라도 자신의 모국어로 말하지 못하고 읽을 수 있는 조건이 갖춰지지 않았다면 그런 상황에서 아름다운 삶을 살 수 있을까? 자신의 모국어를 자신의 핏줄에게 가르치지 못한다면 그런 상황에서 인생의 의미를 찾을 수 있을까?

이주 결혼 여성들에게 최대의 복지는 한국어 교육이라는 조사 결과가 있었다. 그러나 한국어를 가르치는 것 못지않게 중요한 것은 이주민들이 자

신의 언어에 자부심을 갖는 것이다. 자녀들에게 모국어로 쓰인 책을 읽어
주면서 자기 나라의 문화를 가르치고 싶은 것은 우리나 이주민들이나 마찬
가지일 것이다. 이주민들이 자신의 모국어에 자부심을 가지고, 자녀들에게
자신의 모국어를 가르칠 수 있는 여건이 형성된다면, 그들의 삶은 더 풍요
로워질 것이다. 같은 조건이라면 영어권 이주민들이 타 언어권 이주민에
비해 사회적 불평등을 경험하는 경우가 적다는 것은 무엇을 말해주는가?
자신의 모국어를 가르칠 수 있는 환경이 형성되었을 때, 자부심과 자신감
도 커질 수 있다는 것이다.

이런 점에서 이주민들에게 모국어를 가르치고 향유할 수 있는 여건을 마
련해주는 것은 인권의 문제이기도 하고 복지의 문제이기도 하다. 아름다운
재단의 '책날개를 단 아시아' 사업은 이러한 문제의식에서 시작되었다. 한
국에 사는 아시아 이주민들에게 모국어 책을 지원하는 이 사업은 이주민의
인권과 복지에 대한 생각의 지평을 넓히는 계기가 되었다. 그러나 이 일이
어찌 이주민만을 위한 사업이겠는가. 이를 통해 우리 자신이 모국어의 소
중함을 깨닫는 소중한 계기가 될 것이니.

그런데 책 한 권을 전해주는 정이 단순한 자선으로 끝나지 않고 진정한

복지로 거듭나기 위해서는 이중어 교육이 체계적으로 이루어지는 환경이 조성되어야 할 것이다. 그러려면 무엇보다도 한국 사회에 이중어 화자가 늘어나는 것이 사회적으로 보탬이 된다는 공감대가 형성되어야 한다. 다양한 언어를 구사하는 사람이 늘어나는 것은 우리 사회에 무슨 보탬이 될까?

이주민 공동체가 확대되는 것이 확실시된다고 할 때, 이중어 교육의 체계화는 사회를 안정시키는 역할을 할 것이다. 언어적 불평등은 곧바로 사회적 불평등으로 연결되는 만큼 언어적 불평등의 심화는 사회 불안을 가중시킬 수 있기 때문이다. 그런데 이를 한국어 교육을 강화하는 것으로 안정시킬 수 있는가? 이주민이 본국인만큼 한국어 능력을 갖추기가 현실적으로 어려운 상황이고 이러한 문제가 이주민 2세대의 한국어 능력에 영향을 끼친다면, 한국어 교육을 강화하는 것이 유일한 해결책이 될 수 없을 것이다. 제도권 교육에서 이주민들의 모국어를 제2외국어로 인정하게 된다면 어떻게 될까?

학교에서의 정규 외국어 과목에 또는 상급학교 진학을 위한 입시 과목에 이주자들의 모국어를 포함하는 것은 이주자의 민족적 자각을 돕는 일일 뿐만 아니라 한국의 외국어 교육을 다원화하는 일이 될 것이다. 외국어 교육을 다원화한다는 방침은 '이중어 교육을 받은 인력을 활용한다'는 실용적 사고에서 비롯된 것이고, 이주민의 민족적 자각을 돕는다는 방침은 '차이를 드러내고 이를 존중하는 생활을 통해 국제적 감각을 기른다'는 철학을 실현하는 것이다.

# 한글 소유권

우리는 한글이 우수한 문자라는 말을 귀에 못이 박히도록 들어왔다. 그 말을 들으며 민족적 자부심을 느껴왔다. 그래서일까? 우리가 아닌 다른 나라 사람이 한글을 자신들의 문자라 주장하는 상황을 한 번도 생각해보지 않았다. 그런데 그런 일이 일어났고, 그런 주장을 하는 상대는 강대국 중국이었다. 여론이 들끓었고 사람들은 동북공정이라는 음산한 용어를 다시금 떠올렸다. 중국의 숨은 의도를 정확히 알 수는 없으니 그 문제를 파고들어가는 건 공허한 일일 수도 있다. 그러나 이 기회에 '한글'이라는 문자의 소유권 문제를 생각해보면서 한글 문제를 좀 더 객관화할 필요는 있다.

### 아리랑이 중국의 국가무형문화재가 된 사연

중국이 '아리랑'을 국가무형문화재로 등재했다고 중국 언론들이 21일 보도했다. 국내 관련 단체와 누리꾼들은 "중국이 한국 고유문화마저 넘보는 것 아니냐"며 강하게 반발했다. 중국 길림성의 《길림신문》 등은 이날 중국 국무원이 최근 발표한 제3차 국가무형문화유산 목록에 아리랑을 올렸다고 보도했다. 신문은 아리랑과 함께 가야금 · 회혼례(결혼 60주년 기념식) · 씨름 등 조선족자치주의 전통 풍습 5가지가 함께 등재됐다고 전했다. 국무원은 중국의 최고 국가 행정기관이다. 국내 단체인 '한

민족 아리랑연합회'는 21일 성명을 내어 "국가적 차원과 위상에 대한 위
협이 아닐 수 없다"며 강한 우려를 표명했다. 이 단체는 "2005년 조선족
'농악무'를 국가 주요무형유산으로 지정할 때부터 이것으로 끝나지 않
을 것이란 풍문이 현실로 나타난 것"이라며 "항의로 수정이 될 일이 아
닌 만큼 상황이 심각하다"고 지적했다.

— 《한겨레신문》, 2011년 6월 23일

중국은 왜 아리랑을 국가무형문화재로 등재했을까? 동북공정의 일환
일까? 조선족의 문화여서 그랬을까? 자세한 속내야 알 수 없지만, 객관적
인 이유는 2007년 5월에 열렸던 중국공산당 제17차 당 대표 대회에서 발
표한 후진타오(胡錦濤) 주석의 보고문에 나타나 있다. 중국의 민족출판사
에서 발행한 조선어 번역문을 인용하면 아래와 같다.

우수한 중화문화 전통에 대한 교육을 강화하고 현대 과학기술 수단으로
민족문화의 풍부한 자원을 개발, 리용해야 한다. 각 민족의 문화에 대한
발굴과 보호를 강화하고 문화재와 무형문화재에 대한 보호를 중시하며
고대문화 서적 정리 사업을 잘해나가야 한다.

후진타오의 보고는 21세기 들어 중국이 최강국으로 부상하면서 성장
우선주의에서 벗어나 중국적 전통을 재인식하고 있음을 그리고 실용적
관점을 벗어나 소수민족 문화를 보호하는 정책을 추진하고 있음을 보여
주고 있다.

'아리랑'을 비롯해 중국 조선족의 전통 풍습 5가지를 국가무형문화재
로 등록한 것은 이러한 맥락에서 추진한 정책이다. 조선족이 중국 소수
민족 중 자신들의 언어문화를 잘 보존하고 있는 대표적인 민족이라는 점
에서 중국 당국으로서는 마땅히 해야 할 일을 한 것이다. 만약 다른 소수

2010년 10월 28일 미국 홉킨스 대학에서 열린 '컬러풀 차이나' 공연의 책자. 전체 공연 가운데 5분 동안 중국의 소수민족인 조선족의 문화를 소개했는데, 그중에 기생들의 옷과 춤, 전통 한복, 가야금, 아리랑, 텔레비전 드라마 《대장금》의 주제가 등이 포함되었다.

민족의 대표 풍습은 국가무형문화재로 등록하면서 조선족의 문화는 제외했다면 우리로서는 다행한 일이라고 해야 할까? 아마 그런 일이 일어났다면 조선족 문화에 대한 차별적 정책에 분노하지 않았을까?

이렇게 보면 중국이 아리랑을 국가무형문화재로 등록한 것에 대한 우리의 반응은 필요 이상으로 과민한 것이다. 그런데 우리는 왜 중국의 정책에 이토록 예민한 것일까? 중국의 문화정책이 어떤 방향으로 진행되건 경계의 눈초리를 거두지 않는 이유는 무얼까? 가장 큰 이유는 초강대국이 된 중국을 견제하는 심리가 있기 때문일 것이다. 그리고 중국의 문화적 영향권 아래 들어가는 것에 대한 저항의식도 있을 것이다. 더구나 중국 문화로부터의 독립은 우리 근대화의 중요한 목표이지 않았던가?

사실 1894년 이후 일관된 문화적 흐름은 '탈중세, 탈중화' 였다. 언어문화가 그랬고, 의식주 문화가 그랬고, 전통 풍습에 대한 인식도 그랬다. 그러한 분위기에서 '우리의 것'이 강조되었고, 우리 고유의 것이 무엇인지를 탐구하기 시작했다. 이러한 역사적 맥락에서 '아리랑'이 우리 민족의 정서를 대표하는 노래가 되었고, '한글'이 우리 민족의 문화적 역량을 상징하는 아이콘이 되었다.

그런데 근대 이후 중국 문화로부터 의식적으로 그리고 실질적으로 분리해놓았던 것이 다시 중국 문화와 연결되기 시작한 것이다. 이는 한편으론 당혹스럽고 한편으론 언짢은 일이었다. 이러한 불편함이 문화의 소유권이라는 배타적 인식을 키웠다. '아리랑'은 우리 것, '한글'도 우리 것, '단오'도 우리 것…….

 문화적 소유권이라는 배타적 인식이 팽배해진 데에는 중국의 문화정책도 한몫을 했다. 다민족국가인 중국이 중화민족의 단결을 강조하고, 중화민족의 문화적 전통을 강조한 것은 정치적 안정을 기반으로 경제 성장을 해야 할 필요성 때문이었다. 개혁개방◆ 이전 중국에는 좌편향적 문화정책이 추진되면서 소수민족 문화와 종교 문화 등은 억눌려 있었고, 개혁개방 이후에는 실용성이 강조되면서 이들 문화에 관심을 보이지 않았다. 그러나 실용주의와 성장우선주의가 많은 문제점을 노출하면서 국민적 단합과 국가의 자존을 높일 필요가 있었다. 소수민족의 문화, 유교 및 불교 등 종교 문화, 전통 풍습과 명절 등이 존중되면서 중화민족의 정체성을 찾고자 하는 움직임이 일었다. 중국 정부의 지원하에 진행되는 일련의 움직임은 인접 국가들이 문화적 정체성에 위협을 느낄 만큼 신속하게 추진되었다. 고구려에 대한 역사적 해석의 차이로 인해 중국과 한국이 대립했던 것이 그런 예일 것이다.

 양국의 대립이 격화되다 보니 대립이 일어날 일이 없을 것 같은 경우에도 예민하게 반응하고, 한중 네티즌 간에 감정적 충돌이 일어나기도 한다. 아리랑 문제도 그런 것이었고, 단오절 문제도 그런 것이었다. 우리 고유의 것으로 의심할 여지가 없었던 한글 문제까지 동북공정◆◆과 연결 지

◆ 중국은 1987년 10월 제13차 당대회에서 '사회주의의 계획적 상품경제 체제는 계획과 시장이 내재적으로 통일된 체제'라고 하여 사회주의 경제에서 시장경제의 강화를 주장하였으며, 1992년 10월 제14차 당대회에서는 중국 경제체제 개혁 목표를 '사회주의 시장경제의 건설'로 선언하게 된다.
◆◆ 중국은 동북공정을 '동북 변경 지역의 역사와 현상에 관한 체계적인 연구 과제'라 밝히고 있다. 중국의 국경 안에서 전개된 모든 역사를 중국의 역사로 편입하여 연구한다는 점 때문에 한국 역사계와 마찰이 있었다.

어 해석하는 일이 일어났다.

## 중국은 왜 한글에 관심을 가질까

우리나라가 휴대폰 한글자판 입력 방식 표준화에 우물쭈물하는 사이 중
국 정부가 조만간 조선어 입력 방식 표준을 정하는 등 이른바 '한글공정'
에 속도를 내고 있다. 우리 정부와 기업·학계는 표준화를 놓고 여전히
이견을 좁히지 못해 한글 주권이 크게 훼손될 우려가 높아졌다. 1일 한국
어정보학회·중국조선어정보학회 등에 따르면 중국은 오는 5일 시작되
는 전국인민대표대회(전인대)에서 조선어(한글)와 중국어를 포함한 6대 법
정문자의 자판 입력 방식 표준화와 관련한 사항에 대해 발의키로 했다.
현룡운 중국조선어정보학회 회장은 "법정문자의 자판 입력 방식 표준화

는 기초 소프트웨어 분
야의 오퍼레이션 시스템
진흥 계획에 포함된다"
며 "추가로 R&D 전용자
금이 전국인민대표대회
에서 요청에 따라 편성

여러 가지 입력 방식의 휴대전화 한글자판

될 수 있다"고 말했다. 이번 전인대에서 조선어 등 6대 법정문자 표준화
는 중국의 대규모 IT산업진흥 프로젝트 일환으로 추진될 예정이다.

— 《전자신문》, 2011년 3월 2일

위 신문 기사에서 다루고 있는 사실은 간단하다. '중국은 오는 5일 시
작되는 전국인민대표대회(전인대)에서 조선어(한글)와 중국어를 포함한 6
대 법정문자의 자판 입력 방식 표준화와 관련한 사항에 대해 발의키로
했고, 조선어 등 6대 법정문자 표준화는 중국의 대규모 IT산업진흥 프로

젝트 일환으로 추진될 예정'이라는 것이다.

이 사실에 대한 신문 기사의 해석은 다분히 선동적이다. '한글공정'과 '한글 주권의 훼손'이라는 자극적인 단어를 사용하면서 긴장감을 불러일으키고 있다. 그러나 정작 이 신문 기사가 요구하는 바는 '휴대전화 한글 자판 입력 방식 표준화'다. 이 신문 기사에서는 우리나라가 휴대전화 한글 자판 입력 방식을 표준화해야 한다는 말을 하고 싶은 것이었는데, 이에 대한 절박감을 극대화하려 했는지 이를 중국의 정책과 관련지었다.

물론 중국에서 한글자판 입력 방식을 표준화하려는데 우리나라에서조차 한글 입력 방식이 표준화되지 않는다면 어떻게 되느냐는 지적일 것이다. 그러나 중국의 정책을 동북공정을 연상시키는 '한글공정'으로 그리고 이를 문화적 침략으로 호도하는 '한글 주권 훼손'이라는 표현이 등장하는 것은 어찌된 일인가?

중국의 소수민족 문자에 대한 정보화 사업은 오랜 전통이 있다. 중국은 한어(漢語)◆를 공통어로 삼으면서 동시에 소수민족 자치주의 민족어를 자치주 공용어로 채택하는 복합 국어정책을 실시하고 있기 때문에 한어를 정보화하면 뒤이어 소수민족어를 정보화해야 했다. 조선어, 티베트어, 위구르어, 몽골어, 카자흐어 등의 문자는 정보화가 진척된 대표적인 소수민족 문자다. 그러니 중국 정부에서 이들 문자의 자판 입력 방식을 표준화하려 한 것은 당연한 일이다.

이런 맥락에서 보면, 중국이 한글에 관심을 갖는 것도 이상한 일은 아니다. 오히려 그런 중국을 불온한 눈으로 보는 우리를 돌아봐야 할 것이다. 중국이 한글을 정보화 계획에서 제외했다면 어떠했을까? 한글을 오

---

◆ 중국은 복합적인 국어정책을 취하는 국가다. 따라서 공통어와 민족어가 공용어로 병존하게 된다. 이 때문에 중국 내에서는 공통어를 '중국어'로 부르기보다는 한족의 언어라는 의미의 '한어'로 부르는 경우가 많다.

로지 한국의 것으로 인정하는 배려심을 보였다고 칭찬해야 할까? 그러나 한글을 중국의 주요 문자에서 제외하는 순간, 중국 내 조선족의 문화적 위상은 심대한 타격을 입을 수밖에 없을 것이다.

우리나라에서는 휴대전화의 한글자판 입력 방식을 표준화해야 한다는 요구가 오래전부터 있었다. 이는 중국의 문자 표준화 정책과 상관없이 그 필요성이 제기되어온 문제다. 물론 언론의 입장에서는 표준화 사업이 빠르게 진행되기를 바라는 마음에서 여론을 환기하려고 했을 것이다. 그 의도를 모르는 바가 아니나 내적인 문제를 해결하기 위해 외부의 문제를 확대해서 본질을 호도하는 것이 우민화(愚民化)의 공식 아닌가.

> 방송통신위원회는 지난 23일 일반 휴대전화에 대해서는 천지인 단일표준을, 스마트폰에 대해서는 천지인, 나랏글, SKY 복수 표준을 국가 표준으로 채택하는 방안을 확정했다. 휴대전화를 바꿀 때마다 제조사가 바뀌면 새로운 한글 입력 방식 때문에 한두 달 동안 문자 입력에 어려움을 겪었던 것도 이제 역사 속으로 사라지게 됐다.
>
> ―《엑스포츠 뉴스》, 2011년 3월 24일

## 문화의 소유권에 대한 생각

한글을 자신들의 문자라고 생각하는 사람들이 많아지는 상황을 우리의 것을 빼앗기는 것으로 이해하는 사람이 있을까? 아마 드물 것이다. 사실 우리는 과도하다 싶을 정도로 한글을 보급하는 문제에 관심을 보이지 않았는가? 찌아찌아족에 한글을 보급하는 문제가 문화면의 주요 소식이 된 것은 그러한 관심이 반영된 결과일 것이다.

강요에 의해 이식된 문화이든, 물 흐르듯 자연스럽게 세상을 엮어주는 문화이든 그 공통된 속성은 '넓게 퍼진다'는 것이다. 퍼지지 않고 제자리에만 머무는 문화는 박물관에서나 찾을 수 있는 생명력 없는 문화다. 이처럼 넓게 퍼져나가는 속성을 가진 문화이기에 그 소유권을 따지는 일은 어렵고도 무의미하다.

한글은 우리의 문자이지만 동시에 세계 모든 사람들이 한글의 주인이 될 수 있다. 한글만 그런가. 로마자는 유럽인들과 미국인들의 문자이면서 동시에 우리의 문자이기도 하고, 한자는 중국의 문자이면서 수천 년 동안 우리의 문자였고 지금도 그렇다.

수천 년 동안 유교 문화권, 불교 문화권 등의 문화적 공통성을 유지하며 지내온 한국과 중국은 함께 공유하는 문화가 많다. 설날을 같이 지내고, 단오를 같이 지내고, 추석을 같이 지낸다. 그러다 보니 문화적 소유권을 따지는 일은 복잡한 정도가 아니라 불가능하다. 따지고 따지다 보면 문화의 소유권을 따지는 일이 무슨 의미가 있나 하는 생각이 들 수밖에 없다. 그것을 제대로 쓰는 공동체가 곧 그것의 소유자이기 때문이다.

▲

책을마치며

# 국어정책의 갈 길을 생각하며

광화문에 들어선 금빛 세종대왕상을 기괴한 조형물이라고 말하는 사람들이 있다. 거리의 한가운데를 차지했으되 거리와 조화하지 못한 거대한 금빛 상의 어색함을 지적하는 말일 것이다. 광화문의 세종대왕상을 보면서 밤을 새워 고민하며 한글을 창제한 학자 세종, 조선을 문화대국의 반열에 올려놓은 뛰어난 지도자 세종을 떠올릴 수 없다면, 그 조형물은 제 의미를 찾지 못한 게 아닐까. 광화문 거리에 덩그러니 놓인 세종의 상이 우리가 강조하고 떠받들면서도 소외시켜온 우리말과 글의 모습을 상징하는 것은 아닌지.

광화문 일대를 한글 거리로 만들겠다는 계획을 들었을 때, 기쁨보다 슬픔과 안타까움이 앞섰다는 사람들이 있다. 누군가는 광화문 일대가 한글 거리가 된다는 계획을 듣고 한글이 서울의 중앙을 차지하게 되었다고 반겼을 수 있겠지만, 누군가는 한글을 광화문 거리로 내모는 일이 벌어졌다고 안타까워할 수도 있을 것이다. 그만큼 한글 나라의 수도 서울에 한글 거리를 만든다는 발상은 생뚱맞다.

생각해보자. 서울에 중국어 거리, 일본어 거리, 영어 거리, 베트남어 거리, 프랑스어 거리 등이 생기는 게 자연스러운 일일까, 아니면 한글 거리 또는 한국어 거리가 생기는 게 자연스러운 일일까? 또 한 가지, 한류와 더불어 런던과 파리의 어느 거리에 한글 거리가 조성되는 게 자연스러울까, 아니면 런던에는 영어 거리가, 파리에는 프랑스어 거리가 특별히 조성되는 게 자연스러울까?

소중히 여기는 것과 특별히 취급하는 것의 의미가 다른 것이라면 한글과 한국어를 대하는 우리의 자세도 다시 한 번 되돌아봐야 한다. 우리는 한글과 한국어를 소중히 여기고 있을까 아니면 특별히 취급하고 있을까?

1990년에 한글날을 국경일에서 제외하며 촉발된 한글날의 위상에 대한 논란은 2005년에 한글날을 다시 국경일에 포함함으로써 일단락되었다. 한글날이 국경일로 다시 지정되었으니 이와 관련한 국어정책은 성공적으로 마무리되었다고 봐야 할까? 그러나 사실 한글날은 국경일일 수도 있고 아닐 수도 있다. 일제강점기 조선어학회 사람들은 조선인들이 우리말과 글에 대한 관심을 잃지 않기를 바랐고, 모든 조선인이 우리말과 글을 배우며 민족적 정체성을 자각하기를 바랐다. 한글날을 제정한 목적은 여기에 있었다.

해방이 되었고, 우리말과 글이 한반도의 유일한 공용어이자 공용 문자로 교육되고 사용되고 있다. 그렇다면 오늘날 한글날의 의미는 무엇인지 그리고 무엇이어야 하는지 생각할 필요가 있다. 1926년 10월 30일 식도원에 모여 훈민정음 반포 8회갑을 기념하던 선각자들에 의지해 한글날의 의미를 습관적으로 되새기고 있는 것은 아닐까 반성해보면서.

우리말과 글의 특별함과 소중함을 강조해야만 했던 때가 있었지만, 이제는 우리말과 글의 특별함과 소중함을 강조하면서 놓쳤던 것이 무엇인지 생각해볼 때다. 혼탁해진 우리말과 글을 안타까워하는 마음은 우리말과 글에 대한 관심의 출발이지만, 이제는 우리말이 아픈 것에 보였던 안타까움을, '아픈 우리말' 때문에 불편해졌을 수도 있는 우리 삶의 문제를 해결하는 에너지로 전환할 때가 아닐까?

　　2010년 가을, 아름다운가게 동숭동 헌책방의 매니저 박희진 씨로부터 특
강을 해달라는 부탁을 받았다. 박희진 씨는 한글의 의의를 생각해볼 수 있
는 내용이면 된다고 했다. 강연 제목을 '한글이 없다면 지금 우리는?'으로
정했다. 우리 사회에서 한글과 우리말로 소통하는 것이 가장 편안한 길이
라면, 한글과 우리말만 쓰는 사람을 불편하게 하는 것은 민주주의에 반하
는 것임을 강조했다. 민주주의의 관점에서 민족주의와 실용주의의 진정한
의미를 말하고 싶었던 것이다. 강연이 끝나고 며칠 후 한글과 민주주의를
함께 연결하여 설명한 것이 인상적이었다는 한 수강자의 소감을 전해 들었
다. 그 수강자의 소감은 국어정책과 관련한 책을 준비하고 있던 내게 깨우
침을 주었다. '한글민주주의', 이 책의 제목은 그렇게 나왔다.

　　어떤 문제의식이 내 안에 자리 잡을 즈음 나는 책을 준비한다. 그리고 문
제의식을 키워가면서 다른 사람들과 내 생각을 공유하기도 하고 그들로부
터 내 생각의 의미를 검증받기도 한다. 이 책을 쓰는 내내 나는 2010년 가
을의 강연을 생각했다. 한글 문제를 민주주의 문제와 연결 지어 설명하던

그때의 나를 생각했고, 그 강연이 끝난 후 소감을 전한 어떤 수강자를 생각했다. 한글과 관련한 다양한 주제를 다룬 이 책이 일관성 있는 진술로 평가받을 수 있다면, 그건 '그때의 나'와 '한 수강자'에 대한 기억을 반추하며 문제의식을 다잡고 심화한 덕일 것이다.

나는 박영준, 시정곤, 정주리 교수와 《우리말의 수수께끼》라는 책을 쓰면서부터 한글과 국어정책에 학문적인 관심을 갖게 되었고, 그간 내 나름대로의 관점을 세우려고 노력해왔다. 이 책은 그 과정의 기록이다. 책을 쓰는 동안 나는 내 생각이 어디에서 연유하였는지를 생각하곤 했다. 그리고 30년 가까운 세월 동안 나를 지도해준 김민수 선생님을 자주 떠올렸다. 국어정책의 구체적인 문제와 관련하여 생각을 정리할 때면 그분의 생각이 나의 생각 속에 깊이 뿌리내리고 있음을 문득문득 몸서리치게 깨달았다. 구순을 바라보는 선생님으로부터 아직도 배울 게 남았다는 데에 때론 절망하고 때론 행복을 느낀다.

소수자의 언어 문제에 대한 내용은 내가 2009년에 중국 중앙민족대학에 머물며 공부했던 1년의 흔적이다. 중앙민족대학의 태평무 선생님은 내가 소수민족의 언어 문제에 눈을 뜨고 이를 심화하는 데 도움을 주었다. 1년 동안 중국의 소수민족 언어정책과 소수민족의 언어 문제를 탐구하면서 중국의 국어정책을 객관적으로 살펴보게 된 것은 소중한 지적 경험이었다. 민주적인 언어정책의 길을 새삼 고민했고, 이 책을 계획할 수 있었기 때문이다.

언어적 권리와 언어제국주의 문제는 이 책의 문제의식을 직접적으로 드러내는 주제다. 이 책을 쓰는 도중 이와 관련한 고민의 폭을 넓힐 수 있는 기회가 인연의 고리를 따라 찾아왔음에 감사한다. 뉴욕에서 사업을 하는 민보현 선배는 놀랄 만한 언어학적 식견을 갖춘 분이다. 나는 그의 얼굴도 목소리도 알지 못하지만, 그와 주고받은 이메일을 통해 그리고 그가 선별하여 보내주곤 하는 언어 관련 책자를 통해 많은 교감을 했다. 그간 내가 쓴 책을 읽고 나의 관심사를 꿰뚫고 있는 그는 국어학의 대중화를 고민하는 내게 좋은 참고서를 많이 보내주었다. 특히 그에게 받은 책 중 《*The Last Lingua Franca*》는 우리말로 말할 권리와 의무에 대한 내 생각의 폭을 넓혀주었다.

횡성에서 여성 농업인으로 살고 있는 후배 오숙민과 횡성여성농업인지원센터 한영미 소장은 다문화사회의 문화 문제를 삶의 문제로 고민하는 분들이다. 어느 날 후배 오숙민이 그들이 편집한 책 《우리 같은 우리들》을 보내주었다. 책자에는 '엄마나라 이야기방'이라는 결혼 이주민 모임에서 번역한 이국의 동화 수 편이 실려 있었다. 그 동화들을 읽고 또 읽으며 번역자의 마음을 생각했다. '언어적 자존심'을 세우는 것이 언어적 권리의 핵심이 아닐까? 그때 그런 생각을 했었다.

나는 지혜로운 인간의 구별점이 현재의 문제를 역사적 맥락에서 읽어내는 능력의 유무에 있다고 생각한다. 그래서 이 책에서도 국어정책의 의미와 방향을 역사적 맥락에서 찾고자 애를 썼다. 국어정책의 역사적 맥락을 고민하는 도중, 원광대 국문과의 하정일, 김재용 교수와 표준어 및 근대사 인물들에 관해 많은 대화를 나누었다. 그들의 신선한 문제의식은 이 책의 곳곳에 스며들어 있다. 이런 점에서 동료 교수들과 학문적 긴장감을 유지하며 생활할 수 있는 원광대 국문과는 행복한 공간이다. 국문과 동료 교수들과의 대화는 때로 피곤하기도 했지만 대부분 즐거웠고 궁극적으로는 유익했다.

좋은 책의 저자가 되려면 좋은 출판사를 만나야 하는 법. 작년 1월 새벽, 고심 끝에 책과함께의 류종필 사장에게 《한글민주주의》의 목차와 기획 의도를 정리한 파일을 보냈다. 며칠 후 류 사장으로부터 답장이 왔다. 그는 '이심전심', '불감청이언정 고소원'이라 했다. 계약서를 작성하며 그와 나의 인연에 대해 서로 이야기했다. 그를 알고 지낸 지 10년째이고, 그와 함께 작업한 책이 이 책을 포함해 다섯 권이다. 10년이면 강산도 변한다는데, 그의 성품은 10년 전이나 지금이나 크게 다르지 않다. 일로 만난 관계이기에 그와의 거리감이야 어쩔 수 없는 거지만, 내 감정은 그를 친구로 받아들인 지 오래다.

책을 낼 때마다 내가 가장 손꼽아 기다리는 날은 널찍한 교정지를 받는 날이다. 변신한 내 원고를 보는 일은 그리고 그 변신을 주도한 편집인의 생각을 미루어 짐작해보는 일은 언제나 흥분되는 일이기 때문이다. 책과함께의 식구였던 강창훈 선생은 이 책의 초고를 다듬는 데 땀을 흘렸고, 책과함께의 식구인 천현주 선생은 동분서주하며 자료 사진을 찾고 글의 흐름과 목차를 조정한 끝에 내게 가장 멋진 교정지를 선물해주었다.

2010년 마음속으로 정했던 제목 그대로 책이 출판된다. 이미 정한 제목이었지만, 나는 이 제목에 대한 한 사람의 반응을 초조하게 기다렸다. 나의 아내 박유희 선생, 그의 지지가 없었다면 이 책은 다른 제목으로 나왔을지도 모른다. 그는 자신의 학문적 성취를 통해 항상 나를 긴장시켰고, 나의 학문적 목표에 동의하며 어느 상황에서건 나를 고무해왔다. 현실의 무게에

굽어지고 현실의 문제에 둘러싸여 부패할 수도 있는 게 인간이라는 점을
생각하면, 언제나 나를 정화하는 그가 곁에 있어 행복하다.


2012년 7월, 비 오는 날

**최경봉**

**인물
색인**

**고은(高銀, 1933~ )** | 본명은 은태(銀泰). 전라북도 군산 출생. 시인. 1970년대 이후 민주화운
동에 적극 참여하면서 자유실천문인협의회 회장, 민주회복국민회의 중앙위원, 민족문학작가
회의 회장, 민족예술인총연합회 의장 등을 역임했다. 2005년부터 남북 통합 국어사전인 '겨
레말큰사전' 남북공동 편찬사업회 이사장으로 활동하고 있다.

**권덕규(權悳奎, 1890~1950)** 호는 애류(崖溜). 경기도 김포 출신. 1913년 서울 휘문의숙(徽文義
塾)을 졸업하고 휘문의숙, 중앙학교, 중동학교 등에서 국어 및 국사를 가르쳤다. 주시경의 조
선어강습원에서 국어문법을 공부하였고, 1921년 12월 3일 조선어연구회 창립에 참여하여,
한글강습회 활동을 하였다. 1929년부터 조선어사전 편찬 사업에 참여하여 '고어' 부분을 집
필하였으며, 〈한글 마춤법 통일안〉의 원안을 작성하는 데 참여하였다.

**권보상(權輔相)** 국문연구소의 서기관으로 활동하였다.

**김규식(金奎植, 1881~1950)** 부산 동래 출생. 6세 때 고아가 되어 선교사 언더우드(Horace G.
Underwood)의 보호를 받게 되었다. 언더우드의 지원으로 미국으로 유학하였고, 1905년 귀
국하여 경신학교 교감, 연희전문 교수 등을 역임하며, 《대한문전》을 집필하였다. 1913년 중국
으로 망명하여 대한민국 임시정부에서 활동하였다. 1940년 대한민국 임시정부 부주석이 되
어 충칭에 들어간 후 김구(金九)와 함께 광복군 양성에 힘썼다. 1948년에는 유엔에 의한 남한
만의 단독 총선거에 반대하고 통일정부를 수립하기 위하여 노력하였다. 이를 위하여 김구와
함께 북한에 가서 남북협상을 시도하였으나 실패하자 그후 정치활동에서 은퇴하였다. 한국전
쟁 때 사망하였다.

**김기림(金起林, 1908~?)** 함경북도 학성군 출생. 서울 보성고보(普成高普), 일본 니혼(日本) 대학을 거쳐 도호쿠(東北) 제국대학 영문과를 졸업하였다. 조선일보 기자로 재직하면서 문인으로 활동하였다. 1933년 구인회에 가담, 주지주의에 근거한 모더니즘의 새로운 경향을 소개하였으나, 광복 후 조선문학가동맹에 가담하여 정치주의적 시를 주장하였다. 한국전쟁 때 납북되어 사망한 것으로 알려져 있다.

**김두봉(金枓奉, 1889~1960)** 부산 동래 출생. 주시경의 조선어강습원에서 문법을 공부하였고, 이후 주시경과 함께 사전 편찬 사업과 어문 운동을 전개하였다. 《신자전》, 《말모이》 등의 편찬에 주도적인 역할을 하다가 1919년 중국으로 망명하였다. 1920년대엔 임시정부가 있던 상하이에서 어문 연구와 교육 사업에 적극적으로 참여하였지만, 1930~40년대에는 조선민족혁명당과 조선독립동맹을 이끌며 무장 독립운동을 전개했다. 해방 후 1945년 12월 귀국하여 김일성과 함께 북한 정권을 이끌다가 1958년 김일성과의 권력 투쟁에서 패해 숙청되었다. 신철자법을 제정하고 풀어쓰기로의 문자 개혁을 시도하였으나 뜻을 이루지 못하였다.

**김민수(金敏洙, 1926~ )** 강원도 홍천 출생. 해방 후 조선어학회 국어강습원 파견 강사로 활동했고, 1946년 경성사범대 부설 임시중등교사양성소(국어과)를 수료한 후 춘천사범학교 교유(教諭)가 되었다. 1947년 서울대학교 국어국문학과에 입학하여 국문과 연합 연구회인 '조선어문학연구회'를 조직하여 활동하였다. 1950년대 소장 국어학자로 국어국문학의 과학적 연구를 모토로 한 국어국문학회, 국어학회 등의 창립을 주도하는 한편, 최초의 국어대사전인 한글학회 《큰사전》의 편찬위원으로 활동하였다. 고려대 국어국문학과 교수로 국어학사 및 국어정책론을 학문적으로 정립하는 데 공헌하였다.

**김선기(金善琪, 1907~1992)** 전라북도 군산 출생. 1930년 연희전문학교 문과를 졸업하고, 이듬해 조선어사전 편찬위원 및 조선어학회 〈한글 마춤법 통일안〉 제정위원으로 활동하였다. 1937년 영국 런던 대학에서 비교언어학으로 석사학위를 받고 귀국하여 연희전문학교에 재직하였다. 1942년 조선어학회 사건으로 함흥형무소에 투옥, 기소유예로 풀려났다. 1950년 서울대학교 문리과대학 언어학과 주임교수로 취임하여 학과의 기틀을 잡았다. 국어의 비교연구와 향가 해독(解讀)에 기여하였다.

**김소진(金昭晋, 1963~1997)** 강원도 철원 출생. 1982년 서울대학교 영문과를 졸업하였다. 1990

년부터《한겨레신문》교열부와 문화부에서 5년간 일하면서 작품 활동을 하다가, 1995년 신문사를 그만두고 본격적인 소설가 생활을 시작하였다. 1991년 〈쥐잡기〉가《경향신문》신춘문예에 당선되면서 문단에 데뷔했다. 민족문학작가회의에 가입하여 활동했으며, 첫 창작집《열린 사회와 그 적들》을 발표했다. 짧은 생애를 마치기까지 약 6년 동안 장편과 단편소설, 동화, 콩트 등 8권의 책을 썼다.

**김수경(金壽卿, 1918~1999)** 강원도 출생. 1940년 경성제국대학 철학과를 졸업하였다. 1946년 중등교원 양성을 위해 설립된 '경성대학 예과 부설 임시 중등교원 양성소'와 '경성사범학교 부설 임시 중등교원 양성소'에서 '조선어학개론'을 강의하였다. 1946년 월북하여 김일성대학 조선어문학부 조선어학 강좌장을 역임하였다. 1940년대 후반부터 60년대 말까지 문법론, 언어정책론, 문체론 등을 주제로 여러 논문과 단행본을 발표했는데, 그의 연구는 당시 주요 논쟁의 중심에 있거나 새로운 영역을 개척하는 것이었다.

**김영건(金永鍵, 1910~?)** 서울 출생. 경성제2고등보통학교(경복고등학교) 졸업. 1931년부터 1940년경까지 베트남에 머물렀으며 프랑스가 동양 연구의 거점으로 베트남 하노이에 건립(1898년 12월)한 원동학원(遠東博古學院, EFEO)의 도서관 사서로 근무하였다. 베트남에 있는 동안 조선어학회의 이윤재와 연락을 취하였고《동아일보》에 〈안남의 문단〉을 발표하기도 했다. 도서관에 한글 자료를 기증하고 정리하는 과정에서 외래어 및 로마자 표기에 관심을 갖게 된 것으로 보인다. 해방 후 월북할 때까지 조선문학가동맹에서 활동하였다. 〈세계문화의 동향〉(1945), 〈외국문화의 섭취와 민족문화〉(1946), 〈국제문화의 정세에 관한 보고〉(1946) 등의 평론을 발표했다.

**김영만** 고려대학교 중문학과와 미국 오하이오 주립대에서 중국어학을 전공하고, 현재 배재대학교 중국학부 교수로 재직하고 있다.

**김희상(金熙詳, ?~?)** 국어학자.《초등국어어전((初等國語語典)》과《울이글틀》이라는 문법 관련 저서 2권이 있다.

**남궁억(南宮檍, 1863~1939)** 서울 출생. 1898년 독립협회 관계로 투옥되었다가 풀려나와 그해 나수연(羅壽淵) 등과 함께《황성신문(皇城新聞)》을 간행하였다. 1896년에 발간된《독립신문》

이 순한글만을 사용한 데 반해,《황성신문》은 국한문을 혼용하였는데, 한문이 많이 사용되어 지식층 독자를 다수 확보했다. 1933년 '무궁화와 한국역사사건'으로 체포되어 복역하다가 1935년 병으로 석방된 후 고향에서 별세하였다.

**라이샤워(Edwin Oldfather Reischauer, 1910~1990)** 일본 도쿄 출생. 1939년 하버드 대학교에서 중국사와 일본사를 전공하였고 하버드 대학교 교수와 주일 미국대사를 역임하였다. G. M. 매큔과 공동으로 한국어의 로마자 표기법(매큔-라이샤워 로마자 표기법)을 제안하여 이후 널리 쓰이게 되었다.

**매콜리(J. D. McCawley, 1938~1999)** 스코틀랜드 출생. 시카고 대학과 MIT에서 수학과 언어학을 전공하였고, 시카고 대학 언어학과 교수를 역임했다. 다양한 언어와 문자에 관심이 많았던 그는 한글의 문자체계를 높이 평가하고 이를 미국 학계에 소개하였다.

**매큔(George McAfee McCune, 1918-1948)** 미국 선교사의 아들로 태어나 한국과 인연을 맺었다. 에드윈 라이샤워와 함께 한국어 로마자 표기법인 매큔-라이샤워 표기법을 만들었다.

**모리 아리노리(森有禮 1847~1889)** 1885년(명치 18) 이토 히로부미(伊藤博文) 내각에서 초대 문부대신이 되어 국가주의 교육체계를 세웠다. 당시 일본어의 글말과 입말의 간극을 해결하고자, 간이영어(簡易英語, 불규칙성을 걷어낸 영어)를 일본에 도입하자고 제안한 바 있다. 1889년(명치 22) 2월 11일, 대일본제국헌법이 반포되는 날 피살되었다.

**문영호(1942~  )** 조선사회과학원 언어학연구소 소장, 조선언어학회 위원장. 2005년부터 겨레말큰사전 공동편찬 북측 위원회 위원장, 6·15공동선언 실천 북측 위원회 위원으로 활동하고 있다. 2011년 과학적 성과를 이룬 지식인들에게 수여하는 국가학위학직으로 최고의 영예인 원사 칭호를 받았다.

**바바 다쓰이(馬場辰猪 1850~1888)** 일본 도사(土佐, 고치 현 일대) 출생. 1870년 영국에 유학해 법학을 공부했다. 책임내각제의 입헌군주국을 세울 것, 출판물의 검열과 신문 및 잡지의 조례, 집회 조례 등을 폐지할 것 등을 주장한 자유민권운동가였다. 1886년 미국으로 망명해 그곳에서 사망했다.

**박승빈**(朴勝彬, 1880~1943) 호는 학범(學凡). 강원도 철원 출생. 일본 주오(中央) 대학 법학과를 졸업하였다. 법관으로 활동하다 1910년 변호사를 개업하였으며, 보성전문학교 교장을 역임하였다. 《헌법》(1908)과 《언문일치일본국육법전서》(1909)를 번역 출간하면서 표기법 문제를 연구하게 되었다. 일반대중이 사용할 정서법은 간편해야 한다는 생각으로 조선어학회의 〈한글 마춤법 통일안〉에 반대하였으며, 1931년 조선어학회에 맞서는 조선어학연구회를 창립하여 기관지 《정음》을 발간하였다. 조선어사전 편찬에도 관심을 가져 사전 편찬 사업을 진행하였으나 완성하지 못하였다.

**박은식**(朴殷植, 1859~1925) 한말의 민족사학자이자 독립운동가. 《황성신문》의 주필로 일제의 침략상을 고발하는 활동을 했고, 1911년 중국으로 망명했다. 임시정부가 수립되자 임시정부의 기관지 《독립신문》의 사장이 되었고, 1924년 임시정부 국무총리 겸 대통령 대리, 1925년 제2대 대통령이 되었다.

**백기완**(白基琓, 1933~ ) 황해남도 은율군 출생. 민주화와 통일운동에 헌신한 재야운동가. 1967년 장준하와 함께 백범사상연구소를 설립한 후 박정희 유신정권과 전두환의 군사독재 시절 민주화운동과 통일운동을 했으며, 1985년 통일문제연구소를 설립했다. 1987년과 1992년 대통령 선거에 민중 후보로 출마하였다. 그가 지은 시 '사랑도 명예도 이름도 남김없이'를 가사로 한 노래 〈임을 위한 행진곡〉은 5·18 광주 민주화운동 당시 사망한 윤상원과 1978년 노동운동 중 사망한 박기순의 영혼결혼식에 연주된 후 널리 알려지게 되었다.

**베델**(裵說, Ernest Thomas Bethell, 1872~1909) 영국 브리스틀 출생. 1904년 러일전쟁 때 《데일리메일》의 특파원으로 한국에 와서 그해 7월 양기탁과 함께 《대한매일신보》를 창간하였고, 이후 을사조약의 무효를 주장하는 등 항일 활동을 벌이다 심장병으로 사망하였다. 한국의 독립과 언론 자유를 위해 싸운 공적을 인정받아 대한민국 건국훈장 대통령장을 추서받았다.

**샘슨**(Geoffrey Sampson) 언어학자이자 문자학자. 《문자체계 Writing Systems》의 저자로 널리 알려져 있다. 영국 리즈(Leeds) 대학 교수.

**서재필**(徐載弼, 1864~1951) 영어명 필립 제이슨(Philip Jaisohn). 전라남도 보성 출생. 김옥균, 박영효, 홍영식, 서광범 등 개화파의 일원으로 갑신정변을 일으켰으나 실패하자 일본을 거쳐 미국으로 망명하여 의사가 되었다. 미국으로 귀화하였으나, 일시 귀국하여 《독립신문》을 발간하고 이상재, 윤치호, 이승만 등과 독립협회를 결성하였다. 일제강점기에도 독립운동에 여러 모로 도움을 주었고, 해방 후에는 미군정청 고문으로 활동하였다.

**손석춘(孫錫春, 1960~ )** 언론인, 언론학자. 1984년 《한국경제신문》, 1987년 《동아일보》 기자 생활을 하였다. 1988년에는 전국언론노조연맹을 만든 핵심적인 활동가 중 한 명으로 활약했다. 1991년 《한겨레신문》으로 자리를 옮긴 이후 2006년까지 《한겨레신문》의 논설위원으로 활동하였다. 2008년 이후 '새로운 사회를 여는 연구원'의 원장으로 활동하고 있다.

**송기용(宋綺用)** 국문연구소 연구위원.

**신남철(申南澈, 1903~?)** 휘문고보와 경성제대 철학과를 졸업하였다. 1931년 조선어학연구회 창립 당시 간사로 선출되어 활동했다. 1932년 《신계단(新階段)》에 '조선어 철자법 문제의 위기에 대하야'를 발표하며 조선어학회의 독단적 태도를 비판하기도 했다. 백남운의 최측근으로 조선학술원 설립에 주도적 역할(조직, 기획)을 하였다. 국대안에 반대하여 서울대 교수직을 사퇴한 후 1947년경 월북하여 김일성대학 교수를 역임하다가 1958년 숙청되었다.

**신명균(申明均, 1889~1941)** 한성사범학교를 졸업하고, 주시경의 조선어강습원에서 문법을 공부하였다. 서울 동덕여학교 등 여러 학교에서 교편생활을 하는 한편, 1921년 조선어연구회(이후 조선어학회)를 창립하였고, 기관지 《한글》의 편집인 겸 발행인으로 활동하였다. 1930년대 중반 이후 중앙인서관(中央印書館)을 경영하며 《조선문학전집》 간행을 계획하여 시조집(時調集), 가사집(歌辭集), 소설집 등을 출판하였다. 일제강점기의 억압에 울분을 참지 못하고 자결로 생을 마감하였다.

**신채호(申采浩, 1880~1936)** 충청남도 대덕군 출생. 《황성신문》, 《대한매일신보》 등에서 논설인으로 활약하며 내외의 민족 영웅전과 역사 논문을 발표하여 민족의식 앙양에 힘썼다. 그는 민족정신을 강조하면서, 문법을 통일하여 학생의 정신을 통일하며 국민에게 지식을 보급해야 한다고 주장했다. 1919년 상하이에서 대한민국 임시정부 수립에 참가했으나, 한성임정(漢城臨政) 정통론과 이승만 배척운동을 내세워 공직을 사퇴하고 주간지 《신대한(新大韓)》을 창간하여 임시정부 기관지 《독립신문》과 맞서기도 하였다. 뤼순(旅順) 감옥에서 복역 중

1936년 옥사했다.

**심의린(沈宜麟, 1894~1951)** 서울 출생. 1917년 한성고등보통학교 사범부를 나와 교육자의 길을 걷기 시작하였다. 계명구락부(啓明俱樂部), 조선광문회(朝鮮光文會), 조선어연구회(이후 조선어학회)에 참여하여 평생을 한글 연구에 바쳤다. 1926년《보통학교 조선어사전》을 편찬하였다. 1927년 조선어연구회의 기관지《한글》창간에 참여하고, 1928년에는 조선광문회의 《조선어사전》 편찬사업의 제1차 조사위원으로 활동하였다. 1936년에는《중등학교 조선어문법》(조선어연구회)을 펴내어 문법 교과서로서 널리 영향을 끼쳤으며,《사범교육 조선어대화》(조선어연구회)도 펴냈다. 한국전쟁 때 좌경학생을 도왔다는 혐의로 체포되어 부산형무소에 수감 중 죽었다.

**안확(安廓, 1886~1946)** 호 자산(自山). 서울 출생. 촉탁으로 일하면서 음악 및 국문학 관계의 방대한 왕실 소장 자료들을 접하여 훈민정음의 악리(樂理) 기원설 제시, 가시(歌詩) 장르 설정 등의 업적을 남겼다. 국학자로서 근대화를 찬성하되 민족문화의 장점을 기반으로 한 수용론을 폈다.《조선어문법》(1917),《조선문학사》(1922) 등을 저술하였다.

**어윤적(魚允迪, 1868~1935)** 일본 게이오의숙(慶應義塾)에서 수학. 1907년 학부 편집국장이 된 뒤 국문연구소 개설의 주동적 역할을 하여 국문의 통일에 힘썼다. 이 연구소의 위원을 겸하였던 그는 초성을 종성으로도 써야 한다는 주시경의 주장과 의견을 같이하는 등 국문학에서 중요한 업적을 남겼다. 1908년 관립 한성사범학교 교장, 관립 한성고등여학교 교장 등을 역임하였다. 국권 강탈 이후에는 중추원부참의에 임명되어 조선사 편찬위원, 경성제국대학 법문학부 강사 등을 지냈다. 일제의 이른바 문화정치 이후 조직된 많은 단체 중 친일단체인 대동사문회(大東斯文會)의 회장을 맡아 활동하기도 하였다.

**우에다 가즈토시(上田万年, 1867~1937)** 도쿄(東京) 제국대학 언어학과 교수. 독일에서 소장문법학파의 이론을 공부하고 귀국하여 근대 일본 언어학의 초석을 놓았다. 일본어는 일본의 정신적 혈액이라고 하며 국어 정신을 주입하였다. 일본 초기의 국어정책에 깊은 영향을 미쳤고, 언문일치로의 문장 개혁을 주도하였다.

**원세개(袁世凱, 위안스카이, 1859~1916)** 중국의 군인·정치가이며 총리교섭통상대신으로 조선에 부임하여 국정을 간섭하고 일본, 러시아를 견제했다. 청일전쟁에 패한 뒤 서양식 군대를 훈련시켜 북양군벌의 기초를 마련하고 탄쓰퉁(譚嗣同) 등 개혁파를 배반하고 변법운동을 좌절시켰다. 이후 의화단의 난을 진압했으며 신해혁명 때 청나라 조정의 실권을 잡고 임시총통이 되었고, 이어 스스로 황제라 칭하였다.

**유길준(俞吉濬, 1856~1914)** 서울 출생. 박규수를 만나 신학문을 접하였고, 김옥균, 서광범, 홍영식 등과 교류하였다. 1881년 조사시찰단(朝士視察團)의 일원이 되어 일본으로 건너갔으며 이곳에서 게이오의숙에 입학하였다. 주미 전권대사 민영익의 수행원으로 발탁되어 미국으로 건너가서는 더머 아카데미(Dummer Academy)를 다녔다. 갑신정변이 일어나자 1885년 대서양을 건너 영국, 포르투갈 등 유럽 여러 나라를 시찰하고 인도양을 건너 싱가포르, 홍콩, 일본을 거쳐 귀국하였다. 《서유견문(西遊見聞)》을 통하여 서양의 근대문명을 한국에 본격적으로 소개하고 조선의 실정에 맞는 자주적 개화를 주장하였으며, 정부의 역할을 중시한 개혁론을 전개하여 갑오개혁의 이론적 배경을 제시하였다.

**윤돈구(尹敦求)** 국문연구소 연구위원.

**이극로(李克魯, 1893~1978)** 경상남도 의령 출생. 1927년 독일 베를린 대학교에서 경제학 박사 학위를 취득하고 귀국하였다. 조선어학회에 가입한 후 1929년 조선어사전 편찬회를 조직하였으며, 일제강점기 내내 조선어사전 편찬 사업에 몰두하였다. 1942년 조선어학회 사건으로 6년형을 선고받고 옥고를 치렀다. 8·15 해방으로 풀려나 조선어학회 대표를 역임하며 《큰사전》을 편찬하였다. 1948년 남북제정당·사회단체연석회의 참석차 평양에 갔다가 그곳에 남았다. 1966년 이후 본격화된 북한 언어 규범화 운동인 문화어 운동을 주도하였다.

**이능화(李能和, 1869~1943)** 충청북도 괴산 출생. 어려서 한문을 수학하였고, 1895년 관립 법어학교에 입학하였다. 1906년 관립 한성법어학교 교장으로 임명되었으며, 1909년 관립 한성외국어학교로 학제가 변경되자 학감으로 취임하여 1910년 학교가 폐쇄될 때까지 프랑스어를 교육하였다. 1907년 국문연구소 위원직을 맡았다. 민족문화 각 분야의 자료를 정리, 연구하는 한편, 1931년 박승빈, 오세창 등과 더불어 계명구락부를 설립하여 민족정신의 계몽과 앙양에 앞장섰다.

**이민응**(李敏應, 1876~1955) 강원도 춘성군 출생. 1894년(고종 31) 과거에 급제하여 학부참서의 벼슬을 지냈다. 일제강점기에는 여주에서 빈민구제와 무지계몽(無知啓蒙)에 앞장섰으며, 1930년대 만주로 이주하여 만주가 조선족자치주의 기반이 되게 하였다.

**이병기**(李秉岐, 1891~1968) 전라북도 익산 출생. 1913년 3월 관립 한성사범학교를 졸업하였다. 한성사범 재학 시 주시경이 설립한 조선어강습원에서 문법을 공부했다. 1921년 조선어연구회를 창립하고 초대 간사를 맡았으며, 한글 맞춤법과 표준어 제정위원으로 활동하였다. 《조선문법강화(朝鮮文法講話)》를 저술한 국어학자이자, 시조부흥운동을 주도한 문인이자, 고전연구자였다. 서울대에서 고전문학을 가르치다 한국전쟁 이후 사퇴하고 고향인 전북대학교에서 후진을 양성하였다.

**이윤재**(李允宰, 1888~1943) 경상남도 김해 출생. 3·1운동에 가담, 3년간 복역한 후 중국 베이징 대학 사학과를 졸업하였다. 1924년 귀국하여 오산, 배재 등 고등보통학교에서 교편을 잡는 한편, 조선어연구회에 가입하여 활동하였다. 1927년 조선어학회 《조선어사전》 편찬위원이 되었고 잡지 《한글》을 편집하였다. 한글 맞춤법과 표준어 제정 사업을 주도하면서 한글 보급을 통한 민족운동을 계속하였다. 1942년 조선어학회 사건으로 옥고를 치르던 중 옥사하였다.

**이태준**(李泰俊, 1904~?) 강원도 철원 출생. 호는 상허(尙虛). 1921년 휘문고보에 입학했으나 1924년 동맹휴교 주모자로 퇴학당했다. 1927년 조치(上智) 대학 예과에 입학했다가 1928년 중퇴했다. 1933년 구인회 동인으로 활동했으며, 1939년에는 《문장》을 주관하기도 했다. 1946년 조선문학가동맹 부위원장으로 활동하다가, 1946년 월북하였고 이후 숙청당했다. 《달밤》(1934)과 《가마귀》(1937), 《구원의 여상》(1937), 《화관》(1938), 《청춘무성》(1940), 《사상의 월야》(1946) 등 단편과 장편을 발간했다.

**이호영**(李豪榮, 1963~ ) 런던 대학에서 음성학으로 박사학위를 취득하고, 현재 서울대 언어학과 교수로 재직하고 있다. 문자가 없는 소수민족에게 한글을 보급하는 운동을 하고 있다.

**이희승**(李熙昇, 1896~1989) 경기도 광주 출생. 1930년 경성제국대학 조선어학과를 졸업하고, 1932년 이화여자전문학교 교수가 되었다. 조선어학회에 가입하여 조선어학회 간사로 활동하면서 조선어사전 편찬에 참여하였다. 1942년 조선어학회 사건으로 옥고를 치렀다. 8·15

해방 후 출옥하여 국어 회복 운동을 펼쳤고, 서울대학교 국어국문학과 교수로 취임하여 학과 체제를 확립하는 데 기여했다.

**장지영(張志暎, 1887~1976)** 서울 출생. 1906년 한성외국어학교 한어과(漢語科)를 졸업하고, 주시경의 조선어강습원에서 문법을 공부했다. 1921년 조선어연구회를 창립하여 활동하였으며, 《조선일보》 기자로 근무하면서 문맹퇴치와 한글 보급 운동을 폈다. 1927년 신간회(新幹會)를 조직하여 간사로 활동했다. 총독부 언문철자법 심의위원으로 활동했으며, 이후 조선어학회에서 맞춤법 제정위원과 표준어 사정위원으로 활동하였다. 1942년 10월 조선어학회 사건으로 옥고를 치렀다. 해방 후 연세대학교 교수, 한글학회 이사장 등을 역임하였다.

**정렬모(鄭烈模, 1895~1968)** 충청북도 보은군 출생. 경성고등보통학교를 다니며, 주시경이 세운 조선어강습원에서 문법을 공부했다. 1915년 3월 경성고등보통학교 교원양성소를 수료하였다. 1925년 일본 와세다(早稻田) 대학 고등사범부 국어한문과(일본어한문과)를 졸업한 후 귀국하여 조선어학회에서 활동하였다. 1929년 조선어사전 편찬위원이 되었고, 사전 편찬 사업이 진행되는 동안 맞춤법 제정위원, 표준어 사정위원 등으로 활동하였다. 1942년 10월 조선어학회 사건으로 옥고를 치렀다. 1950년 한국전쟁 때 월북하여 김일성대학 언어학과 교수, 사회과학원 언어학연구실 교수, 후보원사 등으로 활동하였다.

**정재도(鄭在道, 1925~)** 전라남도 화순 출생. 1944년 광주사범학교 심상과 졸업. 초등학교 교사, 언론인 등으로 활동하다가 1956년부터 한글학회 사전 편찬위원으로 《큰사전》 편찬에 참여하였다. 1968년부터 30여 년간 국어심의회 심의위원으로 활동하였다. 현재 한말글연구회 회장으로 있으며 한글운동을 전개하고 있다.

**정지용(鄭芝溶, 1902~1950)** 충청북도 옥천 출생. 서울 휘문고등보통학교를 거쳐, 일본 도시샤(同志社) 대학 영문과를 졸업했다. 귀국 후 모교의 교사, 광복 후 이화여자전문 교수와 《경향신문》 편집국장을 지냈다. 섬세하고 독특한 언어를 구사하여 한국 현대시의 신경지를 연 시인으로 평가받는다. 조선어학회 초대 간사였던 이병기의 휘문고보 제자로 어문운동에 관심이 많았다. 한국전쟁 때 거제도 포로수용소에서 사망한 것으로 알려져 있다.

**정태진(丁泰鎭, 1903~1952)** 경기도 파주 출생. 1925년 연희전문학교 문과를 졸업하고, 1927

년 5월 미국으로 유학하여 우스터 대학 철학과와 컬럼비아 대학교 대학원에서 교육학을 공부하였다. 1931년 귀국해 영생고등여학교에서 교편을 잡았고, 1941년 조선어학회에서 《조선어사전》 편찬 일을 하였다. 1942년 조선어학회 사건으로 옥고를 치렀다. 정태진이 민족정신을 고취했다는 내용이 영생고등여학교 학생의 일기장에 기록된 것을 빌미로 조선어학회 사건이 조작된 것으로 알려져 있다. 해방 후 《큰사전》 편찬을 다시 시작했지만 1952년 교통사고로 사망해 그 완간을 보지 못했다.

**주시경(周時經, 1876~1914)** 황해북도 봉산 출생. 서울에서 신학문에 흥미를 느끼고 1894년 배재학당에 입학하였다. 서재필이 창간한 《독립신문》의 회계사 겸 교정원으로 발탁되었다. 교정원으로 활동하면서 동료 직원들과 '국문동식회(國文同式會)'를 조직하여 한글 표기법을 연구하였다. 서재필이 주도하는 배재학당협성회, 독립협회 등에 참여하였다. 국어강습원 및 조선어강습원 개설 등 국어교육과 국어 발전에 앞장섰다. 학부 국문연구소 연구위원으로 활동하였고, 조선광문회 사전 편찬 등의 활동을 하였다. 《국문문법》(1905), 《대한국어문법》(1906), 《국어문전음학》(1908), 《국어문법》(1910), 《말의 소리》(1914) 등을 저술하여 우리말과 한글을 이론적으로 체계화하였다.

**지석영(池錫永, 1855~1935)** 서울 출생. 종두법을 배우고 최초로 종두를 시술한 인물로 널리 알려져 있다. 1899년 경성의학교(京城醫學校) 교장에 취임하여 이후 10년간 의학 교육 사업에 종사하는 한편, 한글 보급에 힘써 《신정국문(新訂國文)》(1905) 6개조를 상소하였다. 이 제안은 그대로 받아들여져 공포되었으며, 지속적인 연구를 위해 1908년 국문연구소 위원이 되었다. 또한 1909년 옥편의 효시인 《자전석요(字典釋要)》를 간행하는 등 국문 연구에도 공적을 남겼다.

**채만식(蔡萬植, 1902~1950)** 전라북도 옥구 출생. 중앙고등보통학교를 거쳐 일본 와세다 대학 영문과를 중퇴하였다. 귀국 후 《동아일보》와 《조선일보》 기자를 역임하였다. 《레디 메이드 인생》, 《인텔리와 빈대떡》, 《치숙(痴叔)》, 《탁류(濁流)》, 《태평천하(太平天下)》 등 풍자성 짙은 소설을 발표하였다.

**최두선(崔斗善, 1894~1974)** 서울 출생. 휘문의숙을 거쳐 1917년 일본 와세다 대학 철학과를 졸업하였다. 1919년 중앙고등보통학교 교장에 취임하였고, 1921년 조선어연구회 창립 회원이 되어 활동하였다. 국학자로 조선광문회를 창립해 조선어사전 편찬을 이끈 육당 최남선의 동생이다.

**최현배(崔鉉培, 1894~1970)** 경상남도 울산 출생. 경성고등보통학교 재학 중인 1910년부터 3년간 주시경의 조선어강습원에서 한글과 문법을 배웠다. 1919년 일본 히로시마(廣島) 고등사범학교를 졸업하고, 이어서 교토(京都) 제국대학 문학부 철학과에서 교육학을 공부하고, 1925년 동대학원에서 1년간 수업하였다. 1926년 연희전문 교수가 되었다. 1929년 조선어사전 편찬위원회 준비위원으로 사전 편찬 사업에 참여하였으며, 사전 편찬 사업이 진행되는 동안 맞춤법 제정위원, 표준어 사정위원 등으로 활동하였다. 1942년 조선어학회 사건으로 옥고를 치렀다. 문교부 편수국장으로 교과서 행정과 국어정책을 주도하였다. 한글학회 이사장을 지냈다. 주요 저서에 《우리말본》, 《한글갈》, 《글자의 혁명》 등이 있다.

**펄 벅(Pearl Sydenstricker Buck, 1892~1973)** 미국 웨스트버지니아주 출생. 동·서양 문명의 갈등을 다룬 장편 처녀작 《동풍 서풍 *East Wind:West Wind*》(1930)을 출판하였고, 왕룽(王龍)을 중심으로 그 처와 아들들 일가의 역사를 그린 장편 《대지 *The Good Earth*》(1931)로 노벨 문학상을 받았다. 한국전쟁 후에는 한국의 수난사를 그린 《갈대는 바람에 시달려도 *The Living Reed*》(1963)와 한국의 혼혈아를 소재로 한 소설 《새해》(1968)를 썼다.

**홍기문(洪起文, 1903~1992)** 충청북도 괴산 출생. 《임꺽정》의 저자 홍명희(洪命憙)의 장남. 1930년대에 조선일보 학예부장을 역임하면서, 《조선어 규범화》와 관련하여 조선어학회의 독선적 행태를 비판하는 글을 발표하였다. 1940년 《조선일보》가 폐간되자, 서울 교외에 은거하면서 국어학 연구에 전념하여 《정음발달사》(1946), 《조선문법연구》(1947) 등을 펴냈다. 해방 후 어문 운동 단체인 국어문화보급회를 결성하여 조선어학회 주도의 어문 개혁과 한자 폐지 등에 반대하는 활동을 하였다. 1948년 월북하여 김일성대학 교수로 재직하며 고대국어 연구에 주력하였다. 《조선왕조실록》을 한글로 번역하는 사업을 주도하였다.

참고
문헌

강만길, 〈한글 창제의 역사적 의미〉, 《분단시대의 역사인식》, 창비사, 1978.

고영근, 《한국어문운동과 근대화》, 탑출판사, 1998.

고영근, 《국어학연구사—흐름과 동향》, 학연사, 1985.

권숙인, 〈다문화정책 '선진국'의 경험과 한국 사회에 대한 함의〉, 《지식의 지평》 8호, 2010.

김광억, 〈다민족국가와 다문화사회: 한국의 미래〉, 《지식의 지평》 8호, 2010.

김민수, 《국어정책론》, 고려대학교 출판부, 1973.

김민수, 《신국어학사》, 일조각, 1980.

김민수·하동호·고영근, 《역대한국문법대계》, 탑출판사, 1979.

김민수 편, 《남북의 언어 어떻게 통일할 것인가》, 국학자료원, 2002.

김민수, 〈한자 표기 원지음주의(原地音主義)의 문제〉, 《새국어생활》 14-2, 2004.

김석득, 《우리말연구사》, 정음문화사, 1990.

김영만, 〈중국어 한글 표기법 현황과 개선 방안〉, 《중국어문논총》 25, 2003.

김재용, 〈식민주의와 언어—중일전쟁 이후 일제의 언어정책과 한국 문학인의 대응〉, 《제1
  회 식민주의와 문학 국제 심포지엄: 일제하의 동북아 문학》, 2005.

민현식, 〈국어 외래어에 대한 연구〉, 《한국어의 미학》 2, 1998.

민현식, 〈국어정책 60년의 평가와 반성〉, 《선청어문》 31, 2003.

박지향 외, 《해방 전후사의 재인식》 1·2, 책세상, 2006.

손준식, 이옥순, 김권정, 《식민주의와 언어》, 아름나무, 2007.

심재기, 《국어 문체 변천사》, 집문당, 1999.

윤대영, 〈김영건(金永鍵)의 베트남 연구 동인(動因)과 그 성격: 1930~40년대, 그의 '전변무
  상(轉變無常)'한 인생 역정과 관련하여〉, 《동남아시아연구》 19-3, 2009.

이병근, 〈근대 국어학의 형성에 관련된 국어관: 대한제국 시기를 중심으로〉, 《한국문화》 32, 2003.

이병기, 《가람일기》, 신구문화사, 1974.

이상규·조태린 외, 《한국어의 규범성과 다양성—표준어 넘어서기》, 태학사, 2008.

이상혁, 〈애국계몽기의 국어의식—당대 연구자들의 국어관을 중심으로〉, 《어문논집》 41, 2000.

이연숙 지음, 고영진·임경화 옮김, 《국어라는 사상—근대 일본의 언어 인식》, 소명, 2006.

이연숙, 〈근대 일본과 언어 정책—保科孝—를 중심으로〉, 《일본학보》 22, 1989.

이혜령, 〈한글운동과 근대어 이데올로기〉, 《역사비평》 71, 2005.

조태린, 〈국어라는 용어의 비판적 고찰〉, 《국어학》 48, 2006.

조태린, 〈근대 국어의식 형성의 보편성과 특수성〉, 《한국언어문화》 39, 2009.

조태린, 〈언어정책이란 무엇인가〉, 《새국어생활》 20-2, 2010.

최경봉, 〈한국어와 민족정신〉, 《새국어생활》 13-2, 2003.

최경봉, 《우리말의 탄생》, 책과함께, 2005.

최경봉, 〈일제강점기 조선어학회 활동의 역사적 의미—해방 전후사의 재인식에 나타난 인식 태도를 비판하며〉, 《민족문학사연구》 31, 2006.

최경봉, 〈표준어 정책과 교육의 현재적 의미〉, 《한국어학》 31, 2006.

최경봉, 〈외래어 사용의 긍정적, 부정적 측면과 그 수용 방안〉, 《어문연구》 133, 2007.

최경봉, 〈남북 어휘 비교 연구의 문제점과 비교 어휘집의 편찬 방향〉, 《한국어학》 39, 2008.

최경봉, 〈일제의 일본어 상용 정책과 조선어학회〉, 《내일을 여는 역사》, 2008.

최경봉, 〈언어 관습을 바탕으로 한 규범 정하기 : 외래어 표기, 특히 한자음 표기 규정과 관련하여〉, 《새국어생활》 18-4, 2008.

최경봉, 〈가람 이병기와 조선어학회운동〉, 《가람 이병기 선생 탄생 120주년 기념 학술대회 자료집》, 2011.

최경봉, 〈중국의 소수민족어 정책과 소수민족어의 현황 연구〉, 《중국학논총》 32, 2011.

최경봉, 〈현대사회에서 표준어의 개념과 기능〉, 《새국어생활》 21-4, 2011.

최경봉, 〈강한 영어, 그러나 허술해진 학문〉, 《르몽드 디플로마티크》(한국판) 42호, 2012.

최경봉 외, 《해방 이후 국어 정립을 위한 학술적·정책적 활동 양상》(국사편찬위원회 구술 채록 자료집), 2007.

최전승, 〈1930년대 표준어의 선정과 수용 과정에 대한 몇 가지 고찰—'조선어 표준말 모음'(1936)을 중심으로〉,《국어문학》 36, 2001.

한글학회,《한글학회 50년사》, 한글학회, 1971.

홍종선 · 최호철,《남북 언어 통일 방안 연구》, 문화관광부, 1998.


滕星 主編,《20世紀 中國少數民族与教育》, 北京: 民族出版社, 2002.

Ostler Nicholas, *The Last Lingua Franca*, New York: Walker, 2010.

# 한글민주주의

1판 1쇄 2012년 8월 1일

지은이 | 최경봉
펴낸이 | 류종필

편집 | 최연희, 천현주, 이보람
마케팅 | 김연일, 이혜지, 노효선
디자인 | 이석운, 최윤선

펴낸곳 | 도서출판 **책과함께**
　　　　주소 (121-840) 서울시 마포구 서교동 395-178 영산빌딩 201호
　　　　전화 (02) 335-1982~3
　　　　팩스 (02) 335-1316
　　　　전자우편 prpub@hanmail.net
　　　　블로그 blog.naver.com/prpub
　　　　등록 2003년 4월 3일 제25100-2003-392호

ISBN 978-89-97735-06-8　03710

이 도서의 국립중앙도서관 출판시도서목록(CIP)은 e-CIP 홈페이지(http://www.nl.go.kr/ecip)와
국가자료공동목록시스템(http://www.nl.go.kr/kolisnet)에서 이용하실 수 있습니다.
(CIP제어번호: CIP2012003283)